REDLINE WIRTSCHAFT
bei ueberreuter

Michael Hölting
Ines Gaedtke

Immobilienrecht

REDLINE WIRTSCHAFT
bei ueberreuter

Die Deutsche Bibliothek – CIP-Einheitsaufnahme

Hölting, Michael:
WISO Immobilienrecht: ein Ratgeber der ZDF-Wirtschaftsredaktion;
Probleme mit: Maklern, Bauträgern, Architekten, Handwerkern ; mit vielen
Fallbeispielen und Formbriefen ; 2., aktualisierte Auflage /
Michael Hölting / Ines Gaedtke. –
Frankfurt/Wien : Redline Wirtschaft bei Ueberreuter, 2002
    ISBN 3-8323-0930-6

Unsere Web-Adressen:

http://www.redline-wirtschaft.at
http://www.redline-wirtschaft.de

1 2 3 / 2004 2003 2002

INHALT

EINLEITUNG

Der Kauf einer Immobilie und der Neu- oder Umbau eines eigenen Heimes gehören zu den letzten großen Abenteuern. So mancher hat Jahrzehnte seines Lebens auf dieses bedeutende Ziel hingearbeitet und viele Entbehrungen dafür in Kauf genommen.

So verlockend Abenteuer aber einerseits sind, so bergen sie doch leider immer auch Risiken, die es zu erkennen, zu verstehen und zu vermeiden gilt. Beim Umgang mit Immobilien sind diese kleinen „Fallen" vielschichtig und für den Laien oft leicht zu übersehen. So hat jeder schon Geschichten von Schäden am Bau, von Problemen mit den Handwerkern oder vom Ärger mit Maklern, Verkäufern oder Nachbarn gehört.

Dieses Buch soll entscheidende Hilfestellungen leisten, damit es möglichst gar nicht erst zu diesen Problemen kommt. Und wenn es den einzelnen dann trotzdem „erwischt" und Schwierigkeiten auftreten, soll es helfen, sie schnell und möglichst einfach zu beseitigen.

Dabei werden viele möglicherweise zum ersten Mal in ihrem Leben mit baurechtlichen Problemen konfrontiert. Dieses Buch soll den Käufer oder Bauherrn über seine eigenen wie auch die Rechte und Pflichten der jeweiligen Gegenseite informieren. Denn nur wer seine Rechtsposition genau kennt, kann wirksam zu seinem Vorteil handeln und tatsächlich als gleichberechtigter Vertragspartner auftreten.

Das Buch ist so aufgebaut, daß es sich am typischen Verlauf eines Immobilienerwerbs orientiert: Es beginnt bei den Auseinandersetzungen mit dem Kreditgeber und reicht bis hin zum Streit mit den Miteigentümern und der Hausverwaltung. Dabei sind die Kapitel weitestgehend in sich abgeschlossen, so daß der Leser im Umfeld des jeweiligen „Problemkreises" bleibt und sich Hin- und Herblättern erspart.

Die Formularbriefe in den einzelnen Kapiteln dienen als Vorlage, um bei Auseinandersetzungen schnell die ersten rechtlichen Schritte setzen zu können. Auf diese Weise kann drohenden Fehlern vorgebeugt werden, die ansonsten später einmal teuer bezahlt werden müssen. Dabei ist unbedingt zu beachten, daß die Formularbriefe nur als Beispiele zu verstehen sind, die keinesfalls alle denkbaren Fälle berücksichtigen und abdecken können. Wenn also ein Problem auftritt, hängt es von der konkreten Situation ab, wie man richtig darauf reagiert. Bei der Übertragung der zitierten Beispiele oder Urteile auf die eigene Situation sollte stets mit der gebotenen Vorsicht vorgegangen werden. Letztlich entscheidend ist immer der konkrete Einzelfall, der von der Beispielsituation unter Umständen in nur kleinen, aber rechtlich bedeutsamen Details abweicht. Sollte eine Streitigkeit daher größere Ausmaße annehmen und gar eine gerichtliche Auseinandersetzung drohen, ist unbedingt die Hilfe eines Rechtsanwalts oder Bausachverständigen in Anspruch zu nehmen.

In der Anlage finden sich Auszüge aus Gesetzestexten und Regelwerken sowie Beispiele für Verträge, wie sie üblicherweise abgeschlossen werden. Diese Hilfen sollen Sie in die Lage versetzen, sich und Ihre Rechte zu behaupten und vermeidbare Rechtsrisiken weitgehend auszuschließen.

Wer dem vorliegenden Ratgeber folgt, kann viel dazu beitragen, das „Abenteuer" Immobilienerwerb erfolgreich zu bestehen.

I.

ÄRGER MIT DEM KREDITGEBER

1. Fall

Ehepaar Fleißig hat sich das lang ersehnte Häuschen gekauft. Die beiden hatten sich etwas angespart; der große Rest wurde über ein Kreditinstitut finanziert. Mit diesem waren die Fleißigs schnell einig geworden: Schnell und unbürokratisch war die Abwicklung; die Zinsen sind auch relativ günstig. Innerhalb kürzester Zeit sind die Fleißigs umgezogen und erfreuen sich ihrer eigenen Immobilie.

Ein knappes Jahr später stirbt die Mutter von Frau Fleißig. Zwar mußte man damit schon seit einiger Zeit rechnen – die ältere Dame lag schwerkrank in einem Pflegeheim. Trotzdem ist die Trauer groß. Immerhin erbt Frau Fleißig 50.000 Euro, die sie zusammen mit ihrem Mann in die Immobilie stecken möchte. Durch eine einmalige Sonderzahlung wollen die beiden ihre Schulden und damit die Zinszahlungen verringern.

Wie groß ist da der Ärger, als der Mitarbeiter ihrer Bank ihnen mitteilt, daß sie den Kredit nicht ohne weiteres, auch nicht teilweise, vorzeitig zurückzahlen können. Er verweist auf den Kreditvertrag, der eine Sonderzahlung nicht vorsieht. Falls die Fleißigs dennoch darauf bestünden, würde das Kreditinstitut eine Entschädigung verlangen, die allerdings einen erheblichen Teil der Erbschaft aufzehren würde. Die Fleißigs sind wie vor den Kopf geschlagen: Da hat man nun geerbt und muß trotzdem weiterhin hohe Zinsen zahlen.

2. Allgemeines

Wer ein passendes Grundstück zum Bauen oder eine Wunsch-Immobilie zum Kaufen gefunden hat, wird sich auf die Suche nach einem Darlehensgeber machen. Dazu müssen als erstes die dafür notwendigen Beleihungsunterlagen zusammengesucht werden. Ohne diese Unterlagen wird kein seriöser Kreditgeber irgendein Darlehen geben.

Wichtig sind in jedem Fall die persönlichen Papiere. Je nachdem, für welche Art Immobilienerwerb man ein Darlehen haben will, braucht man außerdem teilweise sehr unterschiedliche Dokumente und Nachweise. Deshalb hier eine kurze Checkliste, was diese Beleihungsunterlagen alles enthalten müssen:

Persönliche Unterlagen	
Einkommensnachweis	– bei Arbeitnehmern die letzten drei Gehaltsabrechnungen, letzte(r) Einkommensteuererklärung/-bescheid – bei Selbständigen Bilanzen der vergangenen zwei Jahre sowie aktuelle Zahlen, dazu jüngste(r) Einkommensteuererklärung/-bescheid
Eigenkapitalnachweis	Depotauszüge, Sparkonten, Bauspar-/Versicherungsverträge
Selbstauskunft	bisherige Kreditengagements

Objektunterlagen		
Bau	**Kauf eines Hauses**	**Kauf einer Wohnung**
– Baupläne – Wohn- und Nutzflächenberechnung – Berechnung des umbauten Raums – Lageplan mit Gebäude – Baubeschreibung – Kostenvoranschlag/-aufstellung – Werkvertrag – aktueller Grundbuchauszug oder Ausfertigung des Grundstückskaufvertrags	– Baupläne – Wohn- und Nutzflächenberechnung – Berechnung des umbauten Raums – Lageplan mit Gebäude – Baubeschreibung – aktueller Grundbuchauszug – Flurkarte – Auszug des Liegenschaftsbuches – Gebäudeversicherungsnachweis – Fotos des Gebäudes – Verkaufspreis	– Grundrißzeichnung der Wohnung – Verkaufsprospekt – Teilungserklärung – Hausgeldabrechnung bei Gebrauchtimmobilie – Baupläne – Lageplan mit Gebäude – Baubeschreibung – aktueller Grundbuchauszug – Flurkarte – Auszug des Liegenschaftsbuches – Gebäudeversicherungsnachweis – Fotos des Gebäudes – Verkaufspreis – Kaufvertrag oder Kaufvertragsentwurf (bei endgültiger Darlehenszusage) – bei Vermietungsobjekt Mietverträge und Mieteinnahmenverzeichnis

Darlehensanfrage

Auf der Suche nach einem Kreditgeber kann man sich problemlos direkt an ein Institut wenden. Eine solche Darlehensanfrage ist kostenlos und zunächst ganz unverbindlich.

WISO rät: Man sollte wenigstens fünf oder sechs verschiedene Institute auf ihre Angebote ansprechen und Konditionen vergleichen.

Wer zu Hause oder im Büro über einen Internet-Anschluß verfügt, für den lohnt sich ein Blick auf die WISO-Homepage (über www.zdf.de/ratgeber). Dort veröffentlicht die WISO-Redaktion die Kreditkonditionen mehrerer Banken und Versicherungen über verschiedene Laufzeiten. Die Zahlen werden ständig aktualisiert.

Es kann aber auch ein Kreditvermittler eingeschaltet werden. Diese Kreditvermittler haben meist ein Kontingent von mehreren Kreditgebern im Angebot. Dennoch sind sie nicht unabhängig, weil sie Provisionen von den Instituten kassieren. Doch empfiehlt es sich durchaus, sich auch von ihnen unverbindlich Angebote geben zu lassen. Kosten entstehen dabei nicht.

Danach sollte man sich mit dem günstigsten dieser Angebote noch einmal selbst auf den Weg machen. Möglicherweise bekommt man nun beim eigenen Institut noch bessere Konditionen. Man muß allerdings darauf achten, daß der Kreditgeber wirklich alle Kosten seines Darlehensangebots nennt.

WISO rät: Nach einer solchen Anfrage sollte man wenigstens die wichtigsten Informationen über das Darlehen bekommen haben, also über den Auszahlungsbetrag, die Zinsbindungsfrist, den Tilgungssatz, den Nominal- und Effektivzins, die Restschulden nach der Zinsbindungsfrist und (wichtig:) ob noch weitere Gebühren, also Nebenkosten, anfallen werden, die nicht im Effektivzins enthalten sind.

Was das im einzelnen bedeutet, wird weiter unten noch genauer beschrieben. Und noch ein Rat:

WISO rät: Auf jeden Fall sollte man das Angebot eines Instituts nicht sofort annehmen, selbst wenn es von allen angefragten das günstigste sein sollte. In Verhandlungen wird der Kreditgeber möglicherweise bereit sein, noch weitere Zugeständnisse zu machen.

Das Institut, das letztlich den Zuschlag erhält, wird eine vorläufige Darlehenszusage machen. Dabei wird es diese Zusage entweder für unverbindlich erklären – „freibleibend" heißt das in der Fachsprache – oder die angegebenen

Konditionen nur bis zu einem bestimmten Zeitpunkt anbieten. Vor einer end-
gültigen Zusage werden die von dem Kunden vorgelegten Unterlagen noch
einmal geprüft.

Mit der vorläufigen Darlehenszusage erhält man in der Regel einen entsprechenden Darlehensantrag. Den sollte man allerdings erst unterschreiben,
wenn ganz sicher ist, daß man das Darlehen auch von diesem Institut haben
will. Sollte man es sich nämlich noch einmal anders überlegen, werden unter
Umständen schon Gebühren fällig.

Spätestens jetzt ist der Zeitpunkt gekommen, an dem man parallel zu den
Verhandlungen mit dem Kreditgeber auch mit dem Verkäufer von Grundstück
oder Haus beziehungsweise Wohnung ins reine gekommen sein muß. Denn
normalerweise wird zwar erst die Finanzierung geklärt, bevor ein Kaufvertrag
unter Dach und Fach kommt. Andererseits kann es empfindlich viel Geld kosten, wenn man, nachdem ein Darlehensantrag erst einmal unterschrieben
wurde, davon wieder zurücktreten möchte. Die Kreditinstitute verlangen dann
vielfach Entschädigungszahlungen wie Bearbeitungsgebühren, Bereitstellungszinsen usw.

WISO rät: Deshalb sollte man sich überlegen, mit dem Verkäufer des Grundstücks oder der Immobilie vorsichtshalber einen Vorvertrag abzuschließen, um
damit zunächst die Finanzierung abzusichern. Erst später muß dann der notarielle Kaufvertrag unterschrieben werden.

Wenn der Kreditnehmer öffentliche Zuschüsse erhält, ist folgendes zu beachten:
Solange staatliche Mittel nicht bewilligt wurden, darf man weder den Kaufvertrag für das Haus oder die Wohnung abschließen noch mit dem Bau der Immobilie beginnen.

Im übrigen wird die Regel „Finanzierung vor Kaufvertrag" auch nicht immer so streng gesehen: Wenn es absehbar ist, daß die Finanzierung keine Probleme bereitet, wird der Verkäufer sicher auch bereit sein, den Vertrag beim
Notar abzuschließen, ohne daß der Kredit schon unter Dach und Fach ist.

Darlehenszusage

Nachdem der Darlehensantrag gestellt wurde, prüft der Kreditgeber, ob er den
gewünschten Betrag zur Verfügung stellt. In der Regel dauert es zwei bis drei
Wochen, manchmal auch länger, bis man die Darlehenszusage bekommt.

Bestandteile des Hypothekenvertrags

Jeder Darlehensvertrag muß standardmäßig und nach gesetzlichen Vorgaben bestimmte Bestandteile enthalten. Ersatzweise können diese Angaben bereits dem Antragsformular zu entnehmen sein.

- Der Kreditnehmer muß mit Name und Anschrift in den Vertrag eingetragen sein. Sind mehrere Personen Eigentümer der Immobilie, sollten auch alle als Kreditnehmer aufgeführt sein.
- Der Kreditbetrag muß im Vertrag sowohl als Zahl wie auch in Buchstaben stehen. Beide Angaben müssen übereinstimmen. Im Zweifel hat der ausgeschriebene Betrag Gültigkeit.
- Der Zinssatz weist den jährlichen Nominalzins aus. Außerdem muß die Zahlungsweise geregelt sein: zum einen nach Terminen, ob also monatlich, vierteljährlich, halbjährlich oder jährlich; zum anderen wird die Fälligkeit festgelegt, also am Anfang der Abrechnungsperiode (vorschüssig) oder am Ende (nachschüssig), manchmal auch an vorher festgelegten Stichtagen.
- Hat man sich für variable Zinsen entschieden, gehört in den Vertrag auch ein Passus, der die Bedingungen für die Zinsanpassung festlegt. Vorsicht dabei vor möglichen Fallstricken!
- Außerdem steht im Kreditvertrag der Auszahlungskurs, immer als Prozentzahl ausgedrückt, in der Regel also zu 100%. Es sei denn, man hat ein Disagio (Damnum) vereinbart, dann wird als Auszahlungskurs zum Beispiel 95% angegeben. Das bedeutet, man hat ein Disagio von 5% verabredet. Dem Vertrag muß in einem solchen Fall auch zu entnehmen sein, welcher Verrechnungszeitraum für das Disagio festgelegt wurde.
- Außerdem müssen alle Kreditnebenkosten verzeichnet sein – solche, die bei der Berechnung des Effektivzinses einfließen, wie Bearbeitungsgebühren, aber auch jene, die zusätzlich hinzukommen, wie Schätzgebühren oder Bereitstellungszinsen.
- Der Kreditvertrag muß natürlich auch die Information enthalten, wie hoch letztlich der Effektivzins ist, genauer: der anfänglich effektive Jahreszins nach Preisangabenverordnung (mehr Details siehe weiter unten).
- Wichtig ist zudem die Angabe über die Festschreibungszeit. Sie legt fest, wie lange die Zinsbindungsfrist dauert, wie lange man also den vereinbarten Zins zu zahlen hat. Und zum Schluß dürfen die Angaben über die Höhe der Tilgung pro Jahr (Angaben in Prozent) nicht fehlen.
- Unter der Position „Sicherheiten" steht im Vertrag zunächst das Beleihungsobjekt. In den meisten Fällen ist das die Immobilie, die man bauen

oder kaufen will – es sei denn, man verfügt über andere Sicherheiten. Außerdem wird hier als Sicherheit die Grundschuld eingetragen, dazu später noch mehr.

- Weiterer Vertragsbestandteil sind die sogenannten „Allgemeinen Geschäftsbedingungen", in denen der Kreditgeber darüber informiert, welche Fristen nach Ende der Festschreibungszeit eingehalten werden müssen – wichtig für die Anschlußfinanzierung – und welche weiteren Rechte und Pflichten der Kreditnehmer und das Institut im einzelnen haben.

Übrigens: In einem letztinstanzlichen Urteil hat der Bundesgerichtshof den Schutz des Darlehensnehmers vor Veruntreuung von Krediten gestärkt. In dem Urteil wurde eine Klausel in den Allgemeinen Geschäftsbedingungen einer Bausparkasse für unwirksam erklärt, nach der ein Darlehensnehmer auch dann zur Rückzahlung verpflichtet wurde, wenn das Geld von einem von der Bank eingeschalteten Treuhänder veruntreut wurde (AZ: XI ZR 272/97). In dem konkreten Fall hatte der Notar das von der Bausparkasse zur Verfügung gestellte Geld zu anderen Zwecken verwendet.

Auch für Hypothekendarlehen gilt im Prinzip das Verbraucherkreditgesetz. Eingeschränkt wird dies nur beim Widerrufsrecht, das für Hypothekenkredite nicht gilt. Das hat zum Teil weitreichende Konsequenzen bei Streitigkeiten zwischen Kreditnehmer und -geber: Fehlen im Vertrag zum Beispiel bestimmte Angaben über Kreditkosten, brauchen sie auch nicht gezahlt zu werden. Hat der Kreditnehmer „vergessen", konkrete Angaben über Nominal- und Effektivzins zu machen, so schreibt das Gesetz einen Zinssatz von 4,0% vor. Ist der Effektivzins nach der Preisangabenverordnung zu niedrig ausgewiesen, so kann der Kreditnehmer eine Verringerung des Nominalzinses verlangen. Hat man einen Vertrag mit variablen Zinsen, der keine Bedingungen für Zinsanpassungen nennt, dürfen die Zinsen auch nicht erhöht werden. Ähnliches gilt für das Disagio (Damnum): Fehlen hier die Angaben für den Verrechnungszeitraum, gilt es als für die ganze Laufzeit vereinbart.

Grundschuldbestellung

Bevor der Kreditgeber das Darlehen auszahlt, muß der Kreditnehmer für die Grundschuldbestellung und deren ranggerechte Eintragung ins Grundbuch sorgen. Beide Aufgaben übernimmt der Notar. Die dafür notwendigen Formulare werden meistens mit der Darlehenszusage mitgeschickt, so daß der Notar mit diesen Papieren eine Grundschuldbestellungsurkunde erstellen kann (vgl. Kapitel „Ärger mit dem Notar").

Ins Grundbuch eingetragen werden zum einen Angaben über Lage und Größe des Grundstücks und über die jeweilige Nutzungsmöglichkeit. Das steht im Bestandsverzeichnis.

Wichtiger sind aber die sogenannten Abteilungen. In der Abteilung I wird der jeweilige Eigentümer des Grundstücks aufgeführt und die Grundlage der Eintragung, das heißt die Voraussetzung dafür, Eigentümer des Grundstücks zu sein; in der Regel der Kauf des Grundstücks (oder das Erbe).

In der Abteilung II stehen die Lasten und Beschränkungen. Hier wird vermerkt, wenn jemand Drittes Rechte an dem Grundstück hat. Das können zum einen Nutzungs- oder Fahrrechte sein, wenn zum Beispiel der Nachbar auf dem Weg zu seiner Garage mit dem Auto das Grundstück quert. Das nennt man eine Grunddienstbarkeit. Eine andere Möglichkeit sind Nießbrauchrechte, also wenn die Eltern zum Beispiel ein ewiges Wohnrecht haben.

Für den Kreditgeber ist Abteilung III wichtig. Dort werden nämlich Hypotheken, Grundschulden oder Rentenschulden vermerkt, also alle Hypothekenverpflichtungen. In der Abteilung III erfährt man, wie hoch die Immobilie belastet ist. Unterstreichungen, die mit Datum und Unterschrift versehen sind, bedeuten, daß die jeweilige Eintragung keine Gültigkeit mehr hat und als gelöscht gilt.

Darlehensauszahlung

Wer eine Immobilie kauft, erhält das Darlehen in einem einzigen Betrag. Anders bei einem Bauvorhaben. Viele Institute zahlen standardmäßig die Summe in drei Teilbeträgen aus: Die erste Rate mit 40%, meistens aber sogar 50%, wird bei Rohabnahme fällig, weitere 30% sind bei der Fertigstellung der Innenarbeiten zu bezahlen und der Rest bei der Schlußabnahme. Dieser Baufortschritt muß dem Kreditgeber von der Behörde (Baufertigstellungsanzeigen) oder durch den Architekten bescheinigt werden.

Das Problem dabei: Wie im Kapitel „Ärger mit dem Bauträger" zu lesen, sieht zum Beispiel die Makler- und Bauträgerverordnung eine andere Zahlungsaufteilung vor, nämlich in viel kleineren Schritten. Deshalb die Empfehlung für Bauherren:

WISO rät: Man sollte mit dem Kreditgeber einen Auszahlungsmodus vereinbaren, der sich daran orientiert, wie die Zahlungen im Bauvertrag für den Baufortschritt festgelegt wurden. Sonst muß man unter Umständen teuer zwischenfinanzieren oder Bauzeitzinsen an den Kreditgeber zahlen.

3. Effektiver Zins

Wenn vom Zins die Rede ist, geht es häufig um den Nominalzins. Also könnte man der Meinung sein, sich nach dem niedrigsten Nominalzins umschauen heißt, das billigste Angebot erwischt zu haben. Leider weit gefehlt! Oft genug ist eher das Gegenteil der Fall, denn beim Nominalzins und den damit verbundenen Nebenkosten hat ein Kreditinstitut sehr viele Gestaltungsmöglichkeiten, so daß man schnell den Überblick verliert und danebengreifen kann. Da wirbt ein Institut mit einem angeblich geringeren Nominalzins, und trotzdem ist die Finanzierung am Ende teurer als mit dem höheren Nominalzins.

Einen etwas verläßlicheren Vergleich von Darlehensverträgen läßt – mit Einschränkungen, siehe nächstes Kapitel – daher nur der sogenannte Effektivzins zu. Anders als beim Nominalzins werden hier die wichtigsten Finanzierungsnebenkosten mit berücksichtigt. Der Gesetzgeber hat den Kreditinstituten in einer sogenannten Preisangabenverordnung (PAngV) Auflagen dafür gemacht, was sie beim effektiven Zins einrechnen müssen.

Mit Einführung des Euro wird es für Häuslebauer noch interessanter, sich Darlehen von Instituten im Ausland zu besorgen. Das Problem bisher ist allerdings die Vergleichbarkeit des effektiven Zinses, weil der in den einzelnen Ländern unterschiedlich berechnet wird. Das hat sich geändert. Am 1.9.2000 trat die neue Preisangabenverordnung in Kraft. Banken müssen seit diesem Termin den Effektivzins entsprechend dem neu vorgeschriebenen Verfahren mitteilen. Im Unterschied zu früher werden jetzt 365 statt wie bisher nur 360 Zinstage zugrunde gelegt. Der Vorteil: Dies macht eine unterjährige Betrachtung möglich, ist also genauer als bisher. Der nach dieser Methode ausgewiesene Effektivzins liegt in jedem Fall etwas höher als der nach der alten PAngV-Berechnungsmethode; an der Höhe der tatsächlichen Zinslasten für den Bankkunden hat sich jedoch nichts geändert.

● *Tilgungssatz*
Neben der Höhe des Nominalzinses beeinflußt der Tilgungssatz noch am meisten die monatlich zu zahlenden Beträge. Die meisten Darlehen sehen standardmäßig eine Anfangstilgung von 1%, manchmal auch 2% vor. Das muß aber nicht sein.

WISO rät: Wer es sich finanziell leisten kann, sollte schon bei der ersten Zinsbindungsfrist einen höheren Tilgungssatz im Darlehensvertrag festlegen. Das hat gleich mehrere Vorteile: Geld, das man für die Tilgung einsetzt, beschleunigt den Schuldenabbau, reduziert also die Kreditlaufzeit und hilft Zinsen sparen. Außerdem erhöht es die Planungssicherheit bei der Finanzierung.

● *Disagio*
Das Disagio ist ein Abschlag vom Darlehensbetrag, den der Kreditgeber vor der Auszahlung zurückbehält. Mit anderen Worten: Der Kreditnehmer bekommt weniger Geld ausgezahlt, als er eigentlich als Darlehen aufgenommen hat. Oder umgekehrt: Er nimmt ein Darlehen auf in der Höhe des von ihm benötigten Finanzierungsbetrags – und zusätzlich einen weiteren, kleineren Darlehensbetrag, mit dem er gleich zu Anfang eine Zinsvorauszahlung leistet, um später die laufenden monatlichen Belastungen zu drücken. Insgesamt muß er also in jedem Fall ein größeres Darlehen aufnehmen, als er für die Finanzierung seiner Immobilie tatsächlich braucht.

Ein Disagio wird immer in Prozent ausgedrückt, als Anteil der Darlehenssumme.

Rechenbeispiel: *Gewünschter Finanzierungsbetrag: 165.000 Euro. Der Kreditgeber bietet daraufhin einen Kredit mit einem Disagio von 5% an. Der Kreditnehmer bekommt also nur 95% eines Darlehens ausgezahlt. Damit muß er einen höheren Darlehensbetrag vereinbaren, der nach dem Abzug durch das Disagio genau seinem Finanzierungswunsch entspricht. Bei einem 5%igen Disagio müßte er also einen Darlehensbetrag von 173.684 Euro vereinbaren. Nach Abzug des Disagios erhält er tatsächlich 165.000 Euro. Der Rest ist sinngemäß der Darlehensanteil für seine Zinsvorauszahlung.*

Steuervorteile durch Disagio:
Aus Sicht des Kreditinstituts ist ein Disagio eine vorweggenommene Zinsvorauszahlung in einer Summe. Deshalb sind Kreditinstitute in solchen Fällen bereit, niedrigere Nominalzinsen für den laufenden Vertrag zu vereinbaren.

Mit einem Disagio war bis Ende 1995 eine Steuerersparnis möglich. Bis dahin akzeptierte der Fiskus das Disagio als Sonderausgabe, was sich natürlich steuermindernd bemerkbar machte. Damit ist seit der 1996 in Kraft getretenen neuen Eigenheimförderung Schluß – zumindest für **selbstgenutzte Immobilien.** Das gilt übrigens nicht, und das sei an dieser Stelle ausdrücklich gesagt, für Finanzierer, die ihre **Immobilie vermieten** wollen. Ganz im Gegenteil: Unter steuerlichen Aspekten kann ein Disagio sehr interessant sein, weil es als Sonderausgabe die steuerlichen Belastungen senkt.

Finanzierungsnachteile für Selbstnutzer:
Trotzdem schummeln dubiose Finanzvermittler auch für Selbstnutzer immer noch gerne mit dem Disagio. Denn durch ein hohes Disagio wird in der ersten

Zinsbindungsphase die monatliche Belastung deutlich gedrückt und damit der Eindruck erweckt, daß es mit den Monatsraten gar nicht so schlimm ist. Doch das dicke Ende kommt, wenn der Darlehensnehmer danach weiter abzahlen muß.

So ganz nebenbei hat der Darlehensnehmer dem Finanzvermittler außerdem noch eine höhere Provision in den Rachen geworfen. Höher als unbedingt notwendig, weil er ja eine größere nominale Darlehenssumme abschließen mußte.

WISO rät: Von einem Disagio sollte man grundsätzlich die Finger lassen, wenn man eine Immobilie selbst nutzen will. Und wenn ein Finanzvermittler für einen Selbstnutzer mit irgendwelchen Disagio-Rechenkunststücken kommt: einfach stehen lassen. Er kann nur unseriös sein.

● *Zins- und Tilgungsverrechnung*
Auch die Zins- und Tilgungsverrechnung hat Einfluß auf die Höhe des Effektivzinses. Dabei spielen mehrere Effekte ineinander. Zum einen geht es um die Frage, wann die Zinsen das Kreditkonto belasten. Üblicherweise ist das nicht jeweils zum Ende des Jahres, sondern sehr viel früher, nämlich zum Quartalsende, möglicherweise sogar jeden Monat. Das Kreditinstitut verdient an der Verkürzung dieser Intervalle, ergibt sich doch damit eine Art Zinseszinseffekt, der allein schon dazu führt, daß der Effektivzins über dem Nominalzins liegen muß.

Wichtig außerdem: die Zahlungstermine, wann also die laufenden Raten für Zinsen und Tilgung zu zahlen sind. Üblich sind Monats- und Vierteljahrestermine. Doch die Bank kann die Verrechnung dieser Raten, speziell der darin enthaltenen Tilgung, verspätet vornehmen, etwa jeweils nur zum Jahresende. Obwohl also schon im Laufe des Jahres weiter getilgt wurde, berücksichtigt der Kreditgeber das nicht und verringert auch nicht die Restschuld. Konsequenz: Der Darlehensnehmer zahlt Zinsen für einen Betrag, den er schon längst zurückgezahlt hat.

● *Bearbeitungsgebühren*
Viele Kreditinstitute verlangen bei Abschluß des Kreditvertrags einmalige Bearbeitungsgebühren von bis zu 2% der Darlehenssumme, zusätzlich zu den Nominalzinsen. Verzichtet ein Kreditgeber darauf, fordert er in der Regel einen höheren Nominalzins. Der Kreditnehmer muß dann entscheiden, was für ihn vorteilhafter ist: ein günstigeres Darlehen mit Bearbeitungsgebühren oder eines mit höheren Zinsen, aber ohne die Gebühren. Unter Umständen läßt sich jedoch auch beides miteinander verknüpfen.

Die Bearbeitungsgebühren gehören zu den Verhandlungspunkten mit dem Kreditgeber. Wer ein günstiges Darlehen in Aussicht hat, aber mit solchen Gebühren, sollte sich nicht davor scheuen, sie herunterzuhandeln. Ähnlich verhält es sich natürlich mit den Provisionen von Finanzvermittlern.

Die Kreditvermittlungsprovisionen müssen ebenfalls im effektiven Zins enthalten sein. Außerdem können die Beiträge für eine Restschuldversicherung eingeschlossen sein, vorausgesetzt, sie sind Bestandteil des Darlehensvertrages.

Anfänglich effektiver Jahreszins

Wer den Vertrag über ein Hypothekendarlehen genauer betrachtet, wird feststellen, daß darin von einem „anfänglich effektiven Jahreszins" die Rede ist. Das besagt, daß sich die Angabe dieses effektiven Zinses auf den Zeitraum beschränkt, für den der Vertrag seine Gültigkeit hat. Er gilt also nur für die Zinsbindungsfrist bei Festzinsverträgen und für eine mittlere Laufzeit bei Verträgen mit variablen Zinsen.

4. Nebenkosten der Finanzierung

Bei der Berechnung des effektiven Jahreszinses müssen alle oben aufgeführten Positionen berücksichtigt werden. So sieht es die Preisangabenverordnung vor, die der Gesetzgeber erlassen hat, um dem Kunden den Markt transparenter und die Konditionen der Darlehen somit vergleichbar zu machen. Aber, wie es meist ist: Findige – oder eher windige? – Banken haben natürlich längst herausgefunden, daß man durch die Einführung immer neuer Neben- und Zusatzkosten den Kunden zur Kasse bitten kann, ohne daß er das so richtig merkt. Nach den Buchstaben des Gesetzes hat alles seine Ordnung – doch tatsächlich zahlt der Kreditnehmer unter Umständen viel mehr, als der effektive Zins ausweist.

Für den Kreditnehmer ist es zum Beispiel finanziell völlig egal, ob er 1% der Darlehenssumme als Bearbeitungsgebühren oder als sogenannte Schätzkosten (siehe unten) zu zahlen hat. Aber: die einen müssen beim effektiven Zins berücksichtigt werden, die anderen nicht. Was macht also das Kreditinstitut? Es verlangt Schätzkosten und kann damit den ausgewiesenen effektiven Zins künstlich niedrig halten. Deswegen muß man leider festhalten: Als Vergleichsmaßstab ist der (anfänglich) effektive Zins nur bedingt tauglich.

Die wichtigsten Nebenkosten in dieser reichhaltigen Palette an zusätzlichen Kosten sind:

a) Schätzkosten/Wertschätzungsgebühren

Schätzkosten beziehungsweise Wertschätzungsgebühren verlangen die Institute, um den Beleihungswert einer Immobilie zu ermitteln. Sie machen etwa 0,2% bis 1% der Darlehenssumme aus, manchmal werden sie aber auch auf den gesamten Immobilienwert angerechnet.

WISO rät: Schätzkosten zählen ebenfalls zur Verhandlungsmasse bei der Vertragsgestaltung. Gerade wenn ein Sachverständiger nicht extra eingeschaltet wird, sondern ein Mitarbeiter des eigenen Hauses die Immobilie schätzt, kann der Kreditgeber auf solche Gebühren genausogut verzichten, zumindest aber sie deutlich niedriger berechnen.

b) Bauzeit-/Bereitstellungszinsen

Sobald das Kreditinstitut ein Darlehen zugesagt hat, können Bauzeit- beziehungsweise Bereitstellungszinsen anfallen. Wenn das Darlehen, wie häufig beim Bauen, nicht in einer Summe, sondern in mehreren Raten abgerufen wird, verlangen einige Kreditinstitute sofort, andere auch nach einem vorher festgelegten Zeitraum Zinsen für die Darlehenssumme, die noch nicht ausgezahlt wurde. Das sind die sogenannten Bauzeitzinsen.

Mit Bereitstellungszinsen muß man rechnen, wenn beim Kauf einer Immobilie eine gewisse Frist verstreicht, ohne daß das Darlehen abgerufen wird. Grund dafür können zum Beispiel irgendwelche Verzögerungen beim Notar oder bei der Abnahme sein.

Aus Sicht des Kreditgebers erklären sich solche Gebührenforderungen damit, daß er Geld bereit hält, mit dem er sonst zusätzliche Zinsen erwirtschaften könnte. Beide Zinsarten betragen in der Regel 0,25% pro Monat für das Darlehen beziehungsweise für den Restbetrag.

Es hängt aber nun sehr viel davon ab, wann die Zinsberechnung beginnt, um zu wissen, wieviel Zinsen letztlich zu zahlen sind. Einige verlangen nämlich diese Gebühren schon sehr bald, etwa nach einem Monat, andere erst bis zu einem Jahr nach der Darlehenszusage.

WISO rät: Wer nicht verhindern kann, daß das Kreditinstitut Bauzeit-/Bereitstellungszinsen verlangt, der kann zumindest versuchen, die Frist zu verlängern, ab der es diese Zinsen berechnet. Auf diese Weise können immerhin einige tausend Mark gespart werden. Wenn der Kreditgeber partout auf solche Zinsen pocht, hat der Darlehensnehmer außerdem immer noch die Möglichkeit, das Darlehen in einem Betrag rechtzeitig vor Fristende abzurufen und als Tagesgeld bei einer anderen Bank anzulegen.

c) Teilauszahlungszuschläge

Sind Bauzeit- und Bereitstellungszinsen wirtschaftlich noch nachvollziehbar, so gilt das für gesonderte Teilauszahlungszuschläge überhaupt nicht mehr. Und trotzdem erheben einige Darlehensgeber die Gebühren extra, wenn das Darlehen in mehreren Teilbeträgen abgerufen wird. Meist zahlt der Kreditnehmer dann 1%, manchmal sogar 1,5% Zinsen auf die Teilbeträge bis zur vollständigen Auszahlung – und zwar oftmals zusätzlich zu den Bauzeitzinsen.

WISO rät: Teilauszahlungszuschläge muß man sich nicht aufs Auge drücken lassen. Besteht der Kreditgeber darauf, sollte man sich einen anderen Anbieter suchen!

d) Kontoführungsgebühren

Wer ein Darlehen aufnimmt, muß automatisch ein Kreditkonto einrichten. Es gibt viele Institute, die dafür zusätzlich Kontoführungsgebühren verlangen. Diese werden dem Darlehensnehmer jährlich berechnet. Einige Kreditinstitute langen dabei über die Jahre kräftig zu!

e) Auszahlungsweise

Durch die Auszahlungsweise bei Teilzahlungen können weitere Nebenkosten entstehen. Dies ist vor allem beim Bau einer Immobilie wichtig.

WISO rät: Der Kreditnehmer sollte vertraglich vereinbaren, daß er das Geld jederzeit abrufen kann, wenn in einzelnen Baubschnitten Rechnungen zu begleichen sind. Gibt es nämlich nur eine begrenzte Zahl solcher Auszahlungstermine, ist er unter Umständen gezwungen, teuer zwischenzufinanzieren.

Checkliste

Effektiver Zins	
berücksichtigt:	**berücksichtigt nicht:**
• Nominalzins	• Schätzkosten
• Tilgungssatz	• Bauzeitzinsen/Bereitstellungszinsen
• Disagio	• Teilauszahlungszuschläge
• Auszahlungsbetrag	• Kontoführungsgebühren
• Tilgungszahlungs- und -verrechnungstermine	• Auszahlungsweise bei Teilzahlungen
• Zinszahlungs- und -verrechnungstermine	
• Ratenhöhe pro Termin	
• Bearbeitungsgebühren	
• Vermittlungsprovision	
• Restschuldversicherung	

5. Anschlußfinanzierung

Es gibt viele Gründe, sich über eine Anschlußfinanzierung Gedanken zu machen. Zum einen dann, wenn die Zinsbindung beim Hypothekendarlehen ausläuft. Oft genug ergibt sich nämlich dabei, daß ein Wechsel des Kreditgebers sinnvoll ist. Ein weiterer Grund könnte sein, daß man noch während der Zinsbindungsfrist eine Umfinanzierung plant. So kann der Darlehensnehmer durch eine Erbschaft wie bei den Fleißigs (siehe zu Anfang des Kapitels) plötzlich eine hohe Geldsumme zur Hand haben, mit der er eine Sondertilgung vornehmen möchte. Oder er will umschulden, weil die Zinsen im Vergleich zu seinen ursprünglichen Konditionen drastisch gesunken sind.

Das Ende einer Zinsbindungsfrist ist ein günstiger Zeitpunkt für eine Sondertilgung. Dann kann der Kreditnehmer seine Restschulden reduzieren und für den Restbetrag eine weitere Zinsbindung eingehen.

Eine Sondertilgung oder eine Umschuldung noch während der Zinsbindung wird das Kreditinstitut nicht ohne weiteres akzeptieren – es sei denn, der Darlehensnehmer hat für eine solche Situation vertraglich vorgesorgt (siehe unten). Dem Kreditgeber entstehen Kosten, für die er eine Entschädigung verlangt, die sogenannte Vorfälligkeitsentschädigung. Es bleibt dann nicht erspart nachzurechnen, ob die Höhe dieser Entschädigung gerechtfertigt ist (ein BGH-Urteil hat 1997 dabei endlich zu mehr Rechtssicherheit geführt), und zweitens zu klären, ob sich dann eine solche Umfinanzierung überhaupt lohnt.

a) Umfinanzierung nach der Zinsbindung: das Anschlußdarlehen

Sehr viele Eigenheimbesitzer machen sich gar keine Gedanken darüber, wie es eigentlich nach der ersten Zinsbindung weitergehen soll. Oft gibt es dann ein böses Erwachen, wenn ihr Institut das Darlehen zu sehr viel schlechteren Bedingungen weiterfinanziert, als es andere Kreditgeber im Moment gemacht hätten.

Daher sollte man etwa ein halbes Jahr vor Ende der Zinsbindungsfrist seine alten Unterlagen hervorkramen und von sich aus anfangen, sich mit dem Thema Anschlußfinanzierung auseinanderzusetzen. Nicht selten werden Kreditnehmer nämlich erst kurz vor Ende der Zinsbindungsfrist mit einem Angebot des Kreditinstituts konfrontiert. Dann bleibt nur wenig Zeit, dieses Angebot zu prüfen und sich gegebenenfalls nach einem anderen Kreditgeber umzusehen.`

WISO rät: Um zu verhindern, daß der Kreditgeber eine unangenehme Überraschung bereitet, sollte man bereits sechs bis acht Wochen vor Ende der Zinsbindungsfrist bei dem Kreditgeber nach Verlängerungsangeboten fragen.

Oft genug räumen Kreditgeber ihren Kunden nur wenig Bedenkzeit ein, das Verlängerungsangebot zu prüfen. Zwar hat der Bundesgerichtshof entschieden, daß eine Bedenkzeit von zwei Wochen zu wenig ist, nur leider hat er sich nicht konkret geäußert, wie lang die Frist letztlich sein sollte. Falls man also vergessen hat, rechtzeitig nach einem neuen Angebot zu fragen, sollte folgendes versucht werden:

WISO rät: Man sollte sich von dem Kreditgeber eine Überlegungsfrist von vier Wochen einräumen lassen. Geht er darauf nicht ein, kann das eigentlich nur daran liegen, daß sein Angebot nicht besonders gut ist. Anlaß genug, sich nach einem neuen Kreditgeber umzuschauen!

Unabhängig von Fristen und Terminnöten kostet ein Bankwechsel auf jeden Fall Geld. So wie für die erste Zinsbindungsphase fallen erneut Notar- und

Grundbuchgebühren an und unter Umständen auch wieder neue Schätzkosten für die Ermittlung des Beleihungswertes einer Immobilie.

● *Anpassungsklauseln*
Im Kreditvertrag findet sich normalerweise auch ein Passus, der sich mit dem Thema Anschlußfinanzierung beschäftigt. Das ist die Anpassungsklausel, in einigen Verträgen auch Anpassungskonditionen genannt. Daraus geht hervor, wie der Kreditgeber verfahren wird, sobald die Zinsbindungsfrist abläuft. Die meisten Kreditinstitute haben darin festgelegt, daß die Kündigung des laufenden Vertrages bis einen Monat vor Ablauf der Zinsbindungsfrist ausgesprochen werden muß. Einige Kreditgeber haben das sogar so geregelt, daß der Vertrag ohne eine neue Vereinbarung automatisch ausläuft, es also keine Verlängerung geben wird. Das ist die kundenfreundliche Variante.

Andere dagegen verlangen, daß der Kunde schon sehr viel früher den Vertrag kündigt, sehen also eine längere Kündigungsfrist vor. Und das ist nicht gesetzeskonform, jedenfalls dann nicht, wenn es sich um ein Darlehen mit einem festen Zinssatz handelt. Der Gesetzgeber sieht nämlich für Darlehen mit Zinsbindung eine Kündigungsfrist von maximal einem Monat vor, für variable Zinsen übrigens drei Monate (§ 609a BGB).

Oftmals verknüpfen Institute ihr Verlängerungsangebot mit einer Widerspruchsfrist von wenigen Wochen. Verschlafen die Kunden die Frist, gilt das Angebot als angenommen, unter Umständen zu neuen Konditionen, die die Darlehensnehmer mit Sicherheit nicht eingegangen wären, wenn sie nur genauer hätten prüfen können.

Oder es wird ihnen lapidar ohne Überlegungsfrist mitgeteilt, daß der Vertrag mit einem bestimmten Zins weiter fortgesetzt wird, es sei denn, sie widersprechen diesem Angebot. Das sind die „kundenunfreundlichen" Versionen, die aber leider gar nicht so selten vorkommen.

● *Effektivzins*
Auch bei Anschlußfinanzierungen muß der Kreditgeber den Effektivzins ausweisen. Dabei darf man als „Altkunde" nicht schlechter behandelt werden als solche Kreditnehmer, die mit dem Institut einen neuen Vertrag abschließen.

WISO rät: Man sollte einen Bekannten zu seinem Institut gehen lassen, der dort als Neukunde auftritt und die aktuellen Konditionen abfragt. Diese Information kann man in die eigenen Verhandlungen mit einfließen lassen.

Im Grunde genommen müßte der Kreditgeber dem Altkunden eigentlich bessere Konditionen einräumen als neuen Kunden. Er ist dem Institut als zuverlässiger Kreditnehmer bekannt, und der Aufwand, seine Sicherheiten und die seiner Immobilie zu prüfen, ist vernachlässigbar klein. Insofern ist das Risiko des Kreditgebers geringer als bei neuen Kunden.

Falls der Kreditgeber sich als unnachgiebig erweist, gibt es nur eine Konsequenz: sich nach einem neuen Darlehensnehmer umzusehen. Aber Vorsicht: Der alte Vertrag sollte erst gekündigt werden, wenn der neue unter Dach und Fach ist!

● *Neuer Kreditgeber*
Bevor man sich einen neuen Kreditgeber sucht, sollte der erste Weg zum Notar führen, denn die Übertragung der Grundpfandrechte auf den neuen Kreditgeber muß notariell bestätigt werden; genauso müssen die Grundbucheintragungen geändert werden. Somit hat man neben den zusätzlichen Finanzierungsnebenkosten die Gebühren für den Notar und das Grundbuchamt zu tragen.

Wer verschiedene Kreditangebote und deren Finanzierungsbedingungen prüft, braucht natürlich auch hier als wichtigste Information die Höhe des Effektivzinses. Außerdem muß er sich über die Dauer der Zinsbindung, die Höhe der Restschuld nach der neuen Zinsbindung und über die monatlichen Belastungen informieren, die auf ihn zukommen werden.

Zudem sollte er genau klären, welche Finanzierungsnebenkosten entstehen. Zum Beispiel könnte der neue Kreditgeber ein weiteres Wertgutachten verlangen, was zu zusätzlichen Schätzgebühren führt.

WISO rät: Solche Schätzkosten sind zum Beispiel Verhandlungsmasse mit einem neuen Kreditgeber, denn das Institut kann auf das bestehende Wertgutachten zurückgreifen.

b) Umfinanzierung während der Zinsbindung

Weitaus schwieriger gestaltet es sich, wenn der Kreditnehmer während der Finanzierungsphase umschulden möchte. Es sei denn, er hat vertraglich vorgesorgt. Nur dann kommt er ohne zusätzliche Kosten aus dem Kreditvertrag heraus. In bestimmten Situationen lassen allerdings auch die rechtlichen Vorgaben zu, daß keine Vorfälligkeitsentschädigungen verlangt werden dürfen.

● *Sondertilgung ohne zusätzliche Kosten*
Das Gesetz erlaubt grundsätzlich die Kündigung eines Darlehensvertrages nach zehn Jahren. Allerdings muß man nach einer Kündigung noch sechs Monate Geduld haben; so lange dauert die Kündigungsfrist.

Handelt es sich um einen Darlehensvertrag mit variablem Zinssatz, kann man jederzeit eine Sondertilgung leisten, mit einer kurzen Wartezeit von drei Monaten, manchmal auch kürzer.

Keine Probleme gibt es auch beim Bauspardarlehen, das jederzeit ganz oder in Teilbeträgen zurückgezahlt werden kann.

● *Vertraglich vereinbarte Sondertilgung*
Viele Kreditnehmer können von vornherein mit einer Sondertilgung rechnen, weil sie Geldgeschenke oder Erbschaften erwarten oder wie die Fleißigs zumindest nicht ausschließen können. Für diese Darlehensnehmer wäre es finanziell gesehen absolut fahrlässig, sich auf einen solchen Eventualfall nicht vorzubereiten:

WISO rät: Der Kreditnehmer kann schon bei Abschluß seines Darlehensvertrages die Möglichkeit einer Sondertilgung vereinbaren. Davon sollte er auch dann Gebrauch machen, wenn er plant, die Immobilie kurzfristig wieder abzustoßen: Gerade wer von vornherein weiß, daß er die Immobilie schon in wenigen Jahren wieder verkaufen möchte, sollte sich ein Sondertilgungsrecht einräumen lassen. Falls nämlich der spätere Käufer der Immobilie nicht das Darlehen samt Konditionen übernimmt, muß der Darlehensnehmer dem Kreditgeber eine Vorfälligkeitsentschädigung zahlen (siehe weiter unten).

Kleinere Kreditinstitute sind eher zu einer solchen vertraglichen Vereinbarung zu bewegen. Probleme gibt es bei den großen Anbietern, und vor allem Hypothekenbanken machen das sehr ungern. Die meisten Kreditgeber verlangen ohnehin als Gegenleistung einen höheren Zinssatz. Aus Sicht der Institute übernehmen sie nämlich mit dem Recht auf Sondertilgung einen Teil des Zinsrisikos: Während sinkender Zinsen ist eine Sondertilgung aus Sicht des Kreditgebers äußerst ungünstig. Für ihn bedeutet das, daß er diesen Betrag als neues Darlehen nur zu Bedingungen weitergeben kann, die für ihn schlechter sind.

WISO rät: Das Recht auf Sondertilgung ist Verhandlungssache bei der Vertragsgestaltung. Der Kreditnehmer sollte darauf pochen, dieses Recht kostenlos, also ohne eine Zinserhöhung, zu bekommen.

Wer einen Vertrag in einer Niedrigzinsphase abschließt, für den ist es nicht unbedingt notwendig, sich die Sondertilgung vertraglich einräumen zu lassen. Falls die Zinsen steigen, wird der Kreditgeber wenig gegen eine Sondertilgung einzuwenden haben, denn dieses Geld kann das Institut als Darlehen problemlos zu einem sehr viel höheren Zinssatz weiterreichen.

- *Sondertilgung und Vorfälligkeitsentschädigung*

Wer vorzeitig kündigt, muß mit dem Kreditgeber zunächst einen sogenannten Aufhebungsvertrag abschließen. Darin werden die Bedingungen für eine vorzeitige Kündigung genau niedergelegt.

Sowohl bei der Umschuldung als auch bei einer vorher nicht vertraglich vereinbarten Sondertilgung wird der Kreditgeber vorrechnen, daß ihn das zusätzlich Geld kostet.

Rechenbeispiel: *165.000 Euro als Darlehen mit zehnjähriger Zinsbindung, Effektivzins 8,0%, jährlich also umgerechnet 13.200 Euro. Während der Darlehensphase sinken die Zinsen. Nach fünf Jahren plant ein Immobilienfinanzierer eine Sondertilgung von 50.000 Euro, um die Restschulden zu senken.*

Der Kreditgeber wird dies nicht ohne weiteres akzeptieren, mit dem Hinweis auf einen Zinsschaden. Angenommen, der vom Institut aktuell verlangte Effektivzins liegt bei 6,0%. Die 50.000 Euro, die er nun erhält, kann er dem nächsten Kreditnehmer nur zu diesen neuen Konditionen überlassen, umgerechnet ein Einnahmeverlust von 1.000 Euro pro Jahr. Für die Restlaufzeit von fünf Jahren ergibt das immerhin einen Zinsverlust von 5.000 Euro, ohne Berücksichtigung der Zinseszinsen. Nutzt der Kreditnehmer den neuen finanziellen Spielraum für eine höhere Tilgung, ist der Schaden aus Sicht des Instituts noch sehr viel höher.

Die gleichen Überlegungen stellt der Kreditgeber an, wenn man während der Zinsbindung umschulden möchte, zum Beispiel weil die Zinsen gesunken sind. In beiden Fällen wird das Institut verlangen, daß ihm der Zinsverlust ersetzt wird. Das ist die sogenannte Vorfälligkeitsentschädigung, um deren Höhe es in der Vergangenheit regelmäßig Auseinandersetzungen gab, bis ein Urteil des Bundesgerichtshofs aus dem Jahre 2000 dazu mehr Klarheit brachte.

Vorfälligkeitsentschädigung

Einige Institute weigerten sich jahrelang, überhaupt zu akzeptieren, daß Kreditnehmer vorzeitig aus dem Vertrag aussteigen dürfen. Die Kunden waren damit schlichtweg auf das Wohlwollen ihrer Kreditgeber angewiesen. Und wenn diese schließlich doch einen Ausstieg zuließen, verlangten sie enorm hohe Entschädigungszahlungen als Ausgleich, Vorfälligkeitsentgelte wurden sie vornehm bezeichnet.

Doch in mehreren Grundsatzurteilen hat der Bundesgerichtshof (BGH) festgelegt, wie Kreditgeber und Kreditnehmer miteinander umzugehen haben.

Ein Urteil betrifft das Recht des Kunden, einen Vertrag vorzeitig aufzulösen. Ihm wird ein solches Kündigungsrecht eingeräumt, aber nur unter einer Bedingung: Er möchte die Immobilie verkaufen, wobei die Beweggründe egal sind; also ob er umziehen will, aus Krankheitsgründen oder aus einer sonstigen Notlage heraus. Selbst wenn man nur eine günstige Gelegenheit zum Verkauf des Hauses oder der Wohnung nutzen möchte, muß das Institut einem solchen Schritt zustimmen. Begründet wurde das vom BGH damit, daß ansonsten die wirtschaftliche Handlungsfreiheit des Kunden zu sehr eingeschränkt sei. Einen Wermutstropfen hat dieses Urteil damit aber auch:

WISO rät: Der Kreditgeber muß einem vorzeitigen Vertragsausstieg nicht zustimmen, wenn es dem Darlehensnehmer nur darum geht, an günstigere Zinsen und damit an einen billigeren Kredit heranzukommen.

Die weiteren BGH-Urteile betreffen die Höhe der Ablösesumme, also die Höhe der Vorfälligkeitsentschädigung. Der BGH überläßt den Kreditinstituten zwei Berechnungsmöglichkeiten.

Bei der einen Methode darf der Kreditgeber einen sogenannten Zinsverschlechterungsschaden berechnen. Das ist die Summe, die das Institut verliert, wenn es die zurückerhaltene Darlehenssumme bei gesunkenen Zinsen nur zu schlechteren Konditionen an einen neuen Kreditnehmer wieder ausleihen kann. Dabei ist die Differenz zwischen dem effektiven Zins, den das Darlehen während der Restlaufzeit ausweist, und dem effektiven Zins, den der Kreditgeber für einen Kredit mit entsprechender Laufzeit aktuell bekommt, entscheidend.

Zusätzlich darf das Institut einen Zinsmargenschaden geltend machen. Er ist das Äquivalent für den Gewinn, der dem Kreditgeber durch die Kündigung entgeht. Diese Marge sollte sich auf die Restschuld beziehen und nach Meinung untergeordneter Gerichte und auch der Verbraucherschützer nicht mehr als 0,5% pro Jahr betragen.

Bei der anderen, in der Praxis in den allermeisten Fällen angewandten Methode werden die Refinanzierungskosten zugrunde gelegt. Der Schadenersatz berechnet sich dabei danach, wieviel Geld dem Kreditgeber verlorengeht, wenn er die freiwerdenden Mittel in festverzinsliche Wertpapiere anlegt. Nach einem neuen Urteil des BGH im November 2000 (AZ: XI ZR 27/00) ist der Maßstab dafür die Rendite von Hypothekenpfandbriefen und damit nicht mehr, wie vorher möglich, die niedrigere Durchschnittsrendite öffentlicher Anleihen. Diese Rechtsprechung revidiert teilweise ein Urteil des BGH aus dem Jahr 1997 und wirkt sich für die betroffenen Kunden häufig günstiger aus als die bisherige Regelung.

Dieser (fiktive) Wiederanlagezins darf nicht einheitlich festgelegt werden. Er muss gestaffelt sein, also den Anlagezeitraum und die sich daraus ergebenden Zahlungsströme sowie laufende Anpassungen an die (reale) Zinsstruktur berücksichtigen. Das gleiche Prinzip gilt für die Berechnung der Zinsen, die der Kunde bis zum Ende der Laufzeit hätte zahlen müssen. Dafür muss außerdem der vereinbarte Nominalzinssatz zugrunde gelegt werden und nicht der effektive Zins, der im Vertrag steht.

Außerdem darf das Institut nicht die volle Differenz verlangen. Erstens muss es die ersparten Verwaltungsaufwendungen abziehen, und zwar unabhängig von der Darlehenssumme. Üblich sind dabei bis zu 5 Euro pro Monat. Zweitens muss es einen finanziellen Gegenwert für das entfallene Risiko beim abgelösten Kredit einbeziehen. Wie das berechnet werden muss, hat der BGH mit dem neuen Urteil ebenfalls festgelegt, nämlich als Prozentsatz vom Darlehen, und zwar zwischen 0,05 % und 0,06 %.

Übrigens gilt dieses Urteil auch für die so genannte Nichtabnahmeentschädigung. Diese wird fällig, wenn der Darlehensnehmer bereits einen Vertrag unterschrieben hat, das Geld aber nicht abruft, zum Beispiel weil der Kaufvertrag über die Immobilie geplatzt ist.

WISO rät: Wer eine Vorfälligkeits- oder Nichtabnahmeentschädigung bereits gezahlt hat, sollte sein Kreditinstitut schriftlich zur Neuberechnung auffordern. Das Institut ist nicht von sich aus zu diesem Schritt verpflichtet. Je nach Darlehenshöhe und Laufzeit kann man dabei mehrere tausend Euro zurückbekommen.

Nach dem neuen Urteil des BGH kann jeder Kunde eine Neuberechnung verlangen. Das Kreditinstitut ist dabei verpflichtet, seine Berechnung genau aufzuschlüsseln. Wird dabei zum Beispiel ein einheitlicher Wiederanlagezins verwendet, ist die Berechnung ungültig. Die Verjährungsfrist für Vorfälligkeits- bzw. Nichtabnahmeentschädigungen beträgt übrigens 30 Jahre. Dies gilt selbst dann, wenn man damals für die Entschädigungshöhe eine Einverständniserklärung unterschrieben und sie auch nicht unter Vorbehalt gezahlt hat (genauso wie bei der Disagio-Rückzahlung, siehe unten). Auch der Hinweis auf das BGH-Urteil aus dem Jahr 1997 nützt dem Kreditgeber nichts; es gilt immer das jüngste Urteil.

Sollte der Kreditgeber im nachhinein aber feststellen, daß er zu wenig an Vorfälligkeitsentschädigung verlangt hat, ist das sein Problem.

WISO rät: Die nach dem BGH-Urteil berechnete Vorfälligkeitsentschädigung stellt eine Maximalsumme dar, eine Obergrenze. Pech also für das Institut, wenn es zu wenig berechnet hat. Der Kreditnehmer muß nicht nachzahlen.

In den beschriebenen Fällen ist die Entschädigung bei vorzeitiger Vertragsauflösung also geklärt. Und trotzdem gibt es Vertragssituationen, die das BGH-Urteil leider nicht mit einschließt. Immerhin haben mehrere Oberlandesgerichte schon Urteile gesprochen, die aber nicht letztinstanzlich entschieden sind. Also Vorsicht, wenn man sich darauf beruft!

In einem Fall hatte ein Kreditnehmer bei seiner Bank vorzeitig das Darlehen zurückgezahlt und beim gleichen Institut einen – für ihn günstigeren – neuen Kredit aufgenommen. Hier darf der Kreditgeber nur einen Zinsverschlechterungs-, nicht aber einen Zinsmargenschaden verlangen, urteilte das OLG Zweibrücken (AZ: 4 U 47/94).

In einem anderen Fall entschied das OLG Karlsruhe (AZ: 3 U 52/96), daß Zinsmargenschaden **oder** Zinsverschlechterungsschaden berechnet werden darf. Hier hatte ein Darlehensnehmer beim Kreditgeber umgeschuldet, um an günstigere Konditionen heranzukommen.

Falls ein Ersatzkreditnehmer für das Darlehen gefunden wird, der bereit ist, zu gleichen Konditionen einzuspringen, darf übrigens überhaupt keine Entschädigung verlangt werden. Dies ist allerdings eine letztinstanzliche Entscheidung des BGH (AZ: III ZR 197/88).

Vorzeitige Kündigung bei Hypothekendarlehen mit Disagio

Immer wieder hatte es auch Ärger gegeben, wenn der Kunde ein Hypothekendarlehen vorzeitig kündigte, für ein Disagio vereinbart war. Der Bundesgerichtshof hat speziell in dieser Sache eine Entscheidung getroffen, in diesem Fall leider nicht gerade zum Vorteil des Verbrauchers (AZ: XI ZR 283/95). Danach muß nämlich der Kreditgeber bei einer vorzeitigen Kündigung des Vertrages das Disagio nicht anteilig zurückzahlen, es sei denn, für den Kreditnehmer war im Vertrag das Recht verankert, das Darlehen zu kündigen, oder dem Institut ist kein wirtschaftlicher Schaden entstanden. Andererseits darf sich das Kreditinstitut in einem solchen Fall auch nicht auf Kosten seines Kunden bereichern. Zudem ist durch das neue Urteil zur Vorfälligkeitsentschädigung jetzt klar, daß der Kreditnehmer in jedem Fall kündigen darf, wenn er die Immobilie verkaufen möchte. Daher sollte man auf sein Recht pochen, das Disagio anteilig zurückzuerhalten.

Wird das Disagio nicht erstattet, so gilt wenigstens:

WISO rät: Verlangt der Kreditgeber gleichzeitig eine Vorfälligkeitsentschädigung, muß er das Disagio damit verrechnen.

Falls das Recht besteht, den Vertrag zu kündigen (entweder, weil es im Vertrag verankert war, oder weil man verkaufen will) oder eine Sondertilgung vorzunehmen, hat man auch Anspruch auf eine anteilige Erstattung der Zinsvorauszahlung. Denn als solche ist ein Disagio zu verstehen. Auch das hat der BGH bereits höchstrichterlich entschieden (AZ: XI ZR 231/89). Klauseln im Kreditvertrag, die das umgehen wollen, haben keine Gültigkeit.

Anfang 1998 hat der BGH auch klargestellt, wie diese anteilige Rückzahlung bei einem normalen Annuitätendarlehen zu berechnen ist (AZ: XI ZR 158/97). Danach müssen die Kreditinstitute die Zinssummen-Methode anwenden – gut für sie, schlecht für den Kreditnehmer, da diese Methode von allen bis dato verwendeten für ihn die ungünstigste ist.

Das Institut kann bei dieser Methode berücksichtigen, daß bei einem Annuitätendarlehen wegen der fortlaufenden Tilgung der Zinsanteil in der zu zahlenden Rate mehr und mehr schrumpft. Konkret sieht das folgendermaßen aus: Das Institut addiert die Zinssumme auf, die der Kreditnehmer bis zum Ablösetag gezahlt hat. Danach ermittelt es die Zinssumme, die noch bis zum eigentlichen Vertragsende aufzubringen wäre. Beide Summen werden dann ins Verhältnis gesetzt. Mit diesem Verhältnis wird das Disagio in den verbrauchten und in den nicht verbrauchten Teil aufgeteilt. Den nicht verbrauchten Teil zahlt der Kreditgeber zurück.

Auch für Darlehen mit variablen Zinsen gilt das Recht auf Erstattung des Disagios. Anders bei Krediten, die mit öffentlichen Zuschüssen gefördert wurden. Das Disagio wird dann als ein Teil der Kosten betrachtet, die durch diese Förderung entstanden sind (AZ: XI ZR 49/93).

Bei einem tilgungsfreien Darlehen entspricht der zu erstattende Teil des Disagios exakt dem noch ausstehenden Anteil der vereinbarten Laufzeit. Der Kreditgeber muß also das Disagio gleichmäßig auf den Festschreibungszeitraum verteilen.

Unabhängig von der Ausgestaltung des Darlehens hat man bei nachträglicher Erstattung des Disagios einen Verzinsungsanspruch.

WISO rät: Man sollte also daran denken, sich den ausgezahlten Disagio-Anteil zusätzlich verzinsen zu lassen. Denn der Kreditgeber hat mit dem einbehaltenen Betrag aus dem Disagio einen Gewinn erwirtschaftet, den er anteilig an den Kreditnehmer weitergeben muß.

Die Höhe dieser Verzinsung ist gesetzlich festgelegt auf mindestens 4,0%. In dem neuen Disagio-Urteil hält der BGH allerdings sogar 7,0% für angemessen. So oder so: Wenn der Kreditgeber fair ist, orientiert er sich daran, was er während der Laufzeit des Vertrages an Gewinnen aus dem Hypothekengeschäft erwirtschaftet hat. Auf jeden Fall sollte man sich von seinem Kreditgeber nicht mit dem Hinweis auf irgendwelche Bearbeitungsgebühren abspeisen lassen.

WISO rät: Nach bisheriger Bankenpraxis muß man – mit wenigen Ausnahmen – leider davon ausgehen, daß das erste Angebot des Kreditgebers zu niedrig liegt. Man sollte deshalb eine Erhöhung fordern und schließlich die Zahlung nur unter ausdrücklichem Vorbehalt akzeptieren.

So behält man sich nämlich das Recht in der Hinterhand, bei einem entsprechenden BGH-Urteil nachträglich eine höhere Zinsentschädigung zu fordern. Aber keine Angst: Wer bisher versäumt hat, die Abrechnung seines Kreditgebers zu beanstanden, geht auch dann nicht leer aus. Einen stillschweigenden Verzicht, wie einige Banken bereits argumentiert haben, sieht der BGH nämlich nicht darin (AZ: XI ZR 70/93). Ausnahme: wenn der Disagio-Anteil erkennbar in die Berechnung der Vorfälligkeitsentschädigung mit eingeflossen ist (AZ: XI ZR 66/93).

Die Verjährungsfrist für einen Rückerstattungsanspruch beträgt außerdem grundsätzlich 30 Jahre (BGH-Urteil, AZ: XI ZR 11/93). Nur zur Klärung: Das gilt ausschließlich bei vorzeitiger Kündigung! Ist das Darlehen schon in einer nächsten Zinsbindungsphase, ohne daß die erste Vertragslaufzeit vorzeitig gekündigt wurde, gibt es natürlich auch keinen Anspruch auf Rückerstattung mehr. Der Darlehensnehmer hat dann das Disagio bereits in vollem Umfang genutzt.

II.

ÄRGER MIT DEM NOTAR

1. Fall

Herr und Frau Lieder haben ihr Traumhaus gefunden – eine Jugendstilvilla mit großem Garten am Stadtrand. Auch der Preis ist gerade noch akzeptabel. So wird schnell ein Termin beim Notar Sorgsam vereinbart, um den Vertrag unter Dach und Fach zu bringen. Dort geht dann ebenfalls alles sehr rasch. Der Notar verliest mit monotoner Stimme den Vertragstext, den der Verkäufer vorgeschlagen hat. Dann läßt er die Lieders und den Verkäufer den Vertrag unterzeichnen. Das war ja einfacher als gedacht, denken sich die Lieders. Doch dann kommt das dicke Ende: Notar Sorgsam hat übersehen, daß das Grundstück mit einer Grundschuld belastet ist. Außerdem hat er nicht darüber aufgeklärt, daß die Nachbarn ein Wegerecht haben und durch den großen Garten fahren dürfen. Lieders sind darüber sehr erbost und fragen sich, wie sie gegen Sorgsam vorgehen können.

2. Allgemeines

Der Notar ist wie das Gericht und der Anwalt ein Organ der Rechtspflege. Aber anders als das Gericht, das erst angerufen wird, wenn der Schaden schon entstanden ist, soll er verhindern, daß ein Schaden überhaupt erst entsteht. Und anders als der Anwalt ist der Notar nicht Interessenvertreter der Partei, die ihn beauftragt hat.

Notare sind der Unparteilichkeit verpflichtet. Sie müssen sowohl den Verkäufer wie auch den Käufer über die Folgen des Geschäfts aufklären. Aufgabe des Notars ist es, auf eine ausgewogene und sichere Vertragsgestaltung hinzuwirken, zu beraten, über die rechtlichen Folgen des Geschäftes zu belehren und Alternativen aufzuzeigen. Dafür wird er vom Staat eingesetzt. In Deutschland gibt es zur Zeit ungefähr 10.000 Notare.

Allererste Aufgabe des Notars ist es also, den Kaufvertrag so unmißverständlich zu formulieren, daß er den Wünschen und Erklärungen beider Seiten entspricht. Anschließend muß er das Vertragswerk beurkunden. Bei beiden Schritten ist er zu absoluter Neutralität verpflichtet. Er darf also zum Beispiel nicht in irgendeiner Form die Höhe des Kaufpreises kommentieren. Andererseits muß er beide Vertragsparteien genau über den Inhalt des Vertrages aufklären.

Es kommt allerdings auch vor, daß Notare einmal als käufer-, ein andermal als verkäuferfreundlich gelten. Zwar muß es keineswegs heißen, daß der vom Verkäufer vorgeschlagene Notar auch parteiisch ist. Doch für alle Fälle gilt:

WISO rät: Wenn der Verkäufer auffällig zuredet, einen ganz bestimmten Notar zu wählen, sollte man sich unbedingt einen eigenen suchen. Als Käufer hat man das Recht dazu. Im Zweifel kann man sich an die ortsansässige Notarkammer wenden.

Den Vertragsentwurf sollte man sich rechtzeitig zusenden lassen, bevor man den Notartermin hat. Nur wenn man genügend Zeit hat, sich die einzelnen Vertragsbestandteile genau durchzulesen, kann man noch rechtzeitig Änderungs- oder Ergänzungswünsche anbringen und sich auch die Fragen für bestimmte unverständliche Vertragsinhalte zurechtlegen.

WISO rät: Man sollte den Notar nach Details im Kaufvertrag befragen, falls irgendeine Formulierung unklar ist. Es ist eine ganz wichtige Aufgabe des Notars, den Inhalt des Vertrages zu erläutern.

Falls dies dazu führt, daß man vom Vertragsabschluß Abstand nimmt, wird der Notar trotzdem Gebühren verlangen.

3. Mitwirkung beim Grundstückskauf

In Deutschland kann man kein Haus oder keine Wohnung kaufen, ohne dabei nicht zumindest einen Teil des Grundstücks zu erwerben, auf dem sich das Haus oder die Wohnung befinden. Will man aber ein Grundstück oder einen Teil davon erwerben, schreibt das Gesetz vor, daß der Kaufvertrag nur wirksam ist, wenn er von einem Notar beurkundet wird. Sinn und Zweck dieser Vorschrift ist zum einen, daß eine so wichtige Sache wie ein Grundstückskauf nicht übereilt vonstatten gehen soll. Dem Verkäufer oder Käufer soll Zeit bleiben, sich die Angelegenheit zu überlegen. Auf der anderen Seite soll die Beteiligung des Notars bei dem Grundstücksgeschäft Gewähr dafür leisten, daß der Vertrag ausgewogen ist und keine der Vertragsparteien über den Tisch gezogen wird. Dabei gilt es vor allem, folgende Gefahren zu verhindern:

- Der Verkäufer muß dagegen abgesichert werden, sein Eigentum zu verlieren, ohne den Kaufpreis erhalten zu haben. Seine Eigentumsrechte müssen gewahrt bleiben, wenn der Kaufvertrag nicht zustande kommt, konkret: Bei einem Scheitern des Vertragsabschlusses muß er weiter als Eigentümer im Grundbuch ausgewiesen sein.

- Zur Sicherung des Käufers muß der Notar darauf achten, daß das Eigentum so an den Käufer übergeht, wie dies vorab zwischen beiden Vertragsparteien abgesprochen war. Im Fall oben also so, daß das Grundbuch auch tatsächlich belastungsfrei ist, wenn dies vertraglich gewollt war. Außerdem muß er Regelungen für die Übernahme von Lasten, Erschließungskosten usw. vorsehen.

Ohne notarielle Beurkundung sind Grundstückskaufverträge grundsätzlich unwirksam. Der Fehler wird erst behoben, wenn die Käufer als Eigentümer ins Grundbuch eingetragen werden.

Übrigens:

WISO rät: Der Notar ist nicht verpflichtet, zu den steuerlichen Hintergründen zu beraten. Deshalb sollte der Grundstücks-, Haus- oder Wohnungskauf unbedingt mit einem Steuerberater oder Fachanwalt für Steuerrecht besprochen werden, bevor man zum Notar geht.

4. Fehler des Notars

Da die Aufgaben des Notars umfangreich sind, können auch die unterschiedlichsten Fehler auftreten. Bei Beratung, Beurkundung und Vollzug des Rechtsgeschäfts kann einiges schiefgehen. So kann es zum Beispiel passieren, daß der Notar eine der beiden Parteien nicht ausführlich genug über eine Klausel des Vertrages aufklärt und diese Partei deshalb später einen wirtschaftlichen Schaden erleidet. Er kann aber auch den Kaufpreis auf ein falsches Konto überweisen, ihn zu früh fällig stellen oder ganz einfach wichtige Unterlagen verlegen. Doch keine Angst: Notare sind grundsätzlich besonders qualifizierte Juristen, so daß man nicht gleich damit rechnen muß, daß sie Fehler machen.

5. Haftung des Notars

Sollte doch einmal ein Fehler passiert sein, dann muß der Notar grundsätzlich für den Schaden aufkommen. Die Haftung richtet sich nach § 19 Bundesnotarordnung (BNotO):

§ 19 [Amtspflichtverletzung]
(1) Verletzt der Notar vorsätzlich oder fahrlässig die ihm einem anderen gegenüber obliegende Amtspflicht, so hat er diesem den daraus entstehenden Schaden zu ersetzen. Fällt dem Notar nur Fahrlässigkeit zur Last, so kann er nur dann in Anspruch genommen werden, wenn der Verletzte nicht auf andere Weise Ersatz zu erlangen vermag; das gilt jedoch nicht bei Amtsgeschäften der in §§ 23, 24 bezeichneten Art im Verhältnis zwischen Notar und Auftraggeber. Im übrigen sind die Vorschriften des Bürgerlichen Gesetzbuchs über die Schadenersatzpflicht im Fall einer von einem Beamten begangenen Amtspflichtverletzung entsprechend anwendbar. Eine Haftung des Staates an Stelle des Notars besteht nicht.
(2) Hat ein Notarassessor bei selbständiger Erledigung eines Geschäfts der in §§ 23, 24 bezeichneten Art eine Pflichtverletzung begangen, so haftet er in entsprechender Anwendung des Absatzes 1. Hatte ihm der Notar das Geschäft zur selbständigen Erledigung überlassen, so haftet er neben dem Assessor als Gesamtschuldner; im Verhältnis zwischen dem Notar und dem Assessor ist der Assessor allein verpflichtet. Durch das Dienstverhältnis des Assessors zum Staat (7 Abs. 3) wird eine Haftung des Staates nicht begründet. Ist der Assessor als Vertreter des Notars tätig gewesen, so bestimmt sich die Haftung nach § 46.
(3) Für Schadenersatzansprüche nach Absatz 1 und 2 sind die Landgerichte ohne Rücksicht auf den Wert des Streitgegenstandes ausschließlich zuständig.

Der Notar muß also grundsätzlich haften, wenn er eine seiner Amtspflichten verletzt hat. Zu diesen Pflichten zählen vor allem die Pflicht der Unabhängigkeit, Unparteilichkeit und Verschwiegenheit. Daneben bestehen zahlreiche weitere Pflichten, je nachdem, welche Aufgabe der Notar bei dem konkreten Geschäft übernommen hat.

Der Notar haftet, wenn er eine dieser Amtspflichten schuldhaft verletzt hat. Er muß also vorsätzlich oder fahrlässig gehandelt haben:
- Ein vorsätzliches Handeln ist zum Beispiel denkbar, wenn er ihm anvertraute Gelder unterschlagen hat. Das wird aber wohl in den wenigsten Fäl-

len passieren. Häufiger geschieht es schon, daß fahrlässiges Handeln oder Unterlassen festgestellt wird.

- Fahrlässig handelt, wer die gebotene Sorgfalt außer acht läßt. Welche Sorgfalt geboten ist, ist nicht immer leicht zu sagen. Grundsätzlich orientiert sich die Rechtsprechung in den Fällen, in denen Streitigkeiten mit dem Notar vor Gericht ausgetragen werden, am sogenannten „pflichtbewußten Durchschnittsnotar". Es entlastet den Notar also nicht, wenn er neu im Amt ist und sich erst einmal einarbeiten muß. Genausowenig kann sich ein erfahrener alter Haase auf Ermüdungserscheinungen berufen. Der Bundesgerichtshof hatte nicht einmal ein Nachsehen mit einem Notar, der wegen der Unterbrechung durch einen Bombenangriff die Unterzeichnung einer Testamentsurkunde vergaß (BGH NJW 1955, 788). Als Entschuldigungsgründe anerkannt wurden aber plötzliche Erkrankungen und andere unvorhergesehene Notsituationen.

Handelt der Notar fahrlässig, dann haftet er allerdings grundsätzlich nur dann, wenn für den Geschädigten keine andere Möglichkeit besteht, Schadenersatz zu erlangen. Ebenso ist seine Haftung ausgeschlossen, wenn der Schaden durch ein gerichtliches Urteil entstanden ist und der Geschädigte es verabsäumt hat, gegen dieses Urteil Rechtsmittel einzulegen. Hat er einen Anwalt eingeschaltet, muß der Geschädigte es vertreten, wenn der Anwalt es versäumt, in die nächste Instanz zu gehen.

Wurden dagegen alle Rechtsmittel ausgeschöpft und ist eindeutig klar, daß der Notar einen Schaden verursacht hat, muß er dafür haften. Konkret bedeutet das in der Regel, daß er den entstandenen Vermögensschaden durch eine Geldzahlung ausgleichen muß.

Wem durch die Amtspflichtverletzung eines Notars Schaden entstanden ist, der braucht sich keine Gedanken zu machen, ob der Notar auch die Mittel hat, diesen Schaden zu ersetzen. Ein Notar ist gesetzlich verpflichtet, eine Haftpflichtversicherung abzuschließen. Außerdem muß die Notarkammer für jeden Notar zusätzlichen Versicherungsschutz bieten. Selbst dann, wenn ein Notar Geld veruntreut hat, muß man sich keine Sorgen um sein Geld machen. In diesem Fall tritt die sogenannte „Vertrauensschadenversicherung" ein, die der Notar mit der Notarkammer abschließen muß.

Ist man nun der Ansicht, daß der Notar einen Schaden zu verantworten hat, sollte man sich an ihn wenden, damit er die Ansprüche mit seiner Berufshaftpflichtversicherung abklärt. In vielen Fällen ergibt sich dabei eine außergerichtliche gütliche Einigung. Kommt man allerdings so nicht weiter, ist eine Klage unumgänglich. Spätestens dann braucht man einen Anwalt, weil die

Verfahren gegen Notare vor dem Landgericht auszutragen sind und dort Anwaltszwang herrscht.

Weitere Auskünfte erhält man bei der Bundesnotarkammer, Burgmauer 53, 50667 Köln, Tel.: 0221/25 68 23, Fax: 0221/25 68 08, Internet-Adresse: www.bnotk.de.

6. Verjährung von Ansprüchen gegen den Notar

Schadenersatzansprüche gegen einen Notar kann man nicht beliebig lange geltend machen. Ansprüche gegen den Notar, die aus der Zeit vor dem 1.1.2002 stammen, verjähren innerhalb von drei Jahren ab dem Zeitpunkt, ab dem man weiß, daß ein Schaden entstanden ist und daß der Notar diesen zu verantworten hat. Wenn man erst nach dem 1.1.2002 den Notar aufgesucht hat, verjähren die Ansprüche ebenfalls nach drei Jahren. Dann beginnt die Verjährungsfrist aber erst mit Schluß des Jahres zu laufen, in dem der Anspruch entstanden ist. Das bedeutet, daß man eine Klage, die man zu einem späteren Zeitpunkt erhebt, aller Wahrscheinlichkeit nach verliert. Beruft sich der Notar nämlich in einem solchen Fall auf Verjährung, hat er schon gewonnen. Das Gericht prüft dann gar nicht erst, ob er seine Amtspflichten verletzt hat.

WISO rät: Es reicht aber nicht aus, den Notar innerhalb dieser drei Jahre nur aufzufordern, den entstandenen Schaden zu ersetzen. Die Verjährungsfrist wird lediglich dann unterbrochen, wenn man Klage erhebt oder dem Notar einen Mahnbescheid zusendet. Allerdings ist die Verjährungsfrist so lange unterbrochen, wie Verhandlungen mit dem Notar über dem Anspruch schweben.

Wenn man also feststellt, daß der Notar, mit dem man gearbeitet hat, einen Fehler gemacht hat, sollte man sich beeilen, eine Schadensregulierung zu erzielen. Drei Jahre sind schnell vorbei.

Was ist nun, wenn der Fehler des Notars lange Zeit unbemerkt bleibt (was bei Testamentsangelegenheiten schnell passieren kann)? Dann hat man spätestens nach 30 Jahren Pech gehabt, denn nach dieser Zeit ist der Anspruch gegen einen Notar auf jeden Fall verjährt.

III.

ÄRGER MIT DEM MAKLER

I. Fall

Frau Pringel faßt den Entschluß, sich eine Eigentumswohnung zu kaufen. Sie hat genaue Vorstellungen: Es sollten 60 bis 70 qm in guter Wohnlage mit Balkon und Keller sein. Dann liest sie in der Zeitung ein Angebot, das ihr sofort gefällt. Anbieter ist das Maklerbüro Krümmel.

Sie wendet sich sofort an diese Agentur und läßt sich die Beschreibung der Wohnung, das Exposé, zusenden. Darin sind die Lage der Wohnung, der Eigentümer und auch der Kaufpreis angegeben.

Frau Pringel setzt sich mit dem Eigentümer in Verbindung, und kurz darauf kann sie die Wohnung besichtigen. Es stellt sich heraus, daß es genau die Wohnung ist, die sie sich vorgestellt hat. Da sich bisher noch kein anderer für die Wohnung interessiert hat, wird sie mit dem Eigentümer schnell handelseinig.

Sie freut sich, daß die Sache so reibungslos geklappt hat. Doch dann verdüstert sich das Bild: Eines schönen Tages flattert ihr eine saftige Rechnung des Maklerbüros ins Haus. Damit hatte sie nun wirklich nicht gerechnet. Deshalb waren auch keine Maklergebühren in ihrem Finanzierungskonzept eingeplant. Sie fragt sich, wo sie das Geld hernehmen soll, um Krümmel zu bezahlen. Oder muß sie die Rechnung vielleicht gar nicht begleichen?

2. Allgemeines

Über Immobilienmakler ist viel geschrieben worden – meistens nichts Gutes. Allerdings sind die meisten Makler seriöser als ihr Ruf. Um sicherzugehen, daß man dennoch an kein schwarzes Schaf der Branche gerät, sollte man darauf achten, daß der Makler, mit dem man sich in Verbindung setzt, um eine

Wohnung oder ein Haus zu kaufen oder zu verkaufen, einer der namhaften Standesorganisationen angehört.

WISO rät: Der „Ring Deutscher Makler" und der „Verband Deutscher Makler" sind Maklervereinigungen, die dazu beigetragen haben, daß sich das Ansehen der Makler verbessert hat. Diese Berufsorganisationen haben gewisse Standesregeln festgelegt, durch die ihre Mitglieder dazu angehalten werden, die guten kaufmännischen Sitten einzuhalten. Außerdem bieten sie regelmäßig Fortbildungsveranstaltungen an, die die Mitglieder besuchen müssen, um ihre Kenntnisse stets aktuell zu halten.

Aber Achtung: Die bloße Zugehörigkeit zu einem Berufsverband ist noch keine Garantie, daß man es mit einem kompetenten Makler zu tun hat.

Umgekehrt ist ein Nichtmitglied auch nicht unbedingt unseriös. Wer jedoch auf Nummer Sicher gehen will, sollte als erstes nach einem solchen Hinweis schauen.

Eine wichtige Rolle spielt auch der äußere Eindruck eines Maklerbüros. Deshalb sollte man einen Makler unbedingt dort aufsuchen. Ist der Makler zu normalen Geschäftszeiten erreichbar, gibt es einen Festanschluß oder nur eine Handynummer? Beginnt der Makler seine Tätigkeit, ohne sofort Geld zu verlangen? Wenn nein, sollte man seine Mithilfe sofort ablehnen. Macht er außerdem den Eindruck, daß er sich in rechtlichen und steuerlichen Fragen auskennt? Besser noch: Hat er Mitarbeiter zur Hand, die ihn in solchen Fragen unterstützen? Schließlich kann einer allein nicht alles wissen. Außerdem sollte man immer nach Referenzen und Adressen von ehemaligen Kunden fragen, die mit der Vermittlungstätigkeit dieses Maklers zufrieden sind.

Ein wichtiges Kriterium für seine Glaubwürdigkeit:

WISO rät: Hat ein Makler sofort das passende Objekt zur Hand, ohne nach persönlichen Wünschen oder nach der finanziellen Situation gefragt zu haben, sollte man auf jeden Fall auf seine Dienste verzichten. Denn ohne diese Informationen wird er die passende Immobilie wohl kaum vermitteln können.

Wichtig ist auch, daß er dem Immobilieninteressierten genaue Auskunft geben kann über das angebotene Objekt, bei gebrauchten Immobilien also über Alter, Bauzustand, Verkäufer, Gründe für den Verkauf, bei Neubauten über Baupläne, Fertigstellungsdaten, den möglichen Bauträger usw.

Auf jeden Fall muß ein Makler eine gewerberechtliche Erlaubnis haben. Die Gewerbeordnung schreibt dies vor. Nur dann darf man das Maklergewerbe ausüben. Die Erlaubnis wird von den Behörden aber nur erteilt, wenn der

Bewerber die erforderliche Zuverlässigkeit besitzt. Im Antragsverfahren wird dabei geprüft, ob er einschlägig vorbestraft ist. Außerdem muß er seine Vermögensverhältnisse offenbaren. Wenn diese ungeordnet sind, wenn der Bewerber also zum Beispiel schon eidesstattliche Versicherungen abgelegt oder Konkurse zu verantworten hat, wird eine solche Genehmigung in der Regel nicht erteilt.

WISO rät: Vorsicht also vor Maklern, die keine Gewerbeerlaubnis haben. Es ist zu vermuten, daß es gute Gründe gibt, weshalb sie die Erlaubnis nie beantragt oder nie genehmigt bekommen haben.

Allerdings sind Verträge, die ein Makler ohne Gewerbeerlaubnis vermittelt hat, nicht automatisch unwirksam. Ebensowenig ist auch ein Vertrag mit dem Makler selbst unwirksam. Das bedeutet: es macht keinen Unterschied, ob der Makler, der die Wohnung oder das Haus vermittelt hat, diese Genehmigung besitzt – wenn seine Dienste beansprucht wurden, hat er auch einen Anspruch auf Bezahlung (BGHZ 78, 269). Das mag ein Grund sein, weshalb es überhaupt noch Makler gibt, die ohne die Gewerbeerlaubnis tätig sind.

3. Pflichten des Maklers

Der Makler hat bei Ausübung seiner Tätigkeit bestimmte, gesetzlich vorgeschriebene Regeln zu beachten. Die Makler- und Bauträgerverordnung beschreibt seine Pflichten vor allem in dem Punkt der Geldverwaltung sehr genau.

Es kommt nicht selten vor, daß ein Objekt über den Schreibtisch des Maklers bezahlt wird. Das bedeutet, daß der Makler den Kaufpreis vom Käufer bekommt, um ihn an den Verkäufer weiterzuleiten. Es versteht sich von selbst, daß das zu einer heiklen Situation führen kann, weil die Gefahr besteht, daß der Makler das Geld für eigene Zwecke verbraucht, wenn er knapp bei Kasse ist. Um dem einen Riegel vorzuschieben, schreibt die Makler- und Bauträgerverordnung vor, daß der Makler eine Sicherheit leisten muß, bevor er Geld seines Auftraggebers vereinnahmen darf. Diese Sicherheit muß in Form einer Bürgschaft durch eine Körperschaft des öffentlichen Rechts, bestimmte Kreditinstitute oder Versicherungsgesellschaften geleistet werden.

Außerdem wird vorgeschrieben, daß der Makler Geld, das er von seinen Kunden erhalten hat, getrennt von seinem eigenen Vermögen verwalten muß. Das bedeutet insbesondere, daß er Zahlungen eines Kunden unverzüglich auf ein Sonderkonto einzuzahlen hat, falls er es nicht sofort weiterleitet. Tut er das nicht, so wird die Auffassung vertreten, daß der Kunde sich weigern kann, den Maklerlohn zu zahlen.

Auswirkungen auf den Maklervertrag oder gar auf den Kaufvertrag, den er vermittelt, hat ein Verstoß gegen diese Pflichten jedoch nicht. Die Verträge bleiben wirksam. Der Makler begeht nur eine Ordnungswidrigkeit, die ihn zur Zahlung eines Bußgeldes verpflichtet.

4. Maklervertrag

Die gesetzlichen Regelungen über das Rechtsverhältnis zwischen dem Makler und seinem Kunden sind in den §§ 652 bis 656 BGB zu finden. Es ist offensichtlich, daß in diesen fünf Paragraphen nicht alle komplexen Probleme, die mit der Maklertätigkeit auftreten können, geregelt sind. Deshalb hat die Rechtsprechung in der Vergangenheit einen Großteil der notwendigen Rechtsfortbildung betrieben – natürlich im Rahmen der gesetzlichen Vorschriften.

Man unterscheidet zwei Arten von Maklern: den Nachweismakler und den Vermittlungsmakler. Die Leistung des Nachweismaklers besteht darin, seinem Kunden einen Nachweis zu bieten, daß er die Gelegenheit hat, einen Kaufvertrag zu unterzeichnen. Das bedeutet: Er kann eine Bezahlung (Courtage) verlangen, wenn er dem Kunden eine Mitteilung macht, durch die dieser „in die Lage versetzt wird, in konkrete Verhandlungen über den von ihm angestrebten Hauptvertrag einzutreten" (BGH NJW-RR 1996, 113). Einfacher gesagt muß der Nachweismakler die konkrete Lage des Grundstücks, des Hauses oder der Wohnung sowie den Namen und die Anschrift des Eigentümers mitteilen.

Der Vermittlungsmakler kann dagegen erst dann Courtage verlangen, wenn feststeht, daß seine Vermittlungsbemühungen zumindest mit Ursache dafür waren, daß ein Kaufvertrag abgeschlossen werden konnte.

Oft entstehen Streitigkeiten darüber, ob ein Maklervertrag überhaupt zustande gekommen ist. Denn man muß sich immer vor Augen halten:

WISO rät: Maklerverträge müssen grundsätzlich nicht schriftlich abgeschlossen werden. Deshalb kann der Vertrag ebenso mündlich, aber auch durch die Umstände stillschweigend abgeschlossen werden.

Wenn der Kunde zum Beispiel einen Makler zu sich bestellt und in diesem Gespräch mitteilt, daß er ein Haus kaufen möchte, dann liegt darin schon das

Angebot, einen Vertrag abzuschließen. Übersendet der Makler dann ein Exposé, hat er damit das Angebot angenommen – ein Vertrag ist abgeschlossen. Der Kunde muß zahlen, auch wenn vorher niemals darüber gesprochen und auch kein Preis ausgemacht wurde. Es wird nämlich davon ausgegangen, daß der gewerbsmäßige Makler für seine Arbeit entlohnt werden will.

Dieser Grundsatz gilt aber nicht uneingeschränkt. Wenn die Gefahr von Mißverständnissen besteht, ist der Makler verpflichtet, darüber aufzuklären, daß er für seine Arbeit Bezahlung verlangt (BGH NJW-RR 1996, 114). Denn nicht immer, wenn sich ein Kaufinteressent die Arbeit eines Maklers „gefallen läßt", muß er auch davon ausgehen, daß ihn das Geld kosten wird. Wenn zum Beispiel der Kaufinteressent davon ausgeht, daß der Makler vom Verkäufer beauftragt wurde und auch von diesem bezahlt wird, muß der Makler für „klare Verhältnisse sorgen".

Das ist insbesondere dann der Fall, wenn der Kunde erst über eine Annonce des Maklers zu ihm in Kontakt tritt. Jeder Kunde wird in einem solchen Fall wie Frau Pringel annehmen, daß der Makler für den Verkäufer tätig ist und auch von ihm bezahlt wird. Ist das nicht so, muß der Makler den Kunden aufklären, daß er für seine Leistung eine Vergütung erwartet, bevor er das Exposé versendet (BGH, NJW-RR 1987, 173).

Für den eingangs beschriebenen Fall bedeutet das: Frau Pringel muß sich keine Sorgen machen, sie muß Herrn Krümmel nichts zahlen.

Es gibt allerdings Ausnahmefälle, in denen der Maklervertrag nur wirksam ist, wenn er notariell beurkundet wurde. Das ist der Fall, wenn sich der Verkäufer unwiderruflich verpflichtet hat, sein Grundstück zu festgelegten Konditionen an jeden vom Makler vermittelten Käufer zu verkaufen.

5. Allgemeine Geschäftsbedingungen

Weil das Gesetz und die Rechtsprechung nicht viel Spielraum lassen, versuchen die Makler, ihre eigene Position dadurch zu verbessern, daß sie eigene „Allgemeine Geschäftsbedingungen" in den Vertrag einbeziehen. Dieses sogenannte „Kleingedruckte" findet sich häufig auf der Rückseite von Exposés oder von Auftragsformularen und ist oftmals kaum lesbar. Aber:

WISO rät: Allgemeine Geschäftsbedingungen sollte man immer lesen, bevor man einen Vertrag unterschreibt. Versteht man eine Formulierung nicht, sollte man sich erklären lassen, was sie bedeuten.

Allgemeine Geschäftsbedingungen werden aber nur rechtsverbindlich, wenn sie wirksam in den Vertrag einbezogen sind. Das bedeutet, daß der Kunde vor Vertragsschluß die Gelegenheit gehabt haben muß, sie zur Kenntnis zu nehmen. Weist der Makler erst später auf sie hin, ist es zu spät – sie sind nicht Bestandteil des Vertrages geworden.

Doch auch wenn die Klauseln einbezogen wurden, bedeutet dies nicht immer, daß sie zu beachten sind oder irgendeine Wirkung auf das Vertragsverhältnis haben. Alle Allgemeinen Geschäftsbedingungen müssen sich nämlich an den §§ 305–310 BGB (beziehungsweise bei Verträgen, die vor dem 1.1.2002 abgeschlossen wurden, am inhaltsgleichen Gesetz über die allgemeinen Geschäftsbedingungen) messen lassen. Diese Bestimmungen setzen den Maßstab für die Wirksamkeit von Klauseln und schützen die Kunden davor, von den Kaufleuten, die diese Klauseln verwenden, übers Ohr gehauen zu werden.

WISO rät: Wenn der Makler unter Berufung auf seine Allgemeinen Geschäftsbedingungen Geld verlangt, sollte man nicht sofort zahlen. Besser, man zieht einen Juristen zu Rate und läßt die betreffende Klausel von ihm auf ihre Wirksamkeit überprüfen.

Deshalb muß sich ein Kunde nicht aufregen, wenn er bei näherem Lesen des Maklervertrages die Bestimmung entdeckt, daß er unabhängig vom Erfolg des Maklers verpflichtet sein soll, ihn zu bezahlen. Nach einem Urteil des Landgerichtes Bonn ist diese Klausel unwirksam (LG Bonn, NJW-RR 1996, 240). Genausowenig ist eine Regelung wirksam, die besagt, daß Maklercourtage zu zahlen ist – unabhängig davon, ob die Leistung des Maklers für das Zustandekommen des Geschäfts mitursächlich ist (BGH, NJW-RR 1986, 346).

Gelegentlich versuchen Makler, sich Beweise dafür zu verschaffen, daß ihre Tätigkeit ursächlich für den erfolgreichen Geschäftsabschluß ist. Um zu verhindern, daß sich die Kunden später darauf berufen, daß ihnen das vermittelte Objekt bereits bekannt war und der Kontakt zum Verkäufer nicht durch den Makler vermittelt wurde, wenden sie einen Trick an: Sie verpflichten die Kunden in ihren Allgemeinen Geschäftsbedingungen dazu, innerhalb einer bestimmten Frist mitzuteilen, ob ihnen das Objekt schon vorher bekannt war. Wenn sie dies nicht innerhalb dieses Zeitraumes tun, dann soll der Makler davon ausgehen können, daß das Objekt als unbekannt gilt. Allerdings ist es nicht schlimm, wenn sich ein Kunde darauf eingelassen hat, so etwas zu unterschreiben, denn das Schweigen oder Nichtstun einer Privatperson kann nicht durch eine Allgemeine Geschäftsbedingung so ausgelegt werden, als ob sie etwas Bestimmtes erklärt hätte. Denn wie schnell ist diese gegebene Frist vorbei – etwa wenn Urlaub oder Krankheit dazwischenkommen. Eine solche Klausel wird als unwirksam betrachtet, wie der Bundesgerichtshof ausdrücklich entschieden hat (BGH, DB 1976, 1711).

Pech hat auch der Makler, der den Kunden im Vertrag verpflichtet, keinen zweiten oder gar dritten Makler zu beauftragen oder selbst auf Käufersuche zu gehen. Nach Ansicht des Bundesgerichtshofes darf dem Kunden nicht versagt werden, trotz dieser Klausel einen Vertrag mit selbst gefundenen Käufern oder Verkäufern abzuschließen (BGHZ 60, 377). Kommt ein Vertrag zustande, bei dem der Makler mit dem „Alleinvertretungsanspruch" nicht beteiligt war, geht dieser leer aus.

Das alles gilt aber nur für den Fall, daß die entsprechenden Vertragsklauseln als Allgemeine Geschäftsbedingungen in den Vertrag eingeführt wurden. Allgemeine Geschäftsbedingungen erkennt man daran, daß sie für eine Vielzahl von Fällen vorformuliert sind und vom Makler gestellt werden. Es muß also nicht unbedingt „Allgemeine Geschäftsbedingungen" über den Klauseln stehen.

WISO rät: Bei individuell ausgehandelten Klauseln gelten die §§ 305–310 BGB nicht. Deshalb sollte der Kunde immer argwöhnisch werden, wenn der Makler handschriftliche Zusätze in den Vertrag einfügt oder tatsächlich anfängt, über besondere Klauseln zu diskutieren.

6. Verflochtene Geschäfte

Was in den letzten Jahren zum schlechten Ruf der Makler beigetragen hat, ist die Tatsache, daß sie zum Teil in erheblichem Umfang doppelt kassiert haben. Es kam nicht selten vor, daß Bauträger die eigenen Häuser verkauften, den Kaufpreis vereinnahmten und für die Vermittlung des Kaufes auch noch Maklerprovision beanspruchten. Damit das nicht auffiel, wurde für das Maklerbüro ein anderer Name gefunden.

Daß ein solches Verhalten nicht rechtmäßig sein kann, liegt auf der Hand. So hat der Bundesgerichtshof auch klipp und klar entschieden, daß keine Maklerprovision anfällt, wenn Makler und Verkäufer wirtschaftlich gesehen identisch sind (BGH, NJW 1971, 1839; 1973, 651; 1974, 137; MDR 1975, 653). Juristisch begründet wird diese Rechtsprechung damit, daß ein Anspruch auf Maklerhonorar nur dann entsteht, wenn ein Vertrag mit einem

„Dritten" abgeschlossen wird. Ein Dritter ist aber nicht an Bord, wenn der Verkäufer mit dem Makler identisch ist.

An diesen Grundsätzen ändert sich auch nichts, wenn die Maklerfirma einen anderen Namen als der Verkäufer trägt und rechtlich selbständig ist. Sobald der Inhaber oder Geschäftsführer beider Firmen die gleiche Person ist, kann keine Maklercourtage verlangt werden. Das gleiche gilt natürlich auch dann, wenn sich herausstellt, daß der Verkäufer das Maklerbüro mit einem Strohmann besetzt hat. So war es zumindest in der Vergangenheit nicht selten, daß der Verkäufer seine Ehefrau oder seine erwachsenen Kinder als Makler einsetzte, um doppelt zu kassieren.

WISO rät: Bevor leichtfertig Maklergebühr gezahlt wird, sollte nachgeprüft werden, ob der Makler wirtschaftlich mit dem Verkäufer identisch ist. Eine Anfrage bei der örtlichen Industrie- und Handelskammer (IHK) kann darüber Aufschluß geben.

Erfährt der Käufer erst von der Verflechtung, nachdem er gezahlt hat, kann er das Geld zurückverlangen.

7. Anspruch auf Maklercourtage

Nach § 652 Abs. 1 BGB hat der Abschlußmakler Anspruch auf eine Bezahlung, wenn folgende Voraussetzungen vorliegen:

a) Das beabsichtigte Geschäft muß tatsächlich zustande gekommen sein, und
b) dieser Abschluß ist zumindest mitursächlich auf die Tätigkeit des Maklers zurückzuführen.

Zu a):
Voraussetzung für den Anspruch des Maklers auf Bezahlung ist also, daß sich Käufer und Verkäufer handelseinig geworden sind und den Kaufvertrag abgeschlossen haben. Es ist somit egal, wieviel Mühe sich der Makler gegeben, wie er den Käufer oder Verkäufer unterstützt oder wieviel Zeit er in die Sache investiert hat – wenn das nicht zu einem Vertragsabschluß führte, war seine Arbeit im wahrsten Sinne des Wortes umsonst. Er kann keine Bezahlung verlangen.

Als weitere Voraussetzung muß dazukommen, daß dieser Vertrag rechtswirksam ist und bleibt (BGH, WM 1983, 865; OLG München, NJW 1970, 200). Deswegen hat der Makler auch dann umsonst gearbeitet, wenn der Vertrag später von Käufer- oder Verkäuferseite erfolgreich angefochten wird.

Gelegentlich kommt der vom Makler vermittelte Vertrag auch dadurch zu Fall, daß die Gemeinde ihr Vorkaufsrecht ausübt. Grundsätzlich kann nämlich jede Gemeinde innerhalb einer bestimmten Zeit als Käufer in den vermittelten Vertrag einsteigen. Sie übernimmt also die Position des Käufers und muß dann auch alle Bedingungen akzeptieren, die zwischen Verkäufer und Käufer ausgehandelt wurden. Sie hat den ausgehandelten Preis zu bezahlen und ist nicht berechtigt, darüber zu verhandeln. Aus diesem Grunde drängen in letzter Zeit die Makler vermehrt darauf, daß im Kaufvertrag festgehalten wird: Der Käufer muß den Makler bezahlen. Tritt die Gemeinde dann als Käufer in den Vertrag ein, kann der Makler seine Courtage von ihr verlangen.

Aber Achtung: Der Makler verliert seinen Anspruch nicht dadurch, daß der Vertrag später wegen Wandlung (also wegen Aufhebung des Vertrages durch einen Fehler beim Vertragsgegenstand) aufgehoben wird. Ebensowenig ist das der Fall, wenn der Vertrag unter einer Bedingung abgeschlossen wird und diese Bedingung später nicht eintritt. Sollte also der Vertrag nur unter der Voraussetzung Bestand haben, daß das verkaufte Grundstück innerhalb eines Jahres als Bauland ausgewiesen wird, kann der Makler sein Honorar behalten, selbst wenn dies nach einem Jahr nicht geschehen ist.

Anders liegt die Sache dann, wenn die Wirksamkeit des Vertrages von vornherein unsicher ist, etwa weil schon im Vertrag ein Rücktrittsrecht vereinbart worden war und von vornherein klar ist, daß der Vertrag schwebend unwirksam sein soll. Wenn dann vom Rücktrittsrecht Gebrauch gemacht wird, geht der Makler leer aus (OLG Dresden, NJW-RR 1996, 694).

Zu b):

Auf den ersten Blick ist es offensichtlich, daß der Makler nur dann eine Provision beanspruchen darf, wenn er auch etwas zum Zustandekommen des Vertrags getan hat. Das bedeutet aber nicht, daß der Vertrag ausschließlich und allein auf die Tätigkeit des Maklers zurückzuführen ist. Es reicht aus, wenn seine Bemühungen mitursächlich für die Vertragsunterzeichnung waren.

Es ist klar, daß oft Streitereien darüber entstehen, ob das Handeln mitursächlich war oder nicht. So wird der Makler bestimmt eine Bezahlung verlangen, wenn er erfährt, daß ein Geschäft abgeschlossen wurde, bei dem er die Vertragsparteien miteinander bekannt machte, auch wenn das Monate her ist.

Wenn der Makler jedoch Zahlung verlangt, obwohl sein Einschreiten nicht ursächlich für den Vertragsabschluß war, sollten Käufer und/oder Verkäufer einwenden, daß der Ursachenzusammenhang unterbrochen wurde. Beispiel: Es kann durchaus sein, daß ein Käufer von seinen ursprünglichen Kaufabsichten Abstand genommen und das Angebot des Maklers verworfen hat. Wenn er den Verkäufer dann lange Zeit später auf dem Tennisplatz wiedertrifft und bei diesem Treffen der Verkauf zustande kommt, dann ist das Geschäft nicht mehr auf das Zutun des Maklers zurückzuführen. Insbesondere dann nicht, wenn der Kauf zu einem anderen Preis erfolgte als vorher vorgesehen.

Anders wäre es dagegen, wenn sich der Käufer nur deshalb wieder mit dem Verkäufer in Verbindung gesetzt hätte, weil ihm der Makler noch einmal das Verkaufsangebot schmackhaft gemacht hat.

8. Höhe des Maklerhonorars

Grundsätzlich richtet sich das Honorar danach, was im Vertrag vereinbart war. Je nach Lage des Grundstücks liegt die Courtage zwischen 3% und 6% der Kaufpreissumme (zuzüglich Umsatzsteuer). Sollte wesentlich mehr vereinbart worden sein, so besteht unter Umständen die Möglichkeit, daß diese Vereinbarung unwirksam ist, weil sie als wucherisch betrachtet werden kann. Allgemeine Aussagen dazu sind schwer, hier wird jeder Fall anders liegen. Es sollte aber unbedingt Hilfe von einem Anwalt in Anspruch genommen werden.

Falls ein Honorar nicht ausdrücklich vereinbart wurde, dann schuldet der Kunde den ortsüblichen Preis. Wie hoch die ortsübliche Provision ist, erfährt man bei den örtlichen Maklerverbänden.

Gelegentlich kommt es vor, daß der Makler außer seiner Provision eine verhältnismäßig hohe Bearbeitungsgebühr verlangt, bevor er überhaupt tätig wird.

WISO rät: Wenn der Makler schon vor Aufnahme einer Tätigkeit eine Bezahlung verlangt, sollte man die Finger von ihm lassen. Die Gefahr ist groß, daß der Makler seine Arbeit auch nicht aufnimmt, wenn er erst einmal die Bearbeitungsgebühr kassiert hat. Seriöse Makler lassen sich nur für den Erfolg bezahlen.

IV.

ÄRGER MIT DEM VERKÄUFER

I. Fall

Ehepaar Haase will bauen und sucht schon seit längerem nach einem geeigneten Grundstück. Jetzt scheinen die beiden endlich fündig geworden sein. Das Grundstück ist mit Blick auf den Fluß gelegen, schön groß und trotzdem bezahlbar. Der Eigentümer, Herr Listig, scheint sehr nett zu sein. Er ist bereit, das Grundstück schnellstmöglich zu verkaufen, damit Familie Haase mit dem Bau noch in diesem Jahr beginnen kann. Er kennt auch einen Notar, der kurzfristig einen freien Termin hat. So trifft man sich dort; der Text des Kaufvertrages wird schnell vorgelesen, und die Parteien werden kurz belehrt. Weder Herr noch Frau Haase verstehen ein Wort. Sie denken aber, daß schon alles in Ordnung sein wird. Deshalb unterschreiben sie den Vertrag. Abends begießen die Haases das Geschäft mit einer guten Flasche Sekt und überweisen ein paar Tage später den Kaufpreis an Herrn Listig.

Dann warten sie auf die Mitteilung, daß sie als Eigentümer im Grundbuch eingetragen sind. Sie warten vergebens. Statt dessen erfahren sie zunächst, daß Listig gar nicht Alleineigentümer des Grundstücks ist, sondern daß 50% seiner Schwester gehören. Außerdem wird ihnen mitgeteilt, daß das Grundstück schon längst an einen Herrn Brosius verkauft ist. Haases rufen sofort bei Listig an, doch sie erreichen ihn nicht. Auch nach einer Woche nicht. Und nach zwei Wochen immer noch nicht. Er ist verschwunden und taucht auch nicht mehr auf. Was viel schlimmer ist: Das Geld, das sie für das Grundstück bezahlt haben, ist natürlich mit ihm verschwunden!

Haases fragen sich, was sie falsch gemacht haben.

2. Allgemeines

Haases haben im oben geschilderten Fall gleich mehrere Fehler gemacht, die sie viel Geld gekostet haben. Um ähnliche unliebsame Überraschungen zu vermeiden, sollte man folgendes beachten: Eigentümer eines Grundstücks wird man in Deutschland erst durch die Eintragung im Grundbuch. Das gilt auch, wenn man ein Haus gekauft hat. Es ist nämlich nicht möglich, ein Haus ohne das Grundstück zu erwerben, auf dem es errichtet ist oder werden soll. Folglich wird man erst Eigentümer eines Hauses, wenn man als Eigentümer des dazugehörigen Grundstücks im Grundbuch eingetragen ist. Um es also ganz deutlich zu machen: Nur durch die Unterzeichnung eines Vertrages alleine wird man nicht zum Eigentümer.

Um vor Überraschungen, wie sie die Haases erleben mußten, gefeit zu sein, sollte man bei einem Grundstückskauf beziehungsweise generell beim Kauf einer Immobilie die in der Folge erläuterten Schritte beachten.

3. Grundbuchamt

Interessiert man sich für ein bestimmtes Grundstück, sollte man zuallererst das Grundbuch einsehen. Im Grundbuch findet man (fast) alles Wissenswerte über das Grundstück. Vor allem gibt es Auskunft über den Eigentümer und über seine Belastungen. Grundbücher werden schon seit mehreren hundert Jahren geführt. Man kann die Geschichte des Grundstücks, das einen interessiert, also manchmal über mehr als hundert Jahre zurückverfolgen.

Das Grundbuch befindet sich im sogenannten „Grundbuchamt". Wo das zu finden ist, läßt sich über die Telefonzentrale im jeweiligen Amtsgericht erfragen. Das Grundbuch wird nämlich in der Regel bei den Amtsgerichten geführt.

Wegen des Datenschutzes hat natürlich nicht jedermann das Recht, einfach zum Grundbuchamt zu gehen, um dort nach Herzenslust in den Grundstücksunterlagen zu stöbern. Das Grundbuchamt gestattet die Einsicht immer nur in Unterlagen eines bestimmten Grundstücks, und dies auch nur, wenn der Antragsteller ein „berechtigtes Interesse" nachweisen kann.

Ein Notar hat von Berufs wegen ein „berechtigtes Interesse". Alle anderen Personen müssen eine Einwilligungserklärung des Grundstückseigentümers vorlegen, um die betreffenden Unterlagen einsehen zu können.

WISO rät: Weigert sich der Eigentümer, eine Einwilligungserklärung zu erteilen, so muß das Gründe haben. Man kann davon ausgehen, daß mit dem Grundstück irgend etwas nicht stimmt. Deshalb sollte man in einem solchen Fall sofort die Finger von dem Geschäft lassen.

Hat der Eigentümer seine Einwilligung erteilt, steht einer Einsichtnahme in das Grundbuch nichts mehr entgegen. Das Grundbuch besteht aus fünf Teilen (siehe dazu auch die Abbildungen im Anhang):

- Aufschrift,
- Bestandsverzeichnis,
- Abteilung I,
- Abteilung II,
- Abteilung III.

In der Aufschrift werden nur einige Daten zum Amtsgericht und Grundbuchbezirk angegeben. Im Bestandsverzeichnis findet man Angaben zum Grundstücksbestand und den Veränderungen, genauer über Lage und Größe des Grundstücks und über die jeweilige Nutzungsmöglichkeit.

Da die Grundbücher zum Teil sehr alt sind, können die Angaben sehr umfangreich sein. Es ist aber nicht erforderlich, sich durch die ganze Geschichte zu wühlen, bis man endlich bei der Jetztzeit angelangt ist. Denn wen – außer Ahnenforscher – interessiert schon, wer Anfang letzten Jahrhunderts Eigentümer des Grundstückes war? Um die Suche zu erleichtern, sind die Eintragungen, die ihre Gültigkeit verloren haben, rot unterstrichen.

In der Abteilung I sind die (vergangenen und jetzigen) Eigentümer angegeben. Hieraus ergibt sich, ob der Verkäufer, der die Verkaufsverhandlungen führt, auch wirklich berechtigt ist, über das Grundstück zu verfügen. Nicht selten zeigen die Eintragungen im Grundbuch, daß der Verkäufer gar nicht Alleineigentümer ist. Bevor er verkaufen kann, braucht er die Einwilligung der Miteigentümer. Man kann also viel Zeit sparen, wenn man als Käufer die Miteigentümer von vornherein in die Verkaufsverhandlungen einbezieht und nicht abwartet, bis der andere auf diese Idee kommt.

In Abteilung II sind die Belastungen des Grundstücks mit Ausnahme der Grundpfandrechte eingetragen. Alles, was der freien Verfügbarkeit des Grundstückes entgegensteht, erfährt man beim Blick in diese Abteilung.

Wer ein Haus kaufen will, bekommt zum Beispiel dadurch die Information, daß der älteren Dame, die das Traumhaus jetzt noch bewohnt, nicht einfach der Mietvertrag gekündigt werden kann, weil ihr laut Grundbuch ein lebenslanges Wohnrecht eingeräumt wurde.

Abteilung II gibt auch Auskunft darüber, daß der Ertrag eines landwirtschaftlich genutzten Grundstücks einem anderen zugute kommen soll. Ganz entscheidend sind aber die Eintragungen über Vorkaufsrecht, Vormerkung oder Widerspruch.

Der Eigentümer ist nicht immer frei in seiner Entscheidung, an wen er das (Haus-)Grundstück verkaufen kann. Manchmal hat er sich schon früher gebunden – das erkennt man dann an der Eintragung eines Vorkaufsrechtes oder einer Vormerkung. Ist also ein Vorkaufsrecht oder eine Vormerkung zugunsten eines anderen Interessenten eingetragen, dann hat derjenige die älteren Rechte.

WISO rät: Ist ein Vorkaufsrecht zugunsten eines anderen eingetragen, bedeutet das, daß der andere berechtigt, aber nicht verpflichtet ist, als Käufer in jeden geschlossenen Kaufvertrag einzutreten. Also Finger weg von einem Kaufangebot!

Ist dagegen eine Vormerkung eingetragen, wurde das Grundstück bereits an jemanden verkauft. Da die Grundbuchämter immer einige Zeit brauchen, bis sie einen Käufer als neuen Eigentümer eingetragen haben, dient die Vormerkung dazu, anzuzeigen, daß hier jemand über ältere Rechte verfügt.

Ein Widerspruch wird eingetragen, wenn jemand der Auffassung ist, daß das Grundbuch unrichtig ist. Wenn zum Beispiel Herr A. bestreitet, daß Frau B., die als Eigentümerin eingetragen ist, das Eigentum auch wirklich zukommt, wird er bis zur gerichtlichen Entscheidung einen Widerspruch eintragen lassen. Der verhindert dann, daß Frau B. das Grundstück wirksam an einen anderen verkaufen kann. Also Vorsicht, wenn solche Eintragungen zu finden sind.

In Abteilung III findet man die Grunddienstbarkeiten, also Hypotheken und Grundschulden, mit denen das Grundstück belastet ist. Wenn das (Haus-)Grundstück als Sicherheit für ein Darlehen hergegeben wurde, erfährt man das somit durch die Eintragung in Abteilung III. Unterstreichungen, die mit Datum und Unterschrift versehen sind, bedeuten, daß die jeweilige Eintragung keine Gültigkeit mehr hat, daß sie also gelöscht ist.

Es empfiehlt sich außerdem, in die sogenannten „Grundakten" des Grundstücks Einblick zu nehmen. Dort kann man unter Umständen noch weitere Anträge auf Umschreibung des Eigentums finden.

4. Katasteramt

Wer sich für ein bestimmtes Grundstück interessiert, sollte auch den Gang zum zuständigen Katasteramt nicht scheuen. Wie und wo dieses zu finden ist, kann zum Beispiel die Stadtverwaltung sagen. Man kann aber auch die Beamten des Grundbuchamtes fragen.

Beim Katasteramt erfährt man die Lage und Größe des Grundstücks. Auch dabei entsteht manche Überraschung, insbesondere bei Baugrundstücken. Denn oft stimmen die vermessenen Grundstücksgrenzen nicht mit den optischen Grenzen überein. Wenn man ein Grundstück ins Auge gefaßt hat, das an allen vier Seiten mit Buchsbaumhecken eingezäunt ist, glaubt man natürlich, daß die Hecken die vermessenen Grenzen signalisieren. Das braucht aber keineswegs so zu sein. Es ist zum Beispiel durchaus möglich, daß das Grundstück durch einen Erbfall geteilt wurde. Dann ist das Grundstück vielleicht tatsächlich nur halb so groß. Die rechtlich relevanten Grenzen lassen sich einzig im Kataster erkennen.

5. Kaufvertrag

Nach Grundbuch- und Katasteramt kann man dem Kauf des Grundstücks beziehungsweise des Hauses nähertreten. Damit sowohl Verkäufer wie auch Käufer genug Zeit haben, sich diesen entscheidenden Schritt gründlich zu überlegen, hat der Gesetzgeber bestimmt, daß der Kaufvertrag nur dann wirksam ist, wenn bestimmte Formvorschriften eingehalten werden.

WISO rät: Kaufverträge über Grundstücke sind grundsätzlich nur dann rechtswirksam, wenn sie notariell beglaubigt werden.

Ein einfacher Vertrag ohne Mitwirkung des Notars hat also keinerlei Wirkung. Der Verkäufer ist bei einem Vertrag, der nicht die Formvorschriften einhält, nicht verpflichtet, das Eigentum zu übertragen, und der Käufer ist nicht verpflichtet, den Kaufpreis zu bezahlen.

Aber nicht nur die Kaufverträge bedürfen für ihre Wirksamkeit der Mitwirkung des Notars. Jeder Vertrag, mit dem sich der Verkäufer oder Käufer endgültig binden soll, muß beurkundet werden. Wenn sich also ein Interessent verpflichtet, ein Haus oder Grundstück zu erwerben, dann muß auch das beurkundet werden.

Auch Vorverträge mit einem Bauträger, zum Beispiel beim Kauf einer Eigentumswohnung, sind von dieser Regelung betroffen. Ein Kauf-, Anwärter- oder Vorvertrag, der nicht notariell beurkundet wurde, ist nichtig. Weder Käufer noch Verkäufer können deshalb Rechte aus ihm ableiten (BGH, NJW 1986, 1983; NJW 1973,147).

WISO rät: Im Vertrag muß das betreffende Grundstück eindeutig beschrieben sein. Ist es bereits vermessen worden, ist die Parzellennummer anzugeben. Andernfalls muß die Lage des Grundstücks eindeutig beschrieben werden. Nur wenn sich aus dem Vertrag zweifelsfrei ergibt, welcher Quadratzentimeter des Bodens zur verkauften Fläche gehört, ist der Vertrag wirksam (BGH, MDR 1969,126).

Ausnahmsweise ist ein Kaufvertrag hinsichtlich eines Grundstückes auch dann wirksam, wenn die Angabe der Parzellennummer im Vertrag falsch war. Wenn sich sowohl Verkäufer wie Käufer geirrt und nur aus Versehen eine falsche Nummer angegeben haben, beide aber übereinstimmend ein Grundstück mit einer anderen Parzellennummer meinten, dann gilt der Kaufvertrag über dieses andere Grundstück als zustande gekommen. Voraussetzung ist aber, daß im Kaufvertrag bestimmte Anhaltspunkte dafür vorliegen, welches Grundstück denn nun wirklich gemeint ist (BGH, NJW-RR 1988, 971). Sollten diese Anhaltspunkte fehlen, dann ist der Vertrag mangels Beurkundung nichtig.

WISO rät: Auch der Kaufpreis muß notariell beurkundet werden. Das gleiche gilt, wenn der Käufer bereits eine Anzahlung geleistet hat, die auf den Kaufpreis angerechnet werden soll.

Wichtig: Es kommt nicht selten vor, daß der Verkäufer oder der Käufer vorschlagen, nicht den ganzen Kaufpreis beurkunden zu lassen. Weil sich die Gebühren des Notars und auch die Grunderwerbssteuern nach der Höhe des Kaufpreises richten, glauben sie, durch unrichtige Angaben Steuern und Gebühren sparen zu können. Verkäufer und Käufer schließen daher zwei Verträge ab: einen notariell beurkundeten mit einem niedrigeren Kaufpreis und einen zweiten, in dem der wirkliche, höhere Kaufpreis angegeben wird.

Rechtlich hat diese Konstruktion zur Folge, daß beide Verträge nichtig sind. Der beurkundete Vertrag war nicht wirklich so gemeint. Es handelt sich um ein sogenanntes „Scheingeschäft". Derartige Scheingeschäfte sind nach § 117 BGB nichtig. Der wirkliche Vertrag, der den tatsächlichen Kaufpreis enthält, ist ebenfalls nichtig. Ihm fehlt zu seiner Wirksamkeit nämlich die notarielle Beurkundung. Man sieht, im Endeffekt schadet man sich nur selbst, wenn man sich auf solch windige Konstruktionen einläßt. Man hat zum Beispiel keine rechtliche Handhabe, wenn der Verkäufer jemanden findet, der mehr für die Immobilie zahlt.

WISO rät: Auf Nebenabreden sollte man generell tunlichst verzichten und dies auch ausdrücklich im Kaufvertrag vermerken. Wer manipuliert, für den kann es zum Beispiel sehr teuer werden, wenn der Fiskus dahinterkommt.

Jeder, der ein Grundstück kaufen oder verkaufen will, sollte darauf drängen, daß alle wesentlichen Vertragsbestandteile notariell beurkundet werden. Auch nachträgliche Vereinbarungen müssen von dieser ehernen Regel erfaßt sein.

Doch keine juristische Regel ohne Ausnahme: Der Formfehler der fehlenden Beurkundung kann behoben werden. In dem Moment, in dem die Umschreibung des Eigentums durch das Grundbuchamt erfolgt, ist es egal, ob der Kaufvertrag beurkundet wurde. Der ursprünglich unwirksame Vertrag wird durch die Eintragung ins Grundbuch wirksam. Allerdings gilt der Vertrag erst mit dem Zeitpunkt der Eintragung als wirksam, nicht rückwirkend zu dem Zeitpunkt, zu dem er geschlossen wurde (BGH, DB 1970,1375).

WISO rät: Sollten es sich beide Parteien übereinstimmend anders überlegen und den Vertrag aufheben wollen, so ist das problemlos bis zur Umschreibung möglich. Die Aufhebung des Vertrages muß nicht notariell beurkundet werden.

Um es nochmals ganz klar zu sagen: Das Eigentum an Grundstück, Haus oder Eigentumswohnung wechselt nicht nach Abschluß des notariell beurkundeten Vertrages. Auch die Bezahlung des Kaufpreises hat keinerlei Auswirkung auf das Eigentum. Es wechselt erst dadurch, daß der Erwerber als neuer Eigentümer im Grundbuch eingetragen ist.

Die Mitwirkungspflicht des Notars hat aber nicht nur den Sinn, die Vertragsparteien davor zu schützen, übereilt zu handeln. Die Einbindung des Notars soll auch gewährleisten, daß der Grundstückskauf formal ordnungsgemäß abläuft. Deshalb ist der Notar verpflichtet, in das Grundbuch einzusehen, bevor er den Vertrag beurkundet. Er muß also auch prüfen, ob der Verkäufer tatsächlich Eigentümer oder Verfügungsbefugter ist. Soll das Grundstück lastenfrei übertragen werden, muß er ermitteln, ob das überhaupt möglich ist; er muß daher klären, ob noch Hypotheken oder Grundschulden im Grundbuch eingetragen sind. Außerdem hat er sich davon zu überzeugen, daß die Bezeichnung des Grundstücks im Kaufvertrag richtig ist.

Von diesen Pflichten ist er ausnahmsweise dann entbunden, wenn beide Parteien eine schnelle Regelung wünschen und ihn ausdrücklich befreien.

Ansonsten gilt der Notar als Vertreter beider Parteien. Er hat insbesondere den in der Regel unerfahrenen Käufer über bestimmte, für ihn unverständliche Regelungen im Kaufvertrag aufzuklären.

Auch von dieser Pflicht ist er nur dann entbunden, wenn beide Parteien dies übereinstimmend so wünschen.

WISO rät: Der unerfahrene Käufer sollte sich Zeit nehmen, um den Vertrag entweder in Ruhe mit dem Notar oder mit einem Anwalt durchzugehen. Alle Formulierungen, die er nicht versteht, sollte er sich ausdrücklich erklären lassen. Erst wenn der Vertrag keine Unklarheiten für ihn birgt, sollte er den Notar um die Festsetzung eines Beurkundungstermines bitten.

Die Bestandteile eines Kaufvertrages, also die darin enthaltenen Angaben, sind größtenteils standardisiert:

Zunächst werden die Vertreter der beiden Vertragsparteien, also Verkäufer und Käufer, aufgeführt. Dabei können sich beide Seiten auch vertreten lassen. Dem Vertreter muß jedoch eine Vollmacht gegeben werden, die notariell beglaubigt sein muß und deshalb nicht gerade billig ist.

WISO rät: Wenn es möglich ist, sollte man selbst zum Notartermin gehen. Beim Notar können eventuelle Unklarheiten beseitigt, vielleicht sogar noch Vertragsänderungen erwirkt werden, und außerdem kostet es nicht zusätzliche Notargebühren.

Wollen mehrere Personen (zum Beispiel ein Ehepaar) Eigentümer werden, müssen alle (beide) vor dem Notar erscheinen. Es sei denn, der eine vertritt den andern. Auch dafür ist eine notariell beglaubigte Vollmacht notwendig, die im übrigen sehr weitgehend sein muß, damit es nicht plötzlich vor dem Notar bei der Unterzeichnung des Kaufvertrags zu unerwarteten Problemen kommt, weil die Vollmacht nicht alle Vertragsregelungen abdeckt.

Auch die Verkäuferseite muß vollzählig erschienen sein.

WISO rät: Ist bekannt, daß es mehrere Eigentümer auf der Verkäuferseite gibt, sollte man sich vom Notar ausdrücklich die Vollzähligkeit bestätigen lassen. Ist dies nicht der Fall, sollte man auf jeden Fall eine spätere Vollmachtsbestätigung ablehnen – die müßte man nämlich selbst bezahlen.

Die nächsten Positionen des Kaufvertrags betreffen das Kaufobjekt. Dabei geht es zunächst um die Grundbesitzangaben. Hier wird zum Beispiel vermerkt, wenn ein Dritter Rechte an dem Grundstück hat, zum Beispiel Nutzungs- oder Fahrrechte über das Grundstück zu einer Garage. Außerdem werden hier Hypotheken, Grundschulden oder Rentenschulden vermerkt, also alle

Hypothekenverpflichtungen. Alles Informationen, wie sie in der Abteilung II und III des Grundbuchs wiederzufinden sind (siehe oben).

Handelt es sich um eine Eigentumswohnung, wird an dieser Stelle Bezug genommen auf die Teilungserklärung (siehe unten) mit dem Hinweis, daß diese Vertragsbestandteil ist. Daraus geht auch hervor, wie groß der Miteigentumsanteil ist, welche Sondernutzungsrechte man hat und welche zusätzlichen Baumaßnahmen Vertragsbestandteil sind, die in der Bauausschreibung nicht erwähnt werden; beispielsweise wenn man eine zusätzliche Wand hat einziehen lassen. Entsprechende Informationen können dann auch in einer Anlage enthalten sein, auf die an dieser Stelle verwiesen wird und die damit auch Vertragsbestandteil ist.

Nächster Vertragspunkt ist der Kaufpreis. Bei einer noch nicht fertiggestellten Wohnung sollte man in jedem Fall einen Festpreis vereinbaren.

WISO rät: Dabei sollte man darauf achten, daß alle anfallenden Kosten in diesem Festpreis enthalten sind. Dazu zählen alle Kosten für die schlüsselfertige Übergabe und alle einmaligen Abgaben und Beiträge bis dahin. Sonst läuft man Gefahr, daß der Gesamtpreis sehr viel höher ausfällt als der im Kaufvertrag vereinbarte Festpreis.

6. Kauf einer Eigentumswohnung

Wer eine Eigentumswohnung kauft, braucht eine sogenannte Teilungserklärung. Sie ist mindestens genauso wichtig wie der Kaufvertrag selbst. Darin wird ein Mehrfamilienhaus in Miteigentumsanteile aufgeteilt, die Lage und Größe der Eigentumswohnungen beschrieben, und mögliche Sondereigentumsrechte beziehungsweise -nutzungsrechte werden aufgezählt. Auch die Teilungserklärung muß von einem Notar beantragt werden, und zwar beim Grundbuchamt. Daraus ergeben sich für den Eigentümer einer Wohnung Rechte (und Pflichten).

Als Sondereigentum wird die Wohnung bezeichnet sowie alles, was sonst speziell zu dieser Wohnung gehört, also Keller- oder Dachbodenräume, Balkone, eine Garage usw.

Gemeinschaftseigentum ist alles, was der Eigentümergemeinschaft gemeinsam gehört, typischerweise die Außenwände, der Hausflur samt Tür, das Treppenhaus, ein Fahrrad- oder ein Waschkeller sowie Außenanlagen.

Sondernutzungsrechte erlauben bestimmten Miteigentümern das alleinige Nutzungsrecht am Gemeinschaftseigentum. So kann die Außenanlage zwar allen gehören, aber bestimmte Teile davon, etwa Rasenflächen, dürfen nur von einer bestimmten Partei tatsächlich genutzt werden. Abstellplätze können also entweder zum Sondereigentum gehören oder als Sondernutzungsrechte für das Gemeinschaftseigentum festgelegt sein.

Die Teilungserklärung enthält auch eine Gemeinschaftsordnung. Darin wird zum Beispiel festgelegt, wie das Sondereigentum genutzt werden darf, also ob man die eigenen vier Wände nur zu Wohnzwecken oder auch anders verwenden kann. Zudem wird darin die Kostenverteilung für Instandsetzung und Instandhaltung, für Wasser, Strom und sonstige Gebühren festgehalten, außerdem, welche Rechte und Pflichten die Eigentümerversammlung hat.

WISO rät: Speziell sollte man auf eventuelle Auflagen achten, wenn es um den Wiederverkauf einer Wohnung geht. Eine Gemeinschaftsordnung kann zum Beispiel den Passus enthalten, daß Miteigentümer dem Verkauf zustimmen müssen.

Der Miteigentumsteil wird in 1/1.000 ausgedrückt, wobei die gesamte Immobilie und das Grundstück zusammen die Basisgröße bilden, also 1.000/1.000.

Rechenbeispiel: Haus und Grundstück haben eine Gesamtnutzfläche von 1.250 Quadratmetern. Pro Quadratmeter Wohn- und Nutzfläche ergibt sich daraus ein Anteil von (1.000/1.250)/1.000 = 0,80/1.000. Hat man zum Beispiel eine 130 Quadratmeter große Wohnung, beträgt der Miteigentumsanteil 104/1.000.

WISO rät: Man sollte vor dem Kauf einer Wohnung immer nach dem aktuellen Stand der Instandhaltungsrücklage fragen, die die Eigentümergemeinschaft bis dahin angesammelt hat. Sobald man Eigentümer der Wohnung ist, übernimmt man damit auch genau den Teil der Instandhaltungsrücklage, der dem Miteigentumsanteil entspricht.

Im Umkehrschluß sollte man sich auch informieren, welche Instandsetzungsarbeiten bisher durchgeführt wurden beziehungsweise mit welchen demnächst zu rechnen ist. Danach müssen die zu erwartenden Kosten mit der angesammelten Instandhaltungsrücklage verglichen werden. Stellt man dabei fest, daß große Teile von dringend notwendigen Reparatur- und Modernisierungsarbeiten durch die Instandhaltungsrücklage nicht gedeckt sein werden, muß man einkalkulieren, daß zusätzlich zum vereinbarten Kaufpreis Kosten für solche Arbeiten entsprechend dem Miteigentumsanteil anfallen werden. Auch hier lohnt sich ein Blick in die Protokolle der Eigentümerversammlung:

WISO rät: Falls in den Protokollen von Baumaßnahmen die Rede ist, die bisher noch nicht durchgeführt wurden, sollte man den Kaufpreis entsprechend nach unten reduzieren oder im Kaufvertrag festhalten, daß der Voreigentümer die Kosten übernimmt.

Notare sind auch nur Menschen. Sollte der Notar bei seiner Beratung einen Fehler gemacht haben, der später zu einem Schaden führt, so muß der Notar für den von ihm verursachten Schaden haften (siehe Kapitel II, „Ärger mit dem Notar"). Er ist sogar verpflichtet, für diesen Fall teure Versicherungen abzuschließen. Es besteht also kein Grund, davor zurückzuschrecken, auch den Notar für einen von ihm verursachten Schaden in Anspruch zu nehmen.

7. Abwicklung eines Kaufvertrags

Die Grundbuchämter sind überlastet und kommen mit der Eintragung der Eigentümer nicht nach. Aus diesem Grunde entstehen Interimszeiten, in denen die Parteien alles Nötige für eine Umschreibung getan haben, der Käufer aber noch nicht als Eigentümer eingetragen ist. In dieser Phase besteht die Möglichkeit, daß der Verkäufer das Grundstück ein weiteres Mal verkauft. Auf diese Art und Weise ist im oben beschriebenen Fall auch Herr Brosius auf den Verkäufer hereingefallen. Für den Käufer ist es deshalb wichtig, eine sichere Rechtsposition einzunehmen. Insbesondere muß er sicherstellen, daß er bei dem Geschäft kein Geld verliert.

WISO rät: Um der Gefahr vorzubeugen, daß der Verkäufer mit dem Kaufpreis verschwindet, bevor das Eigentum übertragen wurde, sollte der Käufer vertraglich vereinbaren, daß der Kaufpreis erst nach Umtragung im Grundbuch fällig wird.

Läßt sich der Verkäufer darauf nicht ein, dann sollte der Käufer sich die Möglichkeit einräumen, das Geld erst einmal an sicherer Stelle zu hinterlegen. Dazu bietet sich die Zahlung auf ein sogenanntes „Ander-Konto" des Notars an. Der Notar darf den Kaufbetrag erst an den Verkäufer überweisen, wenn die Eigentumsumtragung erfolgt ist.

8. Auflassungsvormerkung

Eine Möglichkeit, den eigenen Anspruch zu sichern, besteht darin, eine Auflassungsvormerkung ins Grundbuch eintragen zu lassen. Mit der Vormerkung bekundet der Käufer jedem, der das Grundbuch einsieht, daß er „Anwärter" auf die Eigentümerstellung ist. Wurde zugunsten des Käufers eine Vormerkung eingetragen, kann der Verkäufer das Eigentum an dem Grundstück nicht mehr wirksam an jemand anderen übertragen.

Aber Vorsicht:

WISO rät: Eine Auflassungsvormerkung ist keinesfalls ein endgültiger Schutz vor Gläubigern des Verkäufers, wenn dieser aus irgendwelchen Gründen zahlungsunfähig wird. Schutz gegenüber solchen Ansprüchen genießt man erst, wenn man definitiv Eigentümer ist.

Eintragung im Grundbuch

Die Eintragung als Eigentümer erfolgt auf Antrag. Der Antrag muß hinreichend bestimmt sein. Das heißt, es muß klar sein, wer der Antragsteller ist und um welches Grundstück es sich handelt; beide müssen unmißverständlich bezeichnet sein.

Muster Antrag auf Eintragung ins Grundbuch:

Hubert und Sabine Haase
Kanickelweg 12
12345 Musterstadt

An das
Amtsgericht Musterstadt
– Grundbuchamt –

Mühlenstr. 26–30
12345 Musterstadt

Musterstadt, den . . . .

Antrag auf Eintragung ins Grundbuch

Sehr geehrte Damen und Herren,

unter Beifügung des notariell beurkundeten Kaufvertrages des Notars Blecker
(Urk. RNr.: 12345/00) und der Einwilligungserklärung des Voreigentümers, Herrn Roth,
beantragen wir hiermit, uns unverzüglich als Eigentümer des Grundstücks

Gemarkung Musterstadt, Flur 12, Parzelle 175/54

einzutragen.

Mit freundlichen Grüßen

. . . .

(Unterschriften)

Wird der Notar entsprechend beauftragt, kann natürlich auch er den Antrag stellen. In der Regel bedarf es dazu einer Einverständniserklärung des Eigentümers, mit der er erklärt, keine Bedenken gegen die Umtragung zu haben.

Muster Einwilligungserklärung: (siehe folgende Seite)

Voraussetzung dafür ist natürlich, daß derjenige, der die Eigentumsübertragung bewilligt, als Voreigentümer im Grundbuch eingetragen ist. Außerdem muß der Auflassungsvertrag (also der notariell beurkundete Vertrag) vorgelegt werden.

Je nachdem, um welches Grundstück es sich handelt, sind noch weitere Unterlagen vorzulegen. Es würde aber den Rahmen sprengen, diese Details alle aufzuführen. Im konkreten Einzelfall weiß der Notar, welche Unterlagen noch benötigt werden.

9. Grundbucheintragung

Was passiert aber, wenn sich im nachhinein herausstellt, daß der Verkäufer gar nicht Eigentümer des Grundstückes ist und dieses daher gar nicht verkaufen durfte?

Auch für diesen Fall hat der Gesetzgeber vorgebaut: Wenn das Grundbuch den Verkäufer als Eigentümer ausweist, dann gilt das in der Regel als die Wahrheit. Er kann das Grundstück also rechtswirksam verkaufen. Das trifft selbst dann zu, wenn sich im nachhinein herausstellen sollte, daß das Grundbuch unrichtig ist. In diesem Fall gilt nämlich der „öffentliche gute Glaube an die Richtigkeit des Grundbuches".

Dieser gute Glaube kann aber unter anderem durch die Eintragung eines Widerspruches beeinträchtigt werden. Mit anderen Worten: Ist ein Widerspruch eingetragen, ist es grundbuchrechtlich erst einmal fraglich, ob der Eingetragene auch wirklich Eigentümer ist. Im einzelnen sind diese Regelungen ziemlich kompliziert, so daß man nur raten kann, sich sofort mit einem Rechtsanwalt in Verbindung zu setzen, sobald sich Zweifel einstellen, ob der Verkäufer überhaupt verfügungsbefugt ist.

Hermann Roth
Burgfriedenstr. 6
12345 Musterstadt

An das
Amtsgericht Musterstadt
— Grundbuchamt —

Mühlenstr. 26—30
12345 Musterstadt

Musterstadt, den ....

Grundstück Gemarkung Musterstadt, Flur 12, Parzelle 175/54

Sehr geehrte Damen und Herren,

mit der Eintragung der Eheleute Haase als Eigentümer der oben bezeichneten Parzelle erkläre ich mich einverstanden.

Mit freundlichen Grüßen

....

V.

ÄRGER MIT DEM ARCHITEKTEN

1. Fall

Familie Kurz hat endlich ein Grundstück gefunden. Nun soll es an die Planung gehen. Beim Friseur trifft Frau Kurz ihre Bekannte, Frau Neureich. Sie erzählt ihr voller Stolz von den Bauplänen. Frau Neureich ist ganz begeistert und berichtet, daß ihr Mann gerade wieder einen neuen Bungalow „mit allem, was man so braucht" bauen ließe. Der Architekt, Herr Zirkel, sei ein „ganz reizender" und so begabter Mensch, die Kurzens müßten unbedingt auch mit ihm bauen, er sei einfach unbezahlbar.

Frau Kurz läßt sich von der Begeisterung anstecken. Wenn schon Frau Neureich mit ihrem anspruchsvollen Geschmack Gefallen an den Planungen des Herrn Zirkel findet, dann könnte er für ihre bescheideneren Bedürfnisse bestimmt auch etwas Schönes entwerfen. Schließlich überzeugt sie ihren Mann davon, einen Termin mit Herrn Zirkel zu vereinbaren.

Wie Frau Neureich schon angekündigt hat, entpuppt sich Herr Zirkel als ausgesprochen freundlicher und entgegenkommender Mann. Er läßt sich die Lage des Grundstücks erklären und sieht die mitgebrachten Pläne ein. Er lobt die umsichtige Wahl des Grundstücks und betont, wie wunderbar sich dieses Grundstück – obwohl es etwas klein ist – bebauen ließe.

Schließlich fordert das Ehepaar Kurz Herrn Zirkel auf, „unverbindlich Vorschläge für die Bebauung des Grundstücks" zu machen.

Die Eheleute Kurz glauben, damit noch nichts falsch gemacht zu haben. Damit sie nicht nur auf einen Architekten angewiesen sind, treffen sie die gleiche Verabredung auch mit dem Architekten Klein, der Herrn Kurz von einem Arbeitskollegen empfohlen wurde.

Deshalb sind sie noch guter Dinge, als sie schließlich vier Wochen nach dem Termin mit Herrn Zirkel einen großen Umschlag im Briefkasten finden. Voller Spannung öffnen sie das Kuvert und betrachten dessen „unverbindliche Vorschläge". Da strahlt ihnen eine Traumvilla entgegen, die sie allerdings doch sehr an das Bauvorhaben der Neureichs erinnert. Schnell erkennen sie, daß Herr Zirkel offenbar den ihnen zur Verfügung stehenden finanziellen Rahmen erheblich überschätzt hat. Macht nichts, denken sie – schließlich war ja klar, daß es nur unverbindliche Vorschläge sein sollten, also müssen sie dafür wenigstens nichts bezahlen.

Daher staunen sie nicht schlecht, als sie das große Kuvert ganz leeren: Der Umschlag enthält nicht nur die unbrauchbaren Pläne, der nette Herr Zirkel hat dem ganzen auch noch eine Honorarrechnung beigefügt, die sich gewaschen hat. Frau Neureich hatte recht: Herr Zirkel ist wirklich „unbezahlbar".

Herr und Frau Kurz fragen sich, ob sie diese Rechnung eigentlich bezahlen müssen.

2. Die Stellung des Architekten

Herr und Frau Kurz tun gut daran, wenn sie sich Mühe geben, den richtigen Architekten zu finden. In manchen Fällen übernimmt der Architekt tatsächlich nur die Aufgabe, das Haus zu planen. In den meisten Fällen – wie auch Familie Kurz das beabsichtigt – wird ihm dazu aber auch die Bauüberwachung übertragen. Außerdem berät er den Bauherrn in allen Dingen, die im weiteren Sinn das Bauvorhaben betreffen.

Daher sollte sich der Bauherr so früh wie möglich um einen Architekten bemühen. Der Architekt als Fachmann kann nämlich nicht nur wertvolle Tips zur Bebauung des Grundstücks geben. Er hat meist auch wichtige Ratschläge zum Umgang mit der Baubehörde oder der Bank zur Hand. Kostenintensive Irrwege lassen sich dadurch oft vermeiden.

Aber Achtung: Die Bezeichnung „Architekt" ist nicht geschützt! Und nicht jeder, der sich Architekt nennt, ist auch in der Lage, einen Bau zu betreuen. Doch wie findet man den „richtigen" Architekten?

WISO rät: Der Bauherr sollte sicherstellen, daß der Architekt, mit dem er bauen möchte, Mitglied der Architektenkammer oder in der Architektenliste eingetragen ist.

Außerdem sollte er den Architekten fragen, worauf er sich spezialisiert hat. Es nutzt nämlich nichts, *den* international bekannten Spezialisten für den Bau von Hochhäusern zu engagieren, wenn man selbst eigentlich nur einen eher bescheidenen Bungalow für den privaten Bedarf errichten will.

Am besten läßt sich der Bauherr von dem Architekten eine Übersicht über die aktuellen, von ihm abgewickelten Bauvorhaben zeigen. Nur dann kann man mit Gewißheit sagen, daß der ausgewählte Architekt Fachmann auf dem für den Bauherrn entscheidenden Gebiet ist.

3. Vertrag mit dem Architekten

Da es ein entscheidender Schritt ist, den Architekten mit dem Bau zu beauftragen, sollte der Vertrag mit ihm immer schriftlich abgeschlossen werden.

WISO rät: Bevor man sich auf undurchsichtige und möglicherweise nachteilige Vertragsvorschläge eines Architekten einläßt, sollte man den Vertragstext vor der Unterzeichnung unbedingt von einem Fachmann auf „Fußangeln" überprüfen lassen.

Herr und Frau Kurz haben sich übrigens geirrt, als sie glaubten, „unverbindliche Vorschläge" des Architekten würden sie nichts kosten. Nach einer Grundsatzentscheidung des Bundesgerichtshofes (BGH) wird der Architekt „im Regelfall entgeltlich" tätig. Im Klartext bedeutet das: Der Architekt verdient normalerweise für alles, was er tut, eine Bezahlung. Damit muß derjenige, der einen Architekten beauftragt, auch rechnen, denn jeder, der die Dienste eines Gewerbetreibenden oder eines freiberuflich Tätigen in Anspruch nimmt, muß in der Regel davon ausgehen, dafür eine angemessene Vergütung bezahlen zu müssen. Um so klarer ist dies, wenn der Architekt einen erheblichen Arbeitsaufwand hatte. Pläne zeichnen sich nicht von allein. Der Architekt muß sich Gedanken machen, in welchem Stil das Gebäude gebaut werden soll. Außerdem muß er die Größe und die Lage des Grundstücks berücksichtigen und das voraussichtliche Budget im Auge behalten. Kurz gesagt: Weil jedem klar sein sollte, daß ein Architekt Zeit und Mühe in einen Plan steckt, sollte er auch wissen, daß dafür ein Honorar fällig wird. Selbst wenn also gar nicht darüber gesprochen wurde, daß der Architekt für die Anfertigung von ersten Entwürfen eine Bezahlung erwartet, ist davon auszugehen, daß eine Vergütung als stillschweigend vereinbart gilt.

Wieviel die Kurzens für die Skizzen des Herrn Zirkel zahlen müssen, ist allerdings in keiner Tabelle festgelegt. Wenn die Höhe der Vergütung nicht vereinbart wurde, dann wird grundsätzlich das geschuldet, was „im Regelfall" von einem Architekten hierfür in Rechnung gestellt wird. Das bedeutet, die Höhe der geschuldeten Bezahlung hängt zum einen davon ab, wieviel Mühe sich der Architekt gemacht hat. Logischerweise sind aufwendige Zeichnungen teurer als dahingeworfene Skizzen. Darüber hinaus spielt es aber auch eine Rolle, wo der Auftrag vergeben wird. Wie üblich gelten in der Großstadt andere Preise als auf dem platten Land. Bezahlen muß der Auftraggeber auch die Erfahrung und das Renommee des Experten.

Beschränkt sich das Tätigwerden des Architekten nicht nur darauf, ein paar Striche aufs Papier zu skizzieren, sondern sind die Arbeiten, die er ausgeführt hat, schon umfangreicher und umfassen zum Beispiel auch die Aufstellung eines Finanzierungsplanes, dann kann man unter Umständen davon ausgehen, daß der Architekt die sogenannte „Vorplanung" vorgenommen hat. In diesem Fall gilt die Honorarordnung für Architekten und Ingenieure (HOAI). Danach kann der Architekt für die Vorplanung 7% der Gesamtgebühren, die er für die Vollbetreuung des Baues verlangen kann, beanspruchen. Sollte der Architekt letztlich doch nicht mit der Vollbetreuung beauftragt werden, so hat er Anspruch auf ein Sonderhonorar. Dieses fällt allerdings höher aus, als wenn die Vorplanung nur eine von vielen Aufgaben gewesen wäre, die er für den Bauherrn übernommen hat.

Die Eheleute Kurz dachten, sie seien gegen eine Rechnung geschützt, indem sie Herrn Zirkel aufforderten, nur „unverbindlich" Vorschläge zu unterbreiten.

Doch da irrten sie sich. „Unverbindlich" ist nicht das gleiche wie „kostenlos" und bedeutet nur, daß sich der Auftraggeber noch nicht binden will.

Im hier vorliegenden Zusammenhang konnte Herr Zirkel also davon ausgehen, daß die Kurzens ihn für die Entwürfe bezahlen wollten. Da er die Entwürfe nur unverbindlich erstellen sollte, mußte er aber schon damit rechnen, daß er nicht endgültig den Auftrag zur Planung und Baubetreuung erhalten würde.

Danach steht fest: Die Kurzens müssen Herrn Zirkel angemessen bezahlen. Sie sind aber nicht verpflichtet, die Hollywood-Villa mit ihm zu bauen.

WISO rät: Will der Bauherr, daß der Architekt für ihn tätig wird, ohne dafür später eine saftige Rechnung präsentiert zu bekommen, so sollte er dies vorher unmißverständlich klären und vor allem schriftlich in einem Vertrag festhalten.

Manche Architekten neigen dazu, den Bauherrn nach einer ersten Besprechung schon an sich binden zu wollen. Sie übersenden ihm dann ein Schreiben, mit dem er bestätigen soll, den Architekten damit beauftragt zu haben, Pläne auszuarbeiten, den Bau zu überwachen, die Bauleitung zu übernehmen usw.

Der Bauherr sollte sich dieses Schreiben ganz genau durchlesen und prüfen, ob die Darstellungen tatsächlich dem Vereinbarten entsprechen. Sollte dies nicht der Fall sein, so empfiehlt es sich unbedingt, die Mißverständnisse durch ein Schreiben offenzulegen und die eigene Auffassung klar zu machen. Dadurch läßt sich unnötiger Ärger hinsichtlich des Auftragsumfangs nicht nur von Anfang an vermeiden. Man verbessert auch die eigene Beweislage, wenn die Streitigkeiten letztlich einmal gerichtlich ausgetragen werden sollten.

Umgekehrt sollte der Bauherr das Ergebnis des ersten Gespräches in einem Schreiben an den Architekten festhalten. Sollte der Architekt dann hinsichtlich einer Einzelheit anderer Auffassung sein, so ist es seine Aufgabe, dies vorab deutlich zu machen.

WISO rät: Ist der Bauherr noch nicht völlig überzeugt, den richtigen Architekten gefunden zu haben, so empfiehlt es sich, ihn Schritt für Schritt zu beauftragen. Der eventuell ins Auge gefaßte Architekt sollte erst einmal mit der Grundlagenermittlung und der Vorplanung betraut werden. Hat sich der Architekt dabei bewährt, so kann man ihn mit der weiteren Planung beauftragen. Möglich ist auch, einen Architekten für die Planung, einen anderen für die Bauaufsicht zu verpflichten.

4. Aufgaben des Architekten

Üblicherweise werden die Aufgaben des Architekten in folgende Leistungsphasen eingeteilt:

Leistungsphase I: Grundlagenermittlung

In dieser ersten Phase gilt es, anhand der Wünsche und Vorstellungen des Bauherrn die Aufgabenstellung zu klären. Hier werden also die ersten Grundlagen für einen Bau geschaffen.

WISO rät: Der Bauherr sollte die Wünsche und Vorstellungen von seinem Haus am besten schriftlich festhalten, damit der Architekt einen Leitfaden hat. So hat der Bauherr dann auch etwas in der Hand, das er in einem späteren Streitfall dem Architekten entgegenhalten kann.

Außerdem hat der Architekt jetzt schon verschiedene Spezialisten (zum Beispiel Prüfstatiker) vorzuschlagen, die später einmal im Verlaufe des Baus einbezogen werden müßten. Der Architekt hat das Ergebnis dieser Bemühungen schriftlich zusammenzufassen.

Leistungsphase II: Vorplanung

In der zweiten Phase müssen die gesammelten Daten analysiert werden. Anhand der Wünsche und Vorstellungen des Bauherrn ist ein Zielkatalog aufzustellen, der planbezogen sein muß und helfen soll, zeitliche, finanzielle oder gestalterische Probleme zu erkennen.

Dann ist ein Planungskonzept zu erstellen, das diese Probleme verarbeitet. Dazu werden erste Zeichnungen oder Strichskizzen gefertigt, bei denen die Hauptmaße bereits Berücksichtigung finden müssen. Der Architekt hat drei bis fünf verschiedene Varianten vorzulegen. Das bedeutet, daß er mehrere Grobentwürfe zu erstellen hat, die sich in gestalterischer, wirtschaftlicher oder funktionaler Art voneinander unterscheiden.

Bereits zu diesem Zeitpunkt hat der Architekt Vorverhandlungen mit den betroffenen Behörden und anderen an der Planung fachlich Beteiligten über die Genehmigungsfähigkeit zu führen. Außerdem hat der Architekt zur Vorbereitung der Finanzierung eine erste Kostenschätzung nach DIN 276 zu erstellen. Darunter versteht man eine überschlägige Ermittlung der Gesamtkosten.

WISO rät: Der Bauherr sollte sich möglichst frühzeitig mit seinem Steuerberater zusammensetzen, um einen Überblick darüber zu gewinnen, welche steuerlichen Vergünstigungen in seinem Fall berücksichtigt werden können. Darüber sollte er seinen Architekten von Anfang an in Kenntnis setzen. Dadurch erwächst diesem die Pflicht, dafür zu sorgen, daß seine Planung die Voraussetzungen schafft, um die geplanten Vergünstigungen später auch tatsächlich zu erzielen.

Leistungsphase III: Entwurfsplanung

Erst in der dritten Phase entwickelt der Architekt dann das endgültige Planungskonzept. Dazu hat er eine zeichnerische Darstellung des Gesamtentwurfs zu erstellen, der die Hauptmaße enthält. Der Entwurf besteht aus folgenden Teilen:

• Grundrißzeichnung für alle Ebenen;

• Zeichnung aus allen Ansichten;

• Zeichnung der notwendigen Schnitte (also der gedachten Längs- oder Querschnitte durch das Haus). Daran ist leicht die Anzahl der Geschosse oder die Dachhöhe erkennbar.

Zudem hat der Architekt die Objektbeschreibung zu erstellen. Das bedeutet, daß er Ausführungen machen muß zu

- den einzusetzenden Materialien;
- der Art des geplanten Ausbaus;
- der technischen Konstruktion;
- der technischen Gebäudeausstattung.

In der Phase der Entwurfsplanung hat der Architekt außerdem die sogenannte „Kostenberechnung nach DIN 276" vorzunehmen. Darunter versteht man eine verbindliche Kostenberechnung. Dabei ist der Architekt verpflichtet, folgende Gesichtspunkte zu beachten:

- Die Planung muß genehmigungsfähig sein. Gegebenenfalls muß eine sogenannte „Bauvoranfrage" beim zuständigen Bauamt gestellt werden, um verbindlich zu erfahren, ob das betreffende Grundstück in der geplanten Art und Weise bebaut werden darf;
- die Planung muß dem aktuellen Stand der Technik entsprechen;
- die Grundwasserverhältnisse müssen geklärt werden, und die Bebaubarkeit des Grundstücks muß gewährleistet sein;
- die Bodenverhältnisse sind zu beachten; gegebenenfalls ist tragfähiger Boden durch die Aufschüttung von Kies zu schaffen;
- die Planung muß sachgerecht sein. Das heißt, die aktuellen Bedürfnisse des Bauherrn müssen berücksichtigt worden sein (zum Beispiel Gehbehinderung usw.).

Leistungsphase IV: Genehmigungsplanung

Dazu hat der Architekt die nötigen Vorlagen zu erarbeiten, um das Vorhaben genehmigen zu lassen. Das bedeutet, daß er die nötigen Anträge auf öffentlich-rechtliche Genehmigungen, Anträge auf Ausnahmen oder Befreiungen auszuarbeiten hat. Außerdem hat er die Beiträge der anderen, an der Planung beteiligten Stellen (zum Beispiel Statiker) zu verwenden und auch die entsprechenden Anträge zu stellen.

Schließlich hat er diese Unterlagen bei den zuständigen Behörden einzureichen und sie gegebenenfalls auf deren Anforderung nachzubessern.

WISO rät: Die Baubehörden prüfen nur die Zulässigkeit des Vorhabens aus öffentlich-rechtlicher Sicht. Damit ist der Architekt aber nicht aus seiner Haftung für Planungsmängel befreit.

Leistungsphase V: Ausführungsplanung

In dieser Phase werden die Ergebnisse der Leistungsphasen III und IV unter Berücksichtigung städtebaulicher, gestalterischer, funktionaler, technischer, bauphysikalischer, wirtschaftlicher, energiewirtschaftlicher und landschaftsökologischer Anforderungen bis zur ausführungsreifen Lösung durchgearbeitet.

Erst jetzt erstellt der Architekt die Zeichnungen, die alle zur Ausführung nötigen Einzelangaben und Einzelmaße beinhalten. Dabei hat er alle fachspezifischen Anforderungen zu berücksichtigen, sich also insbesondere der Mithilfe der Statiker und Haustechniker zu versichern. Weiter wird die Ausführungsplanung fortgeschrieben.

Leistungsphase VI: Vorbereitung der Vergabe

Jetzt hat der Architekt die Massen zu ermitteln und nach Einzelpositionen unter Verwendung der Beiträge anderer an der Planung fachlich Beteiligter aufzugliedern. Er hat außerdem eine Leistungsbeschreibung mit Leistungsverzeichnissen nach Leistungsbereichen aufzustellen. Die Leistungsbeschreibung ist sodann mit den an der Planung fachlich Beteiligten abzustimmen und zu koordinieren. Außerdem muß er die wesentlichen Ausführungsphasen festlegen.

Leistungsphase VII: Mitwirkung bei der Vergabe

In der siebten Leistungsphase hat der Architekt die Verdingungsunterlagen (technischen Normensammlungen, denen man zum Beispiel die Zusammensetzung des Bimssteines entnehmen kann) für alle Leistungsbereiche zusammenzustellen.

Danach muß er Angebote einholen und diese prüfen und bewerten. Ein Preisspiegel ist aufzustellen. Außerdem gehört in diese Phase, die Leistungen der fachlich Beteiligten, die an der Vergabe mitwirken, abzustimmen und zusammenzustellen.

Dann ist nach DIN 276 ein Kostenanschlag aus Einheits- oder Pauschalpreisen der Angebote zu fertigen. Ferner hat der Architekt die Kostenkontrolle durch Vergleich des Kostenanschlages mit der Kostenberechnung vorzunehmen. Schließlich hat er bei der Auftragsvergabe mitzuwirken.

Bei Abschluß des Vertrages mit dem Architekten sollte der Bauherr darauf achten, daß sich der Architekt dazu verpflichtet, die Bauüberwachung zu übernehmen. Dazu sind Architekten meist nicht gerne bereit, weil die Bauüberwachung einen ständigen zeitraubenden Kontakt zur Baustelle erfordert, auf der dann Ärger programmiert ist.

WISO rät: Achtung: Es reicht nicht aus, wenn der Architekt sich verpflichtet, die Rolle des „verantwortlichen Bauleiters" zu übernehmen. Dieser hätte nur die Aufgabe, darauf zu achten, daß alle öffentlich-rechtlichen Verpflichtungen (zum Beispiel aus der Landesbauordnung) eingehalten werden.

Leistungsphase VIII: Bauüberwachung

In dieser Phase hat der Architekt die Ausführung des Baus daraufhin zu überwachen, daß die Baugenehmigung oder die Ausführungspläne und Leistungsbeschreibungen mit den anerkannten Regeln der Technik und den einschlägigen Vorschriften übereinstimmen. Er hat die örtliche Bauüberwachung zu beaufsichtigen und die an der Objektüberwachung Beteiligten zu koordinieren. Außerdem hat er einen Zeitplan aufzustellen, den er mit Hilfe eines Balkendiagramms überwacht.

Schließlich obliegt es ihm, unter Mitwirkung der örtlichen Bauüberwachung Leistungen und Lieferungen fachlich Beteiligter abzunehmen sowie eine Niederschrift über das Ergebnis der jeweiligen Abnahme anzufertigen. Ferner ist es seine Aufgabe, den Antrag auf behördliche Abnahmen zu stellen. Selbstverständlich hat er an diesen Abnahmen selbst teilzunehmen. Anschließend hat er die erforderlichen Unterlagen (zum Beispiel Abnahmeniederschriften und Prüfungsprotokolle) dem Bauherrn zu übergeben.

Damit endet seine Verantwortlichkeit aber noch nicht. Es gehört auch zu seinen Aufgaben, die Wartungsvorschriften zusammenzustellen, eine Aufstellung zu fertigen, aus der sich der Ablauf der verschiedenen Gewährleistungsfristen ergibt, und die Prüfungen der Anlagenteile sowie der Gesamtanlage auf Funktionsfähigkeit zu überwachen.

Außerdem hat er eine Kostenkontrolle in der Form vorzunehmen, daß er die Leistungsabrechnungen der bauausführenden Unternehmen mit den zuvor vertraglich vereinbarten Preisen und mit der fortgeschriebenen Kostenrechnung vergleicht.

Leistungsphase IX: Objektbetreuung und Dokumentation

In dieser letzten Phase des Baus hat der Architekt den Bau zu begehen, um Mängel festzustellen. Dabei hat er darauf zu achten, daß er diese Begehung auch macht, bevor die Gewährleistungsansprüche gegenüber den beteiligten Unternehmen verjähren.

Wurden Mängel festgestellt, so hat er deren Beseitigung zu überwachen, sofern die Mängel innerhalb der Gewährleistungsfristen, spätestens aber bis zu fünf Jahren ab Abnahme der Leistungen aufgetreten sind.

Ferner hat er bei der Freigabe von Sicherheiten mitzuwirken.

Als Bauherr hat man das Recht, 5% der Summe aller Bauhandwerkerrechnungen zunächst einzubehalten. Erst wenn der Architekt das Werk des jeweiligen Handwerkers abgenommen hat, hat dieser Anspruch auf vollständige Bezahlung.

WISO rät: Wenn man nicht sicher ist, wirklich den richtigen Architekten gefunden zu haben, dann kann man sich eine stufenweise Beauftragung vorbehalten (vgl. § 3 des Muster-Architektenvertrages im Anhang).

5. Unwirksamkeit des Architektenvertrags

Fall 2

Herr Mayer ist auf der Suche nach einem günstigen Baugrundstück im neuerschlossenen Baugebiet „Auf dem Hügel". Die einzigen noch freien Grundstücke stehen im Eigentum einer gemeinnützigen Einrichtung. Diese verkauft aber nicht an jeden, sondern ist nach ihrer Satzung verpflichtet, nur an solche Gemeindemitglieder zu veräußern, die sich um soziale Belange besonders verdient gemacht haben. Da hat Herr Mayer eher schlechte Karten.

Eines Tages trifft er durch die Vermittlung eines Bekannten auf den Architekten Schlau, der gute Verbindungen zu der besagten Einrichtung hat. Hinter vorgehaltener Hand verspricht er Herrn Mayer, dafür zu sorgen, daß dieser ein Grundstück „Auf dem Hügel" bekommt. Die Sache hat aber einen Haken. Herr Mayer würde den Bauplatz nur dann erhalten, wenn er sich verpflichtet, als Architekten ausschließlich den Schlau zu verpflichten.

Herr Mayer hat zu Recht das Gefühl, daß da etwas nicht stimmen kann. Tatsächlich sind derartige Absprachen unzulässig.

Früher kam es häufig vor, daß Architekten Bauwilligen anboten, ihnen günstiges Bauland zu vermitteln. Als Gegenleistung sollten sich die potentiellen Bauherren dann verpflichten, das Bauvorhaben mit ihnen als Planer und Bauaufseher durchzuführen. Da durch solche Vereinbarungen die freie Willensentscheidung der Bauwilligen beeinträchtigt wurde und sich die betreffenden Architekten einen unrechtmäßigen Wettbewerbsvorteil verschafften, wurde das Gesetz zur Regelung von Ingenieur- und Architektenleistungen erlassen. Damit werden Architekten bestraft, die versuchen, sich mit Hilfe solch unsauberer Methoden Aufträge zu verschaffen. Derartige Architektenverträge gelten als unwirksam. Das bedeutet, daß sie behandelt werden, als ob sie niemals abgeschlossen worden wären.

Herr Mayer hätte sich also ruhig auf das Geschäft mit Schlau einlassen können. Das Baugrundstück hätte er dann bekommen. Er wäre aber nicht verpflichtet gewesen, den mit Schlau abgeschlossenen Architektenvertrag zu realisieren.

Nach dem genannten Gesetz sind übrigens alle Arten von Koppelungsvereinbarungen unwirksam. Ebenso unwirksam sind somit Architektenverträge, die nur deshalb geschlossen wurden, weil der Grundstückseigentümer die Veräußerung seines Grundstückes davon abhängig gemacht hat, daß ein bestimmter Architekt die Planungen übernimmt.

Dabei ist es noch nicht einmal erforderlich, daß dem eine vorherige Absprache zwischen Grundstückseigentümer und Architekt vorausgegangen ist. Es ist also nicht nötig, daß der Architekt die Kopplung überhaupt kannte; sollte eine solche in einem späteren Prozeß nachgewiesen werden, so muß er damit rechnen, daß sein Vertrag als nicht geschlossen betrachtet wird. Aber Vorsicht:

WISO rät: Ist der Vertrag unwirksam, heißt das erst einmal nur, daß der Bauherr nicht verpflichtet ist, mit dem Architekten zu bauen. Es bedeutet *nicht*, daß der Architekt *keine* Bezahlung verlangen kann, wenn er bereits Leistungen für den Bauherrn erbracht hat.

Er kann aber nicht das im Vertrag vereinbarte Honorar verlangen, weil der Vertrag ja unwirksam ist. Natürlich muß er für seine Leistung angemessen bezahlt werden. Aus diesem Grunde hat er in der Regel Anspruch auf die Zahlung der Mindestsätze der HOAI (mehr dazu siehe weiter unten).

Die Unwirksamkeit des Vertrages kann sich aber auch leicht gegen den Bauherrn auswirken: Wenn sich der Architekt im Vertrag verpflichtet hat, Sonderleistungen zu erbringen, so ist auch diese Zusage nicht mehr bindend, wenn erst einmal festgestellt wurde, daß der Vertrag unwirksam ist. Sollte also ein Festpreis oder ein bestimmter Fertigstellungstermin vereinbart worden sein, so ist diese Zusage genauso unwirksam wie zum Beispiel die Vereinbarung von hohen Honoraren.

Der Architekt kann in einem solchen Fall auch die Arbeit verweigern und einen halbfertigen Bau liegen lassen. Da kein Vertrag abgeschlossen wurde, der nachhaltige Bestandskraft aufweist, hat der Bauherr in der Regel kein Druckmittel mehr in der Hand, um ihn zur Weiterarbeit zu zwingen. Deshalb sollte jeder Bauherr von Anfang an die Finger von Koppelungsverträgen lassen.

6. Honorar des Architekten

Fall 3

Familie Kurz hat sich entschlossen, den Bau nicht von Herrn Zirkel, sondern von Herrn Preiswert vornehmen zu lassen. Dieser plante ein Häuschen nach den Bedürfnissen der Kurzens: nicht zu protzig, aber auch nicht zu bescheiden.

Als Herr Kurz ihn auf das Honorar anspricht, erwidert er nur lapidar: „Sie kennen mich doch – ich ziehe keinen über den Tisch und lasse die Kirche im Dorf. Außerdem sind die Architektengebühren ohnehin in einer Ordnung festgeschrieben – da gibt es keinen Streit drum!"

Herr Preiswert macht einen durch und durch gediegenen und vertrauenswürdigen Eindruck – ganz anders als Herr Zirkel. Deshalb bestehen die Eheleute Kurz nicht auf der schriftlichen Fixierung des Honorars. Doch dann bekommen sie einen Riesenschreck, als die erste Rechnung des Herrn Preiswert eintrifft. Denn damit macht er seinem Namen keine Ehre! 50% der gesamten Bausumme verlangt er für die erste Leistungsphase. Wieder einmal fragen sich Herr und Frau Kurz, ob sie das bezahlen müssen.

Der Anspruch auf Bezahlung richtet sich bei Architekten nach der „Honorarordnung für Architekten und Ingenieure" (HOAI). Die HOAI legt für die einzelnen Leistungsphasen Mindest- und Höchstsätze fest. Wenn nicht ausdrücklich schriftlich bei Auftragserteilung etwas anderes vereinbart wurde, gelten nur die jeweils aufgeführten Mindestsätze als vereinbart. Mündliche Vereinbarungen oder schriftliche Abreden, die nach Auftragserteilung getroffen werden, sind unwirksam.

Herr und Frau Kurz müssen also nichts befürchten. Da sie nicht schriftlich mit Herrn Preiswert vereinbart hatten, daß die Mindestpreise überschritten werden können, darf er nur die Mindestsätze nach der HOAI in Rechnung stellen.

Das Honorar, das der Architekt dann verlangen kann, wenn sich seine Gebühren nach der HOAI errechnen, berechnet sich aus den folgenden Faktoren:

a) Honorarzone
b) Anrechenbare Kosten
c) Gebührensatz (zwischen Mindest- und Höchstgebühren)
d) Vomhundertsätze der einzelnen Leistungsphasen
e) Erbrachte Leistungen des Architekten
f) Sonderhonorare
g) Fälligkeit des Honorars

a) Honorarzonen

Zunächst gibt die HOAI bestimmte Bewertungsmerkmale für die Ermittlung der Honorarzone in § 11. Im einzelnen gelten dabei die folgenden Bestimmungen:

Honorarzone I:
Gebäude mit sehr geringen Planungsanforderungen, das heißt mit
- sehr geringen Anforderungen an die Einbindung in die Umgebung;
- einem Funktionsbereich;
- sehr geringen gestalterischen Anforderungen;
- keiner oder einfacher technischer Gebäudeausrüstung;
- keinem oder einfachem Ausbau.

Honorarzone II:
Gebäude mit geringen Planungsanforderungen, das heißt mit
- geringen Anforderungen an die Einbindung in die Umgebung;
- wenigen Funktionsbereichen;
- geringen gestalterischen Anforderungen;
- einfachen Konstruktionen;
- geringer technischer Gebäudeausrüstung;
- geringem Ausbau.

Honorarzone III:
Gebäude mit durchschnittlichen Planungsanforderungen, das heißt mit
- durchschnittlichen Anforderungen an die Einbindung in die Umgebung;
- mehreren einfachen Funktionsbereichen;
- durchschnittlichen gestalterischen Anforderungen;
- normalen oder gebräuchlichen Konstruktionen;
- durchschnittlicher technischer Gebäudeausrüstung;
- durchschnittlichem normalen Ausbau.

Honorarzone IV:
Gebäude mit überdurchschnittlichen Planungsanforderungen, das heißt mit
- überdurchschnittlichen Anforderungen an die Einbindung in die Umgebung;
- mehreren Funktionsbereichen mit vielfältigen Beziehungen;
- überdurchschnittlichen gestalterischen Anforderungen;
- überdurchschnittlichen konstruktiven Anforderungen;
- überdurchschnittlicher technischer Gebäudeausrüstung.

Honorarzone V:
Gebäude mit sehr hohen Planungsanforderungen, das heißt mit
● sehr hohen Anforderungen an die Einbindung in die Umgebung;
● einer Vielzahl von Funktionsbereichen mit umfassenden Beziehungen;
● sehr hohen gestalterischen Anforderungen;
● sehr hohen konstruktiven Ansprüchen;
● einer vielfältigen Gebäudeausrüstung mit hohen technischen Ansprüchen;
● umfangreichem, qualitativ hervorragenden Ausbau.

Natürlich läßt sich im Einzelfall trefflich darüber streiten, welcher Honorarzone der betreffende Bau zuzurechnen ist, weil die in § 11 HOAI verwendeten Begriffe ziemlich abstrakt sind. Deshalb sind in § 12 HOAI häufiger vorkommende Gebäudetypen bestimmten Honorarzonen zugeordnet. Diese Zuordnung ist aber nicht bindend. Entscheidend ist letztlich immer der konkrete Einzelfall.

In der Regel kann man aber damit rechnen, daß der private Wohnhausbau der Honorarzone III, bei aufwendigerer Ausstattung auch der Honorarzone IV zuzurechnen ist.

b) Anrechenbare Kosten

Die anrechenbaren Kosten sind eine weitere Grundlage für die Ermittlung des Architektenhonorars. Nach § 10 Abs. 2 HOAI ist bei den anrechenbaren Kosten folgendes zu berücksichtigen:

● *Leistungsphasen I bis IV*
Als anrechenbare Kosten gelten die in der *Kostenberechnung* festgestellten Kosten. Die Kostenberechnung ist eine der Grundleistungen bei der Entwurfsplanung. Solange die Kostenberechnung noch nicht vorliegt, sind die Kosten nach der Kostenschätzung zu ermitteln. Die Kostenschätzung hat der Architekt als Grundleistung bei der Vorplanung vorzunehmen.

● *Leistungsphasen V bis VII*
Als anrechenbare Kosten in diesen Leistungsphasen gelten grundsätzlich die Kosten nach dem *Kostenanschlag*, der eine Grundleistung im Rahmen der Mitwirkung bei der Vergabe darstellt. Solange der Kostenanschlag nicht vorliegt, ist die Kostenberechnung maßgeblich.

● *Leistungsphasen VIII und IX*
Für die Phasen gelten als anrechenbare Kosten die Kosten nach der *Kostenfeststellung*, die eine Grundleistung bei der Bauüberwachung ist. Solange die Kostenfeststellung noch nicht vorliegt, sind die Kosten nach dem Kostenanschlag maßgeblich.

Üblicherweise nimmt der Architekt eine dreistufige Gebührenberechnung vor, die sich nach der Kostenberechnung, dem Kostenanschlag und der Kostenfeststellung richtet.

Etwas anderes gilt nur dann, wenn Architekt und Bauherr bei Auftragsvergabe schriftlich vereinbaren, daß als Grundlage der Honorarermittlung eine nachprüfbare Ermittlung der voraussichtlichen Herstellungskosten nach Kostenberechnungen oder nach Kostenanschlag dienen soll.

Für den Fall, daß der Bauherr selbst Bauleistungen erbringt, gelten als anrechenbare Kosten dafür die ortsüblichen Preise.

Die vorhandene Bausubstanz ist bei den anrechenbaren Kosten angemessen zu berücksichtigen. Der Umfang der Anrechnung bedarf dann aber einer schriftlichen Vereinbarung zwischen Architekt und Bauherr.

Wurden einzelne technische Gewerke von Sonderfachleuten in der Planung und Überwachung übernommen, so können diese Kosten nach § 4 HOAI nur teilweise zur Grundlage des Architektenhonorars gemacht werden.

Nach § 10 Abs. 5 HOAI dürfen unter anderem folgende Beträge nicht zu den anrechenbaren Kosten gerechnet werden:

- die auf die Kosten des Objektes fallende Umsatzsteuer;
- die Außenanlagen;
- die Kosten des Baugrundstückes;
- die Kosten für das Herrichten des Grundstücks;
- die Kosten für die öffentliche Erschließung;
- Kosten anderer einmaliger öffentlicher Abgaben.

Einer Rechnung, die diese Kosten mit einbezieht, ist somit sofort zu widersprechen.

c) Gebührensatz
Sind Honorarzone und anrechenbare Kosten ermittelt, so können die Mindest- und Höchstsätze für die Grundleistungen der Architekten in der sogenannten „Honorartafel" des § 16 HOAI abgelesen werden. Zu beachten ist dabei, daß es sich um die Gebühr handelt, die zu entrichten ist, wenn der Architekt in allen Leistungsphasen die vollen Grundleistungen für den Bauherrn erbracht hat.

d) Vomhundertsätze der einzelnen Leistungsphasen
War der Architekt nur in einzelnen Leistungsphasen tätig, so hat er Anspruch auf folgende anteilige Vergütung:

1. Grundlagenermittlung 3%
2. Vorplanung 7%
3. Entwurfsplanung 11%
4. Genehmigungsplanung 6%
5. Ausführungsplanung 25%
6. Vorbereitung der Vergabe 10%
7. Mitwirkung bei der Vergabe 4%
8. Bauüberwachung 31%
9. Objektbetreuung und Dokumentation 3%

e) Erbrachte Leistungen des Architekten

Zu beachten ist aber, daß andere Sätze gelten, wenn der Bauherr den Architekten zunächst nur mit der Vor- oder nur mit der Entwurfsplanung beauftragt. In diesem Fall kann der Architekt nach § 19 HOAI ein höheres Honorar verlangen, nämlich für

- die Vorplanung   bis zu 10%,
- die Entwurfsplanung   bis zu 18%.

Wenn die Bauüberwachung dem Architekten als Einzelleistung übertragen wird, wenn er also nur in dieser Form für den Bauherrn tätig wird, so können anstelle der Mindestsätze nach § 15 HOAI folgende Vomhundertsätze der anrechenbaren Kosten nach § 10 HOAI angesetzt werden:

- 2,1% bei Gebäuden der Honorarzone II;
- 2,3% bei Gebäuden der Honorarzone III;
- 2,5% bei Gebäuden der Honorarzone IV;
- 2,7% bei Gebäuden der Honorarzone V.

f) Sonderhonorare

- *Zeithonorar*

Grundsätzlich kann zwischen Bauherr und Architekt auch ein Zeithonorar vereinbart werden. Festzulegen ist danach entweder ein Festhonorar oder zumindest ein Höchsthonorar.

- *Stundenlöhne*

Ein Architekt darf in seiner Schlußrechnung nicht in jedem Fall Stundenlöhne für „zusätzlich" erbrachte Leistungen verlangen. Eine Abrechnung nach Stundensätzen ist nämlich nur in den Fällen möglich, in denen dies durch die HOAI zugelassen ist. Die Frage, ob die Berechnung des Stundenlohnes rechtmäßig ist, läßt sich daher nur beantworten, wenn man weiß, was der Architekt in den Stunden getan hat, die er berechnet. Aus diesem Grund muß der Architekt auch angeben, worauf er seine Stundenabrechnung stützt.

- *Pauschalhonorar*

Es entspricht der herrschenden Rechtsauffassung in Deutschland, daß wegen des Grundsatzes der Vertragsfreiheit Architekt und Bauherr nicht verpflichtet sind, eine Bezahlung des Architekten nach HOAI zu vereinbaren. Beide können auch ein Pauschalhonorar vereinbaren. Dazu müssen sie aber beachten, daß das Pauschalhonorar im Einzelfall nicht unter die Mindestsätze nach HOAI fallen darf. Umgekehrt darf das nach HOAI zulässige Höchsthonorar aber auch nicht überschritten werden.

WISO rät: Der Bauherr sollte sich noch vor der konkreten Planung eine Ausgabe der HOAI beschaffen, denn dann kann er bereits frühzeitig die erwartete Architektengebühr selbst berechnen und muß keine Überraschungen erleben. Außerdem kann er dann schnell prüfen, ob die vom Architekten vorgelegten Vergütungsvorschläge der HOAI entsprechen.

g) Fälligkeit des Honorars

Grundsätzlich ist das Honorar erst fällig, wenn der Architekt seine Leistungen vertragsgemäß erbracht und eine prüffähige Honorarschlußrechnung übergeben hat. Er hat allerdings das Recht, Abschlagszahlungen für bereits von ihm erbrachte Leistungen zu verlangen.

7. Vollmacht des Architekten

Fall 4

Als der Bau endlich in vollem Gange ist, erhält Herr Kurz vom Zimmermann die Rechnung über 15 Fenster. Er schaut in die Auftragsmappe und stellt fest, daß nur 13 Fenster in Auftrag gegeben worden sind. Als er den Zimmermann darauf anspricht, gibt sich dieser ganz erstaunt. Das hatte der Architekt, Herr Preiswert, doch so angeordnet, daß er zwei zusätzliche Fenster für das Dachgeschoß anfertigen soll. Herr Kurz ist verdutzt: Kann der Architekt einfach von sich aus bestehende Pläne ändern und den Bauherrn verpflichten, mehr als vorgesehen an die Handwerker zu bezahlen? Die Antwort lautet – wie so oft bei juristischen Fragen: Es kommt darauf an!

Der Architekt konnte für Herrn Kurz handeln und ihn rechtlich verpflichten, wenn er eine Vollmacht hatte, die diese Aufgaben umfaßte. Das Problem ist, daß eine solche Vollmacht nicht unbedingt schriftlich erteilt werden muß.

Es wird nämlich davon ausgegangen, daß der Bauherr den Architekten still-schweigend ermächtigt, bestimmte Aufgaben für ihn vorzunehmen, wenn nicht ausdrücklich eine anderslautende Regelung getroffen wird.

So geht man davon aus, daß der Architekt in diesem Fall berechtigt ist, ein-zelne kleinere Bauleistungen zu vergeben, Weisungen auf der Baustelle zu er-teilen, Mängel zu rügen und geleistete Arbeiten abzunehmen. Ohne aus-drückliche Befugnis ist er aber auf keinen Fall berechtigt, größere Aufträge an Handwerker oder Sonderfachleute zu erteilen, im Namen des Bauherrn Hand-werkerrechnungen anzuerkennen oder im Namen des Bauherrn auf Gewähr-leistungsansprüche zu verzichten.

WISO rät: Bauherr und Architekt sollten vor Beginn der Arbeiten klar und unmißverständlich schriftlich festlegen, ob und inwieweit dem Architekten eine Vertretungsmacht erteilt wird. Hat der Architekt sich dann nicht an diese Vereinbarung gehalten und versucht, in darüber hinausgehender Form für den Bauherrn zu handeln, so haftet er in diesem Fall gegenüber dem Ver-tragspartner.

Hätten Herr Kurz und Herr Preiswert also ausdrücklich schriftlich vereinbart, daß der Architekt nicht befugt sein soll, Verträge zu schließen und Aufträge zu erteilen, so müßte letztendlich Herr Preiswert die zwei zusätzlichen Fenster bezahlen.

Muster Architekten-Vollmacht:

Adolf Kriffel
Jungbornstr. 88
12345 Musterstadt

Architekten-Vollmacht

Hiermit bevollmächtige ich (*wenn Eheleute den Vertrag gemeinsam abschließen: wir*)
Herrn Architekten . . . .
in bezug auf mein *(unser)* Bauvorhaben
. . . . *(Adresse der Baustelle),*
. . . .
Grundbuchbezeichnung: . . . . *(Blatt-, Flur- und Parzellenbezeichnung),*
die für die Verwirklichung des Bauvorhabens erforderlichen Verhandlungen zu führen.
Dabei ist er insbesondere befugt, Gespräche mit Behörden, Bauunternehmen, Handwerkern oder Nachbarn zu führen.

Dabei erstreckt sich die Vollmacht auf alle Verhandlungen, die mit dem Bauvorhaben in
Verbindung stehen.
Von der Vollmacht ist die Eingehung, Abänderung oder Aufhebung rechtlicher Verpflich-
tungen ausdrücklich nicht umfaßt.

. . . .
      Ort, Datum   *Unterschrift(en)*

8. Kündigung des Architektenvertrags

Fall 5

Herr Kurz hat sich sehr über die Eigenmächtigkeiten von Preiswert geärgert und das Vertrauen verloren. Am liebsten möchte er den Architekten loswerden. Preiswert lacht aber nur und sagt: „Vertrag ist Vertrag. Der muß eingehalten werden." Was kann Herr Kurz jetzt tun?

Selbstverständlich muß Herr Kurz nicht an dem Vertrag festhalten. Sollten Bauherr und Architekt keine ausdrücklich anderslautenden Vereinbarungen getroffen haben, so kann der Bauherr den Vertrag jederzeit kündigen. Gründe für diesen Schritt muß er nicht angeben. Er muß auch keine Kündigungsfrist einhalten.

Umgekehrt hat der Architekt, falls keine anderslautenden Regelungen getroffen wurden, kein allgemeines Kündigungsrecht. Was aber, wenn im Architektenvertrag ausdrücklich vereinbart wurde, daß das Kündigungsrecht des Bauherrn ausgeschlossen ist?

In diesem Fall ist es mit der Kündigung nicht ganz so leicht. Der Bauherr kann den Vertrag nur kündigen, wenn ein wichtiger Grund vorliegt. In einem solchen Fall hat aber auch der Architekt ausnahmsweise ein Kündigungsrecht. Ein wichtiger Grund wird in beiden Fällen angenommen, wenn Dinge vorgekommen sind, die eine Fortsetzung des Vertragsverhältnisses für die eine oder andere Seite unzumutbar machen.

So kann der Bauherr zum Beispiel kündigen, wenn der Architekt erkennen hat lassen, daß er sich nicht mit der gebotenen Sorgfalt mit dem Bau beschäftigt hat, zum Beispiel weil er falsche Auskünfte über die Bebaubarkeit des Grundstücks erteilt oder es versäumt hat, rechtzeitig eine Bauvoranfrage zu stellen.

Der Architekt hat einen wichtigen Grund, die Fortsetzung der Arbeit zu verweigern, wenn der Bauherr seine Pflichten verletzt, am Bauvorhaben mitzuwirken. Dies ist zum Beispiel der Fall, wenn er sich plötzlich weigert, für den Architekten wichtige Unterlagen herauszugeben. In diesem Fall muß der Architekt dem Bauherrn eine Frist setzen, innerhalb derer er die nötige Mitwirkungshandlung nachholen soll. Verstreicht die Frist erfolglos, so gilt der Vertrag als aufgehoben, wenn der Architekt das zuvor angedroht hat.

Fraglich ist noch, in welcher Höhe der Architekt Bezahlung verlangen kann, wenn der Vertrag vorzeitig endet. Dies richtet sich danach, aus welchem Grund die Kündigung ausgesprochen wird.

Hat der Architekt die Kündigung durch den Bauherrn selbst verschuldet, weil er zum Beispiel in herabsetzender Weise über den Bauherrn gesprochen hat, so kann er nur Bezahlung für die Leistungen verlangen, die er bis dahin tatsächlich erbracht hat. Sollten diese Leistungen für den Bauherrn aus bestimmten Gründen keinen Wert haben, so muß er nicht einmal diese Arbeiten bezahlen.

In allen anderen Fällen erhält der Architekt neben der Vergütung, die er sich bereits tatsächlich erarbeitet hat, grundsätzlich das volle vereinbarte Honorar. Aber: Er muß sich anrechnen lassen, was er „infolge der Aufhebung des Vertrages erspart oder durch anderweitige Verwendung seiner Arbeitskraft erwirbt oder zu erwerben böswillig unterläßt". Also: In der Zeit, in der er eigentlich für den Bauherrn tätig sein sollte, kann er jetzt andere Aufträge bearbeiten. Er könnte doppelt kassieren, aber nur einmal leisten.

Weil die Berechnung, was der Architekt durch die „anderweitige Verwendung seiner Arbeitskraft erwirbt oder zu erwerben böswillig unterläßt", zuweilen ziemlich schwierig ist, wird für diesen Fall in vielen Verträgen eine pauschale Vereinbarung vorgeschlagen. Danach soll der Architekt noch 40% von der Restvertragssumme erhalten.

Diese Regelungen hat der Bundesgerichtshof jüngst untersucht. Dabei kam er zu dem Schluß, daß solche Pauschalvereinbarungen, die in vorgefertigten Verträgen von einem der Vertragspartner gestellt werden, nur dann wirksam sind, wenn die 40/60%-Regelung nicht ehern festgeschrieben ist, sondern abweichende Berechnungen zuläßt, falls die eine oder andere Seite konkret nachweist, daß die ersparten Aufwendungen niedriger oder höher waren. Mit anderen Worten: Eine solche Vereinbarung ist vor den Gerichten nur dann bestandskräftig, wenn neben der pauschalen Abrechnung auch noch die Möglichkeit zu einer Abrechnung anhand tatsächlicher Zahlen besteht.

9. Haftung des Architekten

Fall 6

Endlich nimmt der Bau der Familie Kurz Formen an. Ein großer Tag, als endlich der erste Bagger auf die Baustelle fährt und die Erde aushebt. Herr und Frau Kurz sowie Söhnchen Florian stehen aufgeregt am Straßenrand und beobachten das Schauspiel. Viel schneller, als sie es sich vorgestellt haben, ist die Baugrube fertig. Zufrieden laufen sie in der ausgehobenen Grube umher und versuchen, sich vorzustellen, daß es gar nicht lange dauern wird, bis an der Stelle, wo sich jetzt nur ein Haufen Erde befindet, das Schlafzimmer, das Kinderzimmer und zwei Bäder errichtet werden. Zufrieden kehren sie an diesem Tag nach Hause zurück und freuen sich schon auf das Gießen der Bodenplatte, das Herr Preiswert für den nächsten Tag geplant hat. Dieses Schauspiel wollen sie sich nicht entgehen lassen.

Doch am nächsten Tag gibt es lange Gesichter, als sie auf der Baustelle eintreffen: In die Baugrube ist über Nacht Wasser eingesickert. Einer der Männer watet knietief darin. Aufgeregt rufen die Kurzens bei Herrn Preiswert an, der sich zu ihrer Überraschung nicht auf der Baustelle blicken hat lassen. Als sie ihn nach mehreren erfolglosen Versuchen endlich erwischen, ist er verärgert und tut so, als sei er an der Misere völlig unbeteiligt und unschuldig.

Schließlich stellt sich heraus, daß Herr Preiswert sich nicht ausreichend über die Grundwasserbewegungen auf dem Grundstück der Kurzens informiert hat. Also muß die Grube ausgepumpt und müssen Drainageleitungen gelegt werden.

Schon wieder müssen sich Herr und Frau Kurz fragen, wer das alles bezahlen soll.

Wann immer Probleme am Bauwerk auftauchen, glauben viele Bauherren, ihren Architekten dafür verantwortlich machen zu können. Das ist leicht nachvollziehbar, weil der Architekt in der Regel ja auch Herr der Planung ist. Tatsächlich geht die Haftung des Architekten jedoch nicht derart weit.

Rechtlich gesehen ist der Vertrag, der mit dem Architekten abgeschlossen wird, ein Werkvertrag im Sinne der §§ 631 ff. BGB. Das bedeutet, daß der Architekt den Erfolg seines Werkes und nicht nur die Verrichtung irgendwelcher Dienste schuldet. Dabei muß er natürlich nur für den Erfolg *seines* Werkes geradestehen. Was das umfaßt, sollte im Architektenvertrag genau geregelt sein. Normalerweise besteht das Werk des Architekten in der Planung und in der Bauüberwachung. Hat der Architekt dabei Fehler gemacht, muß er dafür einstehen, wenn dies zu Mängeln am Bauwerk geführt hat.

Mit anderen Worten haftet der Architekt typischerweise für Planungsfehler und für Fehler in der Objektüberwachung, sofern sich diese direkt auf das Bauwerk übertragen und dort als Baumangel zu Tage treten.

a) Planungsfehler

Fehler, die der Architekt schon in der Planung begeht, müssen sich zwangsläufig auf den Bau auswirken, sobald sich der Bauunternehmer beziehungsweise dessen Arbeiter bei der Errichtung des Baus nach dem Plan richten. Wenn der

Architekt also im Dachgeschoß die lichte Höhe versehentlich zu niedrig ansetzt und deshalb ein Raum entsteht, den man nicht aufrecht stehend betreten kann, so handelt es sich um einen typischen Planungsfehler, für den der Architekt zu haften hat. Andere Planungsfehler bestehen zum Beispiel darin, daß der Architekt die Kinderzimmer so plant, daß sie nicht der Größennorm für die Inanspruchnahme öffentlich-rechtlicher Fördermittel entsprechen.

Aber auch für technische Planungsfehler hat sich der Architekt zu verantworten: so zum Beispiel, wenn die vorgesehene Wärme- oder Schallisolierung unzureichend ist, wenn ausgewählte Baustoffe ungeeignet sind, die Drainage mangelhaft ist oder die Dehnungsfugen unzureichend bemessen sind.

Selbstverständlich hat der Architekt bei seiner Planung auch die Schwankungen des Grundwassers zu berücksichtigen. Er hat also, bevor er in die Detailplanung geht, die Boden- und Wasserverhältnisse des betreffenden Grundstücks zu untersuchen. Gegebenenfalls muß er sogar ein Bodengutachten in Auftrag geben, falls ihm das erforderlich erscheint.

Dies hat Herr Preiswert bei der Familie Kurz aber offensichtlich nicht getan, denn dann wäre der hohe Grundwasserpegel in diesem Bereich bekannt gewesen. Herr Preiswert hat also einen Fehler gemacht, der sich auf das Bauwerk auswirkt. Folglich muß er dafür haften. Familie Kurz kann Herrn Preiswert somit für alle Mehrkosten in Anspruch nehmen, die wegen der unterlassenen Bodenuntersuchungen entstanden sind.

b) Fehler bei der Bauüberwachung

Um es gleich vorweg zu sagen: Es gibt keine Vorschrift, die festschreibt, wie oft und wie lange sich der Architekt auf der Baustelle aufhalten muß, um die Bauarbeiten zu überwachen. Dies richtet sich nämlich, wie der Jurist so schön sagt, nach den Umständen des Einzelfalles. Es ist Aufgabe des Architekten, die Arbeiten „in angemessener Weise" zu beaufsichtigen und durch Kontrollen sicherzustellen, daß der Bau mangelfrei errichtet wird.

Das leuchtet auch ein: Es ist klar, daß die Anwesenheit des Architekten nicht unbedingt jede Minute des Tages erforderlich ist, wenn nur unproblematische Routinearbeiten von Handwerkern ausgeführt werden, die der Architekt zudem seit langem als zuverlässig kennt.

Umgekehrt bedeutet dies aber nicht, daß der Architekt sich auf einen gelegentlichen Besuch der Baustelle beschränken darf. Vielmehr ist er verpflichtet, den Bau regelmäßig und eingehend zu überwachen. Wie oft und wie lange der Architekt die Arbeiten auf der Baustelle beaufsichtigen muß, richtet sich vor allem nach dem Schwierigkeitsgrad der auszuführenden Arbeiten.

Bei schwierigen und gefährlichen Arbeiten trifft den Architekten eine besondere Aufsichtspflicht. Dazu zählen etwa alle Beton-, Abdichtungs-, Drainage-, Ausschachtungs-, Unterfangungs- oder Abbrucharbeiten. Handwerker, die der Architekt nicht für qualifiziert hält (zum Beispiel vom Bauherrn beschaffte Arbeiter), hat er besonders gut unter die Lupe zu nehmen und zu überwachen. Er kann sich also nicht darauf berufen, daß diese Arbeiter nicht von ihm eingesetzt wurden.

Anders ist das mit Arbeiten der Sonderfachleute. So ist der Architekt nicht verpflichtet, die Berechnungen des Statikers auf ihre Richtigkeit hin zu untersuchen.

Der Architekt hat aber nicht nur die Aufgabe, die Arbeiten auf dem Bau zu überwachen. Eine maßgebliche Aufgabe besteht auch darin, den zeitlichen Einsatz der am Bau beteiligten Handwerker zu koordinieren. Das bedeutet, daß er auch in Regreß genommen werden kann, wenn er dabei Fehler macht, die zu einem Vermögensschaden beim Bauherrn führen.

Läßt der Architekt also Baumaterialien anliefern, die auf der Baustelle noch nicht verwendet werden können, so muß er die Kosten für eine anderweitige Lagerung des Materials übernehmen.

c) Art und Umfang der Haftung

Solange die Arbeit des Architekten noch nicht abgenommen ist, hat der Bauherr Anspruch auf Erfüllung seines Vertrages. Das bedeutet, daß er bis dahin fehlerfreie Arbeit verlangen kann. Wenn also zum Beispiel Zeichnungen um wichtige Details oder Unterlagen für das Bauamt ergänzt werden müssen, weil ansonsten die Genehmigung nicht erteilt wird, so kann der Bauherr den Architekten zur Erfüllung seiner Verpflichtung auffordern.

WISO rät: In diesem Fall sollte der Bauherr dem Architekten schriftlich eine Frist setzen, innerhalb derer er die Beseitigung des Mangels erwartet. Die Frist sollte so bemessen sein, daß der Architekt den Fehler in der Zeit auch beheben kann. Nach Fristablauf kann der Bauherr einen anderen Architekten mit der Nachbesserung der fehlerhaften Planung beauftragen.

Muster Fristsetzung mit Ablehnungsandrohung:

Herbert und Helene Kurz
Lange Straße 50
12345 Musterstadt

Herrn Architekten
Alois Preiswert

Hoppestr. 65
12345 Musterstadt

Musterstadt, den . . . .

Bauvorhaben: Brunnenweg 25 in Musterstadt

Sehr geehrter Herr Architekt,

wie Sie uns mitgeteilt haben, wurde die Baugenehmigung bislang noch nicht erteilt,
weil folgende Unterlagen fehlen:

a) . . . .
b) . . . .
Die Fertigung dieser Pläne liegt in Ihrem Aufgabenbereich.

Wir fordern Sie daher auf, die erforderlichen Unterlagen unverzüglich zu beschaffen
und dem Bauamt vorzulegen.
Da wir nicht länger warten können, setzen wir Ihnen hiermit eine letzte Frist bis zum

. . . .

Sollten die Unterlagen bis dahin nicht eingereicht worden sein, legen wir auf eine
weitere Zusammenarbeit keinen Wert mehr und kündigen den Vertrag.

Mit freundlichen Grüßen

. . . .

In den meisten Fällen ist eine Nachbesserung allerdings nicht möglich. Insbesondere dann nicht, wenn sich der Fehler des Architekten erst offenbart, wenn das Bauwerk schon steht, zum Beispiel wenn man sich im zu niedrig geplanten Dachgeschoß den Kopf stößt. Dann nützt auch eine nachträgliche Änderung der Pläne nichts mehr.

Ebensowenig ist eine Nachbesserung mangelhafter Bauaufsicht durch den Architekten möglich: Ist die Wand erst einmal falsch gesetzt, ist eine Korrektur sofort mit Mehrkosten verbunden.

In diesen Fällen hat der Bauherr das Recht auf Rücktritt, Minderung und Schadenersatz.

Unter Rücktritt versteht man, den betreffenden Vertrag rückgängig zu machen. Das kommt sinnvollerweise dann nicht in Betracht, wenn der Vertrag bereits in die Realität umgesetzt wurde.

Da hilft schon eher die Minderung. Wenn man einen Vertrag mindert, so reduziert man den Preis. Im vorliegenden Fall kann der Bauherr also das Honorar des Architekten herabsetzen. Um wieviel die Rechnung reduziert werden kann, läßt sich nicht pauschal sagen. Dies richtet sich nicht zuletzt danach, welchen Fehler der Architekt gemacht hat und wie sich dieser auf das Bauwerk ausgewirkt hat.

Eine Minderung stellt allerdings in den meisten Fällen keine endgültig befriedigende Lösung dar, da es sich bei den Mängeln in der Regel um solche handelt, die auch behoben werden müssen. Wenn der Architekt zum Beispiel die Drainage falsch konzipiert, so daß der Keller später feucht ist und sich Schimmelpilze bilden, so ist dem Bauherrn allein damit, daß er das Architektenhonorar mindert, nicht gedient. In einem solchen Fall liegt die einzige Lösung darin, den Schaden zu beheben. Dann macht es Sinn, daß der Bauherr diese Kosten nicht selbst trägt, sondern vom Architekten in dieser Höhe Schadenersatz verlangt.

Schadenersatz kann der Bauherr nach § 635 BGB aber nur beanspruchen, wenn den Architekten ein Verschulden an dem Fehler trifft. Ein Verschulden ist dann zu bejahen, wenn der Architekt vorsätzlich oder fahrlässig gehandelt hat.

Vorsätzliches Handeln wird dem Architekten wohl selten vorgeworfen werden können, weil nicht davon auszugehen ist, daß der Architekt absichtlich Fehler macht.

Fahrlässigkeit kommt dagegen häufiger in Betracht. Der Architekt handelt fahrlässig, wenn er die im Verkehr gebotene Vorsicht außer acht läßt. Ob dies der Fall ist, richtet sich wieder nach den jeweiligen Umständen des Einzelfalles und läßt sich nicht generell sagen.

Was bedeutet aber die Leistung von Schadenersatz? Schuldet der Architekt die Leistung von Schadenersatz, ist er grundsätzlich verpflichtet, den Zustand herzustellen, der vorläge, wenn er den Fehler nicht gemacht hätte. Er kann also alle Kosten übernehmen, die infolge seiner schlechten Leistung angefallen sind.

Muster Geltendmachung von Schadenersatz: (siehe nächste Seite)

In der Regel ist es aber sinnvoller, dem Architekten innerhalb einer angemessenen Frist die Gelegenheit zu geben, den Schaden mit eigenen Mitteln wiedergutzumachen. Oft hat ein Architekt mit seinen Verbindungen nämlich die Möglichkeit, einen Fehler auf kostengünstigerem Wege zu beheben als der Bauherr. Wenn dies der Fall ist, dann ist der Bauherr sogar dazu verpflichtet, den Architekten dazu aufzufordern. Der Bauherr hat nämlich die Pflicht, den Schaden so klein wie möglich zu halten.

Schadenersatz kann der Bauherr zum Beispiel auch verlangen, wenn der Architekt (vorsätzlich oder fahrlässig) Fehler bei der Auftragsvergabe gemacht hat. Hat der Architekt zum Beispiel den Auftrag an den Schreiner B vergeben, obwohl der Schreiner A die gleiche Leistung bei gleicher bewiesener Qualität preislich günstiger angeboten hatte, so muß der Architekt die Differenz zwischen den tatsächlichen und den günstigeren Preisen tragen.

Sollte der Bauherr seinen Schadenersatzanspruch vor Gericht geltend machen müssen, weil – wie das häufig der Fall ist – der Architekt alles von sich weist, so muß der Bauherr darlegen und vor allem beweisen, daß der Architekt eine mangelhafte Leistung erbracht hat. Dagegen muß er nicht beweisen, daß der Architekt vorsätzlich oder fahrlässig gehandelt hat. Es ist Aufgabe des Architekten, das Gegenteil zu beweisen.

Herbert und Helene Kurz
Lange Straße 50
12345 Musterstadt

Herrn Architekten
Alois Preiswert
Hoppestr. 65
12345 Musterstadt

Musterstadt, den ....

Bauvorhaben: Brunnenweg 25 in Musterstadt

Sehr geehrter Herr Architekt,

wie Ihnen bekannt ist, ist die Baugrube unseres Bauvorhabens kurz nach der Ausschachtung
voll Wasser gelaufen. Ursache war der hohe Grundwasserstand im Bereich des Grundstücks.
Das hätten Sie berücksichtigen müssen. Beim Bau eines Hauses mit Keller sind Sie nach der
Rechtsprechung verpflichtet, sich nach dem höchsten, bisher gemessenen Grundwasserstand zu
erkundigen und Ihre Planung nach diesem Wert auszurichten, indem Sie einen Sicherheitszu-
schlag von 30 Zentimetern berechnen (OLG Düsseldorf, 22 U 257/92).
Weil Sie dies verabsäumt haben und die Baugrube voll Grundwasser gelaufen ist, sind Sie
vepflichtet, die uns dadurch entstandenen Kosten zu tragen:

1. .... Euro
2. .... Euro
3. .... Euro
Summe   .... Euro

Wir werden diesen Betrag von Ihrer Schlußrechnung einbehalten.
Bzw.: Wir erwarten Zahlung dieses Betrages bis zum .... auf unser Konto
(Kto.-Nr., Bank, BLZ).

Mit freundlichen Grüßen

....

94

10. Verzögerte Fertigstellung des Baus

Fall 7

Familie Lang steht unter Druck. Ihr Haus wird nicht rechtzeitig fertig. Der Architekt hat im Vertrag zugesagt, daß der Bau zum 1. Oktober bezugsfertig sein wird. Jetzt ist daran nicht mehr zu denken. Familie Lang kann froh sein, wenn der Bau bis Ende November so weit fertiggestellt ist, daß sie dort wenigstens behelfsmäßig wohnen kann. Leider haben sich die Langs auf die Zusage im Vertrag verlassen und ihre Mietwohnung zum 30. September gekündigt. Jetzt stellt sich die Frage, was sie tun sollen.

Ähnliche Fälle sind häufig Gegenstand gerichtlicher Klagen. Zu Verzögerungen kann es aus den unterschiedlichsten Gründen kommen. So ist nicht selten der Zeitplan falsch koordiniert, weil zum Beispiel nötige Abtrocknungszeiten zu kurz bemessen wurden. Beispielsweise kann der Fußboden erst gelegt werden, wenn der Estrich völlig abgebunden hat. Wurden die Handwerker, die den Fußboden legen sollen, aber zu früh bestellt, so kann dies dazu führen, daß sich der gesamte Zeitplan um Wochen nach hinten verschiebt. Es kann zuweilen sehr lange dauern, bis die Fußbodenleger wieder Zeit für diese Baustelle finden. Von ihnen hängen aber wieder andere Handwerkerarbeiten ab.

Zu Verzögerungen kann aber auch schlicht und einfach das Wetter führen. Solange das Dach noch nicht gedeckt ist, können lange Regenperioden verhindern, daß weitergebaut wird.

Solche Verzögerungen können für den Bauherrn unangenehm werden. Hat er nämlich wie die Langs seine Mietwohnung zu früh gekündigt und kann das Haus noch nicht beziehen, stellt sich die Frage, wo er in der Zwischenzeit wohnen soll und wo die Möbel zwischengelagert werden.

Der Architekt haftet für Kosten, wenn er im Vertrag eine Fertigstellung zu einem bestimmten Datum zugesagt hat und dieser Termin überschritten wird. Ist der Fertigstellungszeitpunkt im Vertrag auf andere Weise beschrieben (zum Beispiel „ein halbes Jahr nach Erteilung des Baufreigabescheines"), tritt ein Verzug erst dann ein, wenn der Bauherr dem Architekten deswegen eine Mahnung ausspricht.

In allen diesen Fällen ist der Architekt verpflichtet, den Schaden zu tragen, der durch die verspätete Fertigstellung des Baus entsteht.

Eine Ausnahme besteht, wenn der Architekt die Verzögerung nicht zu vertreten hat, wenn ihm also weder Vorsatz noch Fahrlässigkeit nachgewiesen werden können. Dies ist jedoch nur in seltenen Ausnahmefällen so, zum Beispiel wenn er schwer erkrankt und trotz eigener Bemühungen nicht rechtzeitig einen Kollegen findet, der seine Verpflichtungen übernimmt.

Hat der Architekt Schadenersatz für den Verzögerungsschaden zu leisten, so muß er zum Beispiel auch die Hotelkosten übernehmen, die anfallen, weil der Bauherr seine Mietwohnung zum vereinbarten Umzugszeitpunkt gekündigt hat. War vorgesehen, daß das zu errichtende Bauwerk oder die Wohnungen darin vermietet werden sollten, so hat der Architekt auch den Mietausfall zu tragen, der durch eine verzögerte Fertigstellung in Folge falscher Koordinierung entsteht.

Muster Verspätete Fertigstellung: (siehe folgende Seite)

11. Überschreitung der Bausumme

Fall 8

Herr und Frau Groß sind mehr als verärgert. Sie haben sich mit ihrem Architekten, Herrn Kleinlich, lang und breit über den Kostenrahmen unterhalten, den der Bau nicht überschreiten sollte. Schließlich hat sich Herr Kleinlich breitschlagen lassen, folgende Passage in den Vertrag aufzunehmen: „Die Herstellungskosten dürfen 150.000 Euro nicht überschreiten."

Jetzt stellt sich aber heraus, daß Herr Kleinlich schon 165.000 Euro verbaut hat. Die Eheleute Groß müssen nachfinanzieren, und das zu einem äußerst ungünstigen Zinssatz. Sie fragen sich, ob sie Herrn Kleinlich für diese Mehrkosten belangen können.

Ein in der Praxis häufig vorkommender Fall vor deutschen Gerichten: Der Bau wird teurer als vorgesehen. Voraussetzung einer Haftung des Architekten wegen Bausummenüberschreitung ist zunächst einmal, daß zwischen Bauherrn und Architekten feste und klare Vereinbarungen über die Höhe der Bausumme getroffen werden.

WISO rät: Der Bauherr sollte dem Architekten frühestmöglich klare Angaben über die Höhe der Bausumme geben, die er bereit und in der Lage ist, für den Hausbau zur Verfügung zu stellen.

Herbert und Helene Kurz
Lange Straße 50
12345 Musterstadt

Herrn Architekten
Alois Preiswert

Hoppestr. 65
12345 Musterstadt

Musterstadt, den . . . .

Bauvorhaben: Brunnenweg 25 in Musterstadt

Sehr geehrter Herr Architekt,

Sie hatten sich vertraglich zur Fertigstellung unseres o. g. Bauvorhabens bis zum
. . . . verpflichtet.

Tatsächlich konnten wir den Bau erst am . . . . beziehen.
Dadurch sind uns folgende Kosten entstanden:

1. . . . . Euro
2. . . . . Euro
3. . . . . Euro

Die verspätete Fertigstellung des Baus ist von Ihnen zu vertreten. Sie sind daher auch
verpflichtet, die entstandenen Kosten zu übernehmen.

Wir fordern Sie daher auf, den Betrag in Höhe von . . . . . . Euro auf unser Konto,
Nr. . . . . . , bei der X-Bank (BLZ . . . .) bis zum . . . . zu überweisen.

Mit freundlichen Grüßen

. . . .

Es kommt aber entscheidend auf die Formulierung im Vertrag an, ob der Architekt bei einer Bausummenüberschreitung selbst haftet oder nicht. Der Architekt muß nämlich nur dann jeden Pfennig der Überschreitung dieser Vorgabe selbst bezahlen, wenn er die Einhaltung der vereinbarten Bausumme *garantiert* hat.

Es liegt auf der Hand, das dies nur in den allerwenigsten Fällen so sein wird. Denn welcher Architekt ist sich seiner Kalkulation so sicher, daß er garantiemäßig für sie einstehen will, zumal die Kosten eines Baus nicht zuletzt von den Lohnschwankungen, dem Wetter und vielen anderen Unwägbarkeiten abhängen.

Trotzdem lassen manche Formulierungen in den Bauverträgen vermuten, es sei eine Garantiesumme vereinbart worden. Das täuscht jedoch. Die Formulierung im Vertrag der Familie Groß stellt zum Beispiel keine Bausummengarantie dar. Von einer Garantie kann man nämlich nur ausgehen, wenn eine persönliche Verpflichtung des Architekten verankert wird. Deshalb muß die Wortwahl in etwa wie folgt lauten: „Der Architekt verpflichtet sich, das Bauvorhaben zu Gesamtbaukosten von höchstens xxxx Euro zu erstellen. Er haftet für die Einhaltung dieses Betrages. Mehrkosten trägt er selbst." Glücklich der Bauherr, dem es gelungen ist, eine solche Garantiezusage in den Vertrag aufnehmen zu lassen. Wie gesagt, stellt dies die absolute Ausnahme dar.

Ansonsten kommt eine Haftung des Architekten nur in Betracht, wenn die Überschreitung der Bausumme von ihm zu vertreten ist. Mit anderen Worten muß die Schuld für die Baukostenüberschreitung bei ihm liegen. Das ist zum Beispiel der Fall, wenn er schlicht und einfach vergessen hat, notwendige Kosten einzuplanen, aber auch, wenn er vorsätzlich oder fahrlässig ungünstige Vertragsabschlüsse mit Handwerkern oder dem Bauunternehmer getätigt hat. Er muß also zahlen, wenn man ihm nachweisen kann, daß er die vereinbarte Bausumme hätte einhalten können, wenn er das Angebot einer anderen Firma, die ebenso gut arbeitet, angenommen hätte.

Eine Haftung des Architekten kommt aber auch in Betracht, wenn sich der Bau verteuert, weil der Architekt aus ästhetischen Gründen Änderungen vorgenommen hat, ohne dies mit dem Bauherrn abzusprechen. Darüber hinaus ist ein Verschulden des Architekten anzunehmen, wenn der Bauherr plötzlich Sonderwünsche äußert und der Architekt sie realisiert, ohne den Bauherrn darauf hinzuweisen, daß sich die Baukosten dadurch erhöhen.

Aber Achtung: Auch dann muß der Architekt nicht jeden Pfennig der überschrittenen Bausumme aus eigener Tasche bezahlen! Die Rechtsprechung billigt dem Architekten aus den schon erwähnten Gründen einen Spielraum zu. Bedauerlicherweise gibt es dabei jedoch keine festen Regeln. Manche Gerichte sehen die Grenze bei einer 27prozentigen Überschreitung noch nicht erreicht; andere Gerichte halten sogar die Überschreitung von 58% für akzeptabel. Es kommt – wieder einmal – auf die Umstände des Einzelfalles an.

WISO rät: In der Regel spricht eine Bausummenüberschreitung von mehr als 30% aber schon für ein Verschulden des Architekten.

Selbst dann zahlt der Architekt noch nicht unbedingt alles selbst. Man muß sich nämlich klar sein, daß er nur den Ersatz eines Schadens schuldet. In dem Fall, in dem die Bausummenüberschreitung gleichzeitig dazu führte, daß das Gebäude auch einen höheren Wert hat, muß sich der Bauherr dies in einem gewissen Umfang anrechnen lassen. Im konkreten Fall ist also auch zu ermitteln, ob der Verkehrswert aufgrund des vom Architekten verschuldeten Mehraufwandes gestiegen ist.

12. Verjährung

Es wäre natürlich unbillig, wenn der Architekt für unbegrenzte Zeit haften würde. Die Frage, wann die Ansprüche gegen den Architekten verjähren, kann im Vertrag geklärt sein. Ist dies nicht der Fall, so tritt grundsätzlich die gesetzliche Regelung des § 634a Abs. 1 Nr. 2 BGB in Kraft, wonach die Ansprüche des Bauherrn gegen den Architekten fünf Jahre nach der Abnahme verjähren.

Das bedeutet, daß der Architekt grundsätzlich nach dieser Zeit für seine Fehler nicht mehr zu belangen ist. Um die Ansprüche gegen den Architekten zu sichern und sie nicht verjähren zu lassen, muß der Bauherr also vor Fristablauf Klage erheben oder das selbständige Beweisverfahren anstrengen (dazu mehr unter Kapitel VIII.13).

VI.

ÄRGER MIT DER BAUBEHÖRDE

1. Fall

Herr Klein hat im Lotto gewonnen. Mit dem Geld will er sich einen langge-hegten Wunsch erfüllen und ein eigenes Haus bauen. Er weiß auch schon wo: Er kennt ein wunderschönes Fleckchen Erde, das seinem Bekannten, dem Bauern Pfiffig, gehört. Weit und breit stört kein Nachbar, weil es inmitten der freien Natur am Waldrand liegt.

Mit Pfiffig wird er sich schnell handelseinig, weil dieser ohnehin keine Verwendung für das Grundstück hat. Im Nu ist ein Termin beim Notar verein-bart. Ehe es sich Herr Klein versieht, ist er Eigentümer dieses wunderbaren Grundstücks.

Um keine Zeit zu verlieren, beauftragt er einen Architekten, ihm einen Vorschlag für ein Einfamilienhaus zu unterbreiten. Der runzelt schon die Stirn, als er hört, wo sich das Grundstück befindet. Dennoch arbeitet er ohne weiteres Nachfragen nach den Vorstellungen des Herrn Klein mehrere Pläne für ein Einfamilienhaus aus. Schließlich legt er den Plan, der Herrn Klein am besten gefällt, der Baubehörde zur Genehmigung vor.

Nach drei Wochen kommt Post von der Baubehörde: Der Antrag wird ab-gelehnt! Zur Begründung schreibt Oberinspektor Pingelig: Das zu bebauende Grundstück befindet sich im Außenbereich, in dem das Bauen grundsätzlich nicht erlaubt ist. Das Haus von Herrn Klein zählt als ganz gewöhnliches Wohnhaus auch nicht zu den privilegierten Vorhaben, die ausnahmsweise im Außenbereich errichtet werden dürfen.

Herr Klein ist schrecklich enttäuscht. Nun hat er für viel Geld ein Grund-stück erworben und darf es nicht bebauen! Er fragt sich, ob es Sinn macht, ge-gen die Ablehnung der Baubehörde vorzugehen.

2. Allgemeines

Es ist schon richtig: Grundsätzlich kann jeder mit seinem Eigentum anstellen, was er möchte. Doch wo es einen Grundsatz gibt, da gibt es auch Ausnahmen. Diese greifen immer dann, wenn Gefahr besteht, daß ein anderer oder die Allgemeinheit durch die Ausübung des Eigentumsrechtes gestört wird. Um das zu verhindern, bedarf in Deutschland jede „bauliche Anlage", die errichtet, verändert oder deren Nutzen abgeändert wird, einer Baugenehmigung. Dabei muß diese bauliche Anlage keineswegs immer nur ein Gebäude sein. Ab einer bestimmten Größe muß zum Beispiel sogar schon eine Reklametafel genehmigt werden. Diese Genehmigung liegt natürlich nicht in der Willkür der Behörden: Wenn die bauliche Anlage den Vorschriften entspricht, hat der Eigentümer einen *Anspruch* darauf, daß die Genehmigung erteilt wird.

3. Voraussetzungen für die Erteilung einer Baugenehmigung

Wie bereits erwähnt, hat der Eigentümer einen Rechtsanspruch auf die Erteilung der Baugenehmigung, wenn das Bauvorhaben mit den öffentlich-rechtlichen Vorschriften in Einklang steht. Dabei bezieht sich die Genehmigung immer auf das konkrete Vorhaben, unabhängig von der Person des Eigentümers. Wird das Grundstück also zum Beispiel verkauft, gilt die Baugenehmigung auch für den Käufer.

WISO rät: Die Baugenehmigung hat keine unbegrenzte Gültigkeitsdauer. Sie erlischt, wenn nicht innerhalb einer bestimmten Zeitspanne mit dem Bau begonnen wurde. Diese Frist ist von Bundesland zu Bundesland unterschiedlich lang. Wenn der Bauherr also merkt, daß sich der Baubeginn verzögert oder der Bau zwischendurch zum Ruhen kommt, sollte er sich rechtzeitig um eine Verlängerung der Baugenehmigung kümmern.

Ob und wie ein Grundstück bebaut werden kann, richtet sich danach, wo es liegt. Genauer gesagt danach, ob es im Bereich eines Bebauungsplanes, im Innen- oder im Außenbereich liegt.

WISO rät: Bevor der zukünftige Bauherr das ins Auge gefaßte Grundstück kauft, sollte er sich unbedingt über die Frage Gewißheit verschaffen, in welchem dieser Gebiete sich das Grundstück befindet. Dazu können die Mitarbeiter des zuständigen Bauamtes Auskunft erteilen.

Das zuständige Bauamt findet man am einfachsten durch einen Anruf bei der Gemeindeverwaltung. Bei dieser Gelegenheit sollte man gleich fragen, zu welchen Zeiten eine Einsichtnahme in die Pläne möglich ist und wann ein Mitarbeiter des Amtes dabei behilflich sein kann.

4. Bebaubarkeit eines Grundstücks

Tatsächlich darf nicht jedes Grundstück bebaut werden. Selbst wenn es in einem Plan bereits als bebaubar ausgewiesen wird, bedeutet dies noch nicht automatisch, daß ein unmittelbarer Rechtsanspruch auf Bebauung besteht. Es könnte sich nämlich auch nur um ein sogenanntes „Bauerwartungsland" handeln.

„Bauerwartungsland" ist kein juristisch exakt definierter Begriff. Im allgemeinen Sprachgebrauch versteht man darunter die Grundstücke, die in einem Flächennutzungsplan als Bauland ausgewiesen sind. Beim Flächennutzungsplan handelt es sich aber nur um die Grobplanung der Gemeinde, wie sie in Zukunft den Boden nutzen will. Aus dem Flächennutzungsplan kann man keinen Rechtsanspruch auf Bebaubarkeit eines Grundstücks ableiten. Mit anderen Worten: Wenn ein Grundstück als „Bauerwartungsland" ausgewiesen ist, erhöht das zwar die Wahrscheinlichkeit (und auch die Grundstückspreise), daß das Grundstück später einmal bebaut werden darf. Aber niemand kann die Gemeinde darauf verklagen, eine Baugenehmigung für dieses Land zu erteilen.

Das kommt erst in Frage, wenn das „Bauerwartungsland" „Bauland" geworden ist. „Bauland" wird ein Grundstück dann, wenn es in einem Bebauungsplan als bebaubar ausgewiesen ist. Ein Bebauungsplan ist eine Satzung, die von der Gemeinde beschlossen wird. Durch den Ratsbeschluß und die Verkündung werden die im Bebauungsplan getroffenen Festsetzungen verbindlich. Ist ein Grundstück also als Bauland im Bebauungsplan ausgewiesen, so hat der Eigentümer dieses Grundstücks Anspruch darauf, eine Baugenehmigung erteilt zu bekommen, wenn das von ihm geplante Vorhaben den Festsetzungen des Bebauungsplanes entspricht.

5. Vorliegen eines Bebauungsplanes

Mit dem Bebauungsplan bestimmt die Gemeinde, welches Gesicht das Gebiet tragen soll, wenn es bebaut ist. Ob die jetzt noch grüne Wiese also später mit Einfamilienhäusern besiedelt ist oder ob dort die Industrieschornsteine in den

Himmel wachsen, ist eine Entscheidung der Kommune. Dabei entwickeln die meisten Gemeinden sehr konkrete Vorstellungen. Aus diesem Grund bleibt dem Bauherrn selten viel Spielraum in der Gestaltung des Gebäudes, wenn ein Bebauungsplan vorliegt.

Der Bebauungsplan enthält in der Regel Vorgaben über Art und Maß der baulichen Nutzung, zur Bauweise, insbesondere Angaben zu den überbaubaren Grundstücksflächen und der Stellung der baulichen Anlage, der Mindestgröße, -breite und -tiefe der Baugrundstücke sowie zu den Verkehrs- und Grünflächen.

Die Art der baulichen Nutzung wird durch den Gesetzgeber in verschiedene Kategorien eingeteilt. Nach der Baunutzungsverordnung kann ein Baugebiet in folgende Klassen eingeteilt werden (die in Klammern gesetzten Buchstabenkombinationen kennzeichnen die im Bebauungsplan ausgewiesenen Gebiete):

Kleinsiedlungsgebiete (WS);	Mischgebiete (MI);
Reine Wohngebiete (WR);	Kerngebiete (MK);
Allgemeine Wohngebiete (WA);	Gewerbegebiete (GE);
Besondere Wohngebiete (WB);	Industriegebiete (GI);
Dorfgebiete (MD);	Sondergebiete (SO).

Mit dieser Festlegung wird bestimmt, zu welchen Zwecken das Gebäude benutzt werden darf. In einem reinen Wohngebiet, also in einem Gebiet, das im Plan mit „WR" gekennzeichnet ist, dürfen die Bauten grundsätzlich nur zum Wohnen verwendet werden. Darüber hinaus werden nur Läden und nicht störende Handwerksbetriebe gestattet, die zur Deckung des täglichen Bedarfs für die Bewohner des Gebietes dienen. Ausnahmsweise können auch kleine Betriebe des Beherbergungsgewerbes und Anlagen für soziale Zwecke erlaubt werden sowie Anlagen, die den Bedürfnissen der Bewohner für kirchliche, kulturelle, gesundheitliche oder sportliche Zwecke dienen. Eine Tankstelle würde aber zum Beispiel nicht genehmigt werden.

Anders liegt die Sache, wenn das Gebiet zum Beispiel mit „MD", also als Dorfgebiet gekennzeichnet wurde. Dann sind neben Wohnhäusern unter anderem auch Ställe oder Gewerbebetriebe zulässig.

Vorgeschrieben wird im Bebauungsplan dann auch die Bauweise. Dabei wird festgeschrieben, ob dort nur Einzelhäuser errichtet werden dürfen oder ob auch Doppelhäuser erlaubt sind.

Meistens enthält der Bebauungsplan auch Angaben zur Grund- und Geschoßflächenzahl. Die Grundflächenzahl bestimmt, welcher Anteil des Grundstückes überhaupt bebaut werden darf. Findet sich im Bebauungsplan zum

Beispiel die Angabe „GRZ: 0,8", dann bedeutet dies, daß auf einem 1.000 m^2 großen Grundstück ein Gebäude mit einer Grundfläche von 800 m^2 gebaut werden darf.

Die Geschoßflächenzahl legt fest, welche Geschoßfläche an dieser Stelle erlaubt ist. Ist im Plan also „GFZ: 1,2" vermerkt, so ist damit festgelegt, daß auf einem 1.000 m^2 großen Grundstück maximal 1.200 m^2 Geschoßfläche geschaffen werden darf.

Oft geht die Gemeinde mit ihren Festlegungen noch weiter und bestimmt auch, ob Flach-, Pult- oder Walmdächer gebaut werden dürfen. Häufig genug wird sogar festgelegt, ob das Grundstück mit einem Jägerzaun oder mit einer Hecke umfriedet werden soll.

WISO rät: Viele Details zur Bebaubarkeit der Grundstücke ergeben sich aus dem Textteil zum Bebauungsplan. Um also unangenehmen Überraschungen vorzubeugen, sollte man sich auch den Textteil dazu vorlegen lassen, wenn man den Bebauungsplan einsieht.

Natürlich gibt es immer Ausnahmen von den Festsetzungen des Bebauungsplanes. Dies ist zum einen dann der Fall, wenn Ausnahmen im Bebauungsplan nach Art und Umfang ausdrücklich vorgesehen sind (§ 31 Abs. 1 BauGB). Falls nicht, besteht, wenn auch sehr selten, die Möglichkeit, eine Befreiung von den Festsetzungen des Bebauungsplanes zu erwirken. Das ist dann möglich, wenn

- die Gründe des Wohls der Allgemeinheit die Befreiung erfordern oder
- die Abweichung städtebaulich vertretbar ist und die Grundzüge der Planung nicht berührt werden oder
- die Durchführung des Bebauungsplanes zu einer offenbar nicht beabsichtigten Härte führen würde (§ 31 Abs. 2 BauGB) und
- die Abweichung auch unter Würdigung nachbarlicher Interessen mit den öffentlichen Belangen vereinbar ist.

Nach dieser Definition wird schnell deutlich: Eine Befreiung wird eigentlich nur erteilt, wenn ein ganz atypischer Sonderfall vorliegt.

WISO rät: Der Bauherr sollte sich den Bebauungsplan vor dem Kauf des Grundstückes durch einen Experten erläutern lassen. Dann ist es noch nicht zu spät, falls sich dabei herausstellen sollte, daß das Wunschhaus an dieser Stelle nicht gebaut werden darf.

Damit eine Baugenehmigung erteilt wird, muß außerdem die Erschließung gesichert sein. Das bedeutet, das Grundstück oder zumindest der Teil, der bebaut werden soll (BVerwG – 8 B 171.94; ZfBR 195, 352 = IBR 1995, 352), muß an die Strom- und Wasserversorgung sowie die Abwasserentsorgung angeschlossen sein. Ist das nicht zu gewährleisten, wird keine Baugenehmigung erteilt.

6. Bauen im „Innenbereich"

Die Sachlage ist anders, wenn für das Gebiet, in dem das geplante Gebäude stehen soll, kein Bebauungsplan existiert. Dann stellt sich die entscheidende Frage, ob das zu bebauende Grundstück dem Innen- oder Außenbereich zuzuordnen ist. Günstiger ist es, wenn es sich im Innenbereich befindet. Dann ist eine Bebauung zumindest grundsätzlich nicht ausgeschlossen, wie das beim Außenbereich üblich ist.

Im Innenbereich liegt das Grundstück, wenn es sich „innerhalb eines im Zusammenhang bebauten Ortsteiles" befindet. Das ist der Fall, wenn die vorhandene Bebauung den Eindruck der Geschlossenheit und Zusammengehörigkeit erweckt und Ausdruck einer organischen Siedlungsstruktur ist. Ob dies im konkreten Einzelfall so ist, läßt sich nicht immer leicht entscheiden. Häufig urteilen über diese Frage letztlich die Richter des Verwaltungsgerichtes.

So kann ein im Zusammenhang bebauter Ortsteil auch dann vorliegen, wenn eines der Gebäude in bezug auf andere vorhandene Gebäude als ein Fremdkörper empfunden wird (VGH Baden-Württemberg – 3 S 379/95; IBR 1997,37).

Allerdings besitzt eine Ansammlung von nur vier Wohngebäuden in der Regel nicht das für einen im Zusammenhang bebauten Ortsteil erforderliche Gewicht (BVerwG- 4 G 77/94; IBR 1995, 71). Die Definition an festen Zahlen festzumachen, ist aber auch falsch, weil es immer auf die jeweiligen Verhältnisse in den betreffenden Landschaften ankommt (BVerwG; ZfBR 1984, 151). So hat das Bundesverwaltungsgericht es für möglich gehalten, in einem dünn besiedelten Gebiet bei einer Bebauung mit sechs Gebäuden noch von einem Innenbereich auszugehen (BVerwG; BRS 22 Nr. 76).

Das städtebauliche Gewicht eines Ortsteiles muß jedenfalls über das einer Splittersiedlung hinausgehen (BVerwG; BRS 25 Nr. 41).

Man darf aber nun nicht denken, daß „Innenbereich" nur die City ist. Auch die Vororte gehören zum „Innenbereich", solange der Eindruck einer geschlossenen Siedlungsstruktur besteht. Allerdings werden für diese Bereiche üblicherweise Bebauungspläne aufgestellt.

Um diese Unsicherheiten zu beseitigen, besteht für die Gemeinde zudem die Möglichkeit, die Fläche des Gemeindegebietes, die zum Innenbereich gehören soll, per Satzung zu definieren (§ 34 Abs. 4 Nr. 1 BauGB). Wohlgemerkt muß der Gemeinderat einen dementsprechenden Beschluß gefaßt haben. Bloß mündlich geäußerte Ansichten einzelner Gemeindebediensteter oder politischer Vertreter sind unerheblich (BVerwG 4 B 109,94; ZfBR 1994, 294= IBR 1995,27). Ob das Grundstück noch im Innenbereich liegt, kann in letzter Konsequenz nur der Verwaltungsrichter entscheiden.

Innerhalb dieses Innenbereichs ist ein Bauvorhaben genehmigungsfähig, wenn es sich in die Bebauung der Umgebung „einfügt". Wann dies der Fall ist, hängt ebenfalls vom Einzelfall ab. Allgemein läßt sich aber sagen, daß das Bauvorhaben den Rahmen nicht überschreiten darf, der durch die vorhandene Bebauung gebildet wird. Wenn zum Beispiel in der Umgebung des betreffenden Grundstücks eine zwei- bis viergeschossige Bebauung vorherrscht, so darf das zu errichtende Haus zwei, drei oder vier Geschosse aufweisen. Ein ein- oder ein fünfgeschossiges Gebäude würde sich nicht mehr einfügen und wäre deshalb unzulässig.

Bei der Frage, ob sich das Gebäude der Art der baulichen Nutzung nach einfügt, kommt wieder die bereits erwähnte Baunutzungsverordnung ins Spiel. Wenn nämlich die nähere Umgebung einem Gebiet entspricht, das in der Baunutzungsverordnung charakterisiert und kategorisiert wird, so gelten dort die betreffenden Bestimmungen der Baunutzungsverordnung, obwohl gar kein Bebauungsplan vorliegt. Mit anderen Worten: Gilt es, eine freie Fläche in einem Gebiet zu bebauen, in dem kein Bebauungsplan vorliegt, das aber auch ohne diesen ausschließlich mit Einfamilienhäusern bebaut ist, so gelten die Bestimmungen für ein reines Wohngebiet. Die Freifläche darf dann grundsätzlich nur mit einem Wohngebäude bebaut werden. Ausnahmsweise darf das Gebäude als Einkaufsladen für den täglichen Gebrauch verwendet werden. Eine Tankstelle dürfte zum Beispiel dort wieder nicht gebaut werden.

Selbstverständlich gibt es von diesen Grundsätzen wieder Ausnahmen, so daß im Zweifel der Einzelfall rechtlich zu überprüfen ist.

7. Bauen im „Außenbereich"

Liegt das fragliche Grundstück nun nicht im Geltungsbereich eines Bebauungsplanes und ist es auch nicht dem Innenbereich zuzurechnen, dann gehört es zum Außenbereich. Dort darf grundsätzlich nicht gebaut werden. Der Hintergrund ist, daß die „Landschaft" der Erholung der gesamten Bevölkerung dienen und deswegen eine Zersiedlung vermieden werden soll.

Andererseits gibt es bauliche Anlagen, die zwar gebaut werden müssen, bei denen aber gewichtige Gründe dagegen sprechen, sie in der City anzusiedeln. Kernkraftwerke, Windräder oder bestimmte landwirtschaftliche Anlagen sind zum Beispiel im Innenbereich der Städte undenkbar. Aus diesem Grund ist das generelle Bauverbot für diese Anlagen aufgehoben.

Ansonsten ist die Bebauung ausnahmsweise nur gestattet, wenn öffentliche Belange nicht entgegenstehen. Das ist aber meistens der Fall, denn wenn die Erholungsfunktion beeinträchtigt wird, ist dies schon ein Belang der Öffentlichkeit, der die Bebauung im Außenbereich meistens verhindert.

WISO rät: Zusammengefaßt dürfte eines ziemlich deutlich geworden sein: Erst wenn man sich davon überzeugt hat, daß das Grundstück wie geplant bebaut werden darf, sollte man den Architekten damit beauftragen, einen Plan zu erstellen.

8. Erteilung einer Baugenehmigung

Wenn die vom Architekten gefertigten Pläne dem Bauherrn gefallen, legt er sie der Baubehörde zur Genehmigung vor. Die Baubehörde prüft dann, ob die öffentlich-rechtlichen Vorschriften eingehalten wurden.

In einigen Bundesländern wurde zur Beschleunigung ein „vereinfachtes Verfahren" eingeführt. In diesem Verfahren wird nur geprüft, ob die bau**planungs**rechtlichen Vorschriften nach dem Baugesetzbuch eingehalten wurden. Die bau**ordnungs**rechtlichen Vorschriften werden nicht kontrolliert; es wird davon ausgegangen, daß der Architekt diese bei seiner Planung berücksichtigt hat. Es wird also nicht die Sicherheit und Standfestigkeit des Gebäudes geprüft, sondern nur, ob es den Vorschriften des Bebauungsplanes entspricht beziehungsweise sich in die nähere Umgebung einfügt oder ausnahmsweise im Außenbereich gestattet werden kann. Wird im vereinfachten Verfahren entschieden, so gilt die Baugenehmigung als erteilt, wenn die Baubehörde nicht innerhalb einer bestimmten Frist reagiert, die von Bundesland zu Bundesland unterschiedlich ist.

WISO rät: Wenn die Baugenehmigung erteilt ist, bedeutet dies noch nicht, daß mit dem Bauen sofort angefangen werden darf! Dazu bedarf es eines Baufreigabescheines, des sogenannten „roten Punktes", der aber auf jeden Fall erteilt wird, wenn der Bau erlaubt ist.

Achtung: Gebäude nie ohne Baugenehmigung errichten! Da man ein Gebäude nicht heimlich hochziehen kann, muß man damit rechnen, daß die Baubehörde früher oder später davon erfährt. Zwar ist es dann noch möglich, die erforderlichen Unterlagen nachzureichen, aber dadurch verzögert sich der Bau auf jeden Fall. Sollten die Unterlagen nicht vorliegen und der Bau außerdem gegen die Vorschriften verstoßen, so wird die zuständige Behörde aller Wahrscheinlichkeit nach den Abriß verfügen. Auch der Hinweis, daß das Bauvorhaben schon eine Unsumme Geldes verbraucht hat, hilft dann nichts.

WISO rät: Ob Gründe dafür vorliegen, daß die Behörde eine Baugenehmigung untersagt, läßt sich schon in einem frühen Planungsstadium durch eine Bauvoranfrage klären.

Eine Bauvoranfrage läßt sich leicht formulieren (siehe nächste Seite). Diese auch Bebauungsgenehmigung genannte Anfrage ist praktisch ein vorweggenommener Teil der Baugenehmigung. Das bedeutet: Später kann eine Baugenehmigung nicht mehr aus Gründen zurückgewiesen werden, die bei einer positiven Bauvoranfrage bereits bekannt waren. Die Baubehörde ist an ihre positive Entscheidung gebunden; eine abweichende Entscheidung ist selbst dann nicht mehr möglich, wenn sich die Rechtslage inzwischen zuungunsten des Bauherrn geändert haben sollte.

Andererseits ist der Bauherr nicht völlig geschützt: Ist der von der Behörde erteilte Bauvorbescheid rechtswidrig, so kann er zurückgenommen werden. Dann hat der Bauherr aber einen Entschädigungsanspruch gegen den Staat, falls er dadurch einen Vermögensnachteil erlitten hat.

Auskunft darüber, ob das ins Auge gefaßte Grundstück bebaubar ist, kann man auch dadurch bekommen, daß man bei der Behörde eine Zusicherung beantragt. Eine solche Zusicherung kann zum Beispiel in der Zusage bestehen, später eine Baugenehmigung zu erteilen. Sie ist aber nur dann wirksam, wenn sie von der zuständigen Behörde in schriftlicher Form erteilt wurde.

Gegenüber der Bauvoranfrage hat die Zusicherung den Nachteil, daß die Behörde bei einer Änderung der Rechtslage nicht an die zuvor erteilte Auskunft gebunden ist. Wurde die Auskunft allerdings unrichtig erteilt, so hat der Bauherr auch hier einen Entschädigungsanspruch, wenn er auf die Richtigkeit der Auskunft vertraut hat.

Heinrich Mustermann
Musterstr. 11
12345 Musterstadt

An die
Stadtverwaltung
— Bauamt —

Musterstr. 20
12345 Musterstadt

Musterstadt, den . . . .

Bauvoranfrage „Zur Schönen Aussicht 12"

Sehr geehrte Damen und Herren,

hiermit bitte ich um Mitteilung, ob das Grundstück in der

Gemarkung Weiskirchen, Flur 23, Parzelle 345/23
(Postalische Anschrift: Zur Schönen Aussicht 12) mit einem zweietagigen Einfamilienhaus
bebaubar ist.

Mit freundlichen Grüßen

. . . .

9. Versagen einer Baugenehmigung

Was aber tun, wenn die Baugenehmigung oder die Bauvoranfrage von der Behörde negativ beschieden wurde?

Das muß man nicht immer widerspruchslos hinnehmen. Aber man kann deswegen nicht gleich vor Gericht ziehen. Vielmehr muß man zunächst „Widerspruch" einlegen und damit der Behörde die Gelegenheit geben, ihre Entscheidung nochmals zu überprüfen. Wichtig: Grundsätzlich muß innerhalb eines Monats Widerspruch eingelegt werden, nachdem der ablehnende Bescheid zugegangen ist. Wurde diese Frist versäumt, ist die ablehnende Entscheidung der Behörde grundsätzlich rechtskräftig, und man kann nicht mehr viel dagegen tun.

Das gilt aber nur unter der Voraussetzung, daß der Bescheid mit einer ordnungsgemäßen Rechtsbehelfsbelehrung versehen war. In der Rechtsbehelfsbelehrung teilt die Behörde dem Bürger mit, mit welchem Mittel er sich gegen die Entscheidung zur Wehr setzen kann. In der Regel ist das ein Widerspruch oder eine Klage.

WISO rät: Im ablehnenden Bescheid muß deswegen angegeben sein, daß gegen den Bescheid ein Widerspruch möglich ist. Außerdem muß die Behörde, bei der der Widerspruch einzulegen ist, benannt und deren Adresse angegeben sein.

Sollte die Rechtsbehelfsbelehrung auch nur in einem Punkt falsch oder unvollständig erteilt sein, dann beträgt die Frist, innerhalb derer gegen den Bescheid vorgegangen werden kann, nicht mehr nur einen Monat, sondern ein Jahr ab Zustellung des Bescheides (§ 58 Abs. 2 VwGO).

Muster Widerspruch: (siehe nächste Seite)

Heinrich Mustermann
Musterstr. 11
12345 Musterstadt

An die
Stadtverwaltung
— Bauamt —

Musterstr. 20
12345 Musterstadt

Musterstadt, den . . . .

Antrag auf Erteilung einer Baugenehmigung
Ihr Zeichen: . . . .

Sehr geehrte Damen und Herren,

hiermit lege ich gegen Ihren Bescheid vom . . . . (AZ: . . . .),
mit dem Sie meinen Antrag auf Erteilung einer Baugenehmigung für das Grundstück
„Zur Schönen Aussicht Nr. 12" ablehnen,

Widerspruch

ein.

Evtl. Begründung

Mit freundlichen Grüßen

. . . .

Der Widerspruch muß nicht begründet werden. Allein dadurch, daß Widerspruch eingelegt wird, ist die Behörde gehalten, ihre Entscheidung zu überprüfen. Sie muß also feststellen, in welcher Lage das zu bebauende Grundstück liegt. Sollte es sich im Außenbereich befinden, so muß die Baubehörde also klären, ob in diesem konkreten Fall nicht einer der Ausnahmetatbestände vorliegt, bei dem eine Genehmigung doch erteilt werden kann. Sollte sich das Grundstück im bebauten Innenbereich befinden, so muß die Behörde feststellen, ob sich das geplante Gebäude in die nähere Umgebung einfügt.

Liegt für das betreffende Gebiet ein Bebauungsplan vor, so muß die Behörde nicht nur prüfen, ob das Bauvorhaben den Festsetzungen des Bebauungsplanes entspricht. Sie ist vielmehr gehalten, auch zu kontrollieren, ob der Bebauungsplan ordnungsgemäß erlassen wurde. Es findet also in diesem Verfahren eine sogenannte „Inzidentkontrolle" des Bebauungsplanes statt.

Über die Recht- und Zweckmäßigkeit des Widerspruchs entscheidet dann die Widerspruchsbehörde. Welche Behörde das ist, wird von Bundesland zu Bundesland verschieden geregelt. Es kann sich dabei um die nächsthöhere Behörde, aber auch um die gleiche Verwaltung handeln, in der die Baubehörde sitzt, die den ablehnenden Bescheid erlassen hat. In jedem Fall entscheidet diese Behörde durch einen sogenannten „Widerspruchsbescheid".

Mit einem Widerspruchsbescheid kann dann ein Antrag auf Baugenehmigung oder ein vorher positiver Bauvorbescheid abgelehnt werden. Ist dies der Fall, so kann man innerhalb eines Monats ab Zustellung des Widerspruchsbescheides Klage vor dem Verwaltungsgericht erheben. Die einmonatige Klagefrist gilt dabei wieder nur, wenn auch der Widerspruchsbescheid mit einer ordentlichen Rechtsbehelfsbelehrung versehen wurde: Der Widerspruchsbescheid muß angeben, vor welchem Gericht innerhalb eines Monats Klage erhoben werden kann. Außerdem muß die Anschrift des Gerichtes mitgeteilt worden sein.

Sollte dies nicht erfolgt sein, so verlängert sich die Frist, innerhalb derer man Klage erheben kann, von einem Monat auf ein Jahr.

Muster Klageschrift: (siehe nächste Seite)

Heinrich Mustermann
Musterstr. 11
12345 Musterstadt

An das
Verwaltungsgericht
Musterstr. 88
12345 Musterstadt

Musterstadt, den . . . .

Klage

des Herrn Heinrich Mustermann, Musterstr. 11, 12345 Musterstadt
— Kläger —

g e g e n

die Stadt Musterstadt, Musterstr. 33, 12345 Musterstadt, vertreten durch den
Oberbürgermeister Herrn Dr. Murks, ebenda
— Beklagte —

wegen: Erteilung der Baugenehmigung.

Hiermit erhebe ich Klage.

In der mündlichen Verhandlung werde ich beantragen,
    die Beklagte zu verurteilen, mir unter Aufhebung des Widerspruchsbescheids der
    Stadtverwaltung Musterstadt vom . . . . (AZ: . . . .)
    die mit Schreiben vom . . . . beantragte Baugenehmigung zu erteilen.

Begründung: . . . .

. . . .
(Unterschrift)

Auch die Klage muß der Bauwillige nicht ausdrücklich begründen. In der Regel wird er aber keine Klage erheben, wenn er nicht konkret der Ansicht ist, falsch behandelt worden zu sein. Deshalb wird er wohl auch die Punkte nennen können, aus denen er glaubt, einen Anspruch auf Erteilung der Baugenehmigung zu haben. Diese Gründe sollten spätestens im Klageverfahren vorgebracht werden.

Das Verwaltungsgericht prüft, wenn die Klage eingereicht ist, ob der Bürger einen Anspruch darauf hat, daß die Baugenehmigung erteilt wird. Sollte dies der Fall und die Sache spruchreif sein, so verurteilt das Verwaltungsgericht die Behörde dazu, den Bau zu genehmigen.

Es gibt jedoch auch Fälle, bei denen der Behörde bei Anwendung der maßgeblichen Vorschriften ein Ermessen eingeräumt wird. Falls die Behörde diesen Ermessensspielraum nach Ansicht des Verwaltungsgerichts falsch ausgeübt hat, wird sie vom Verwaltungsgericht lediglich dazu verurteilt, ihr Ermessen ordnungsgemäß auszuüben.

VII.

ÄRGER MIT DEN NACHBARN

1. Fall

Familie Fleißig ist glücklich. Endlich geht es mit ihrem Bau voran. Schon werden die ersten Mauern hochgezogen. Täglich besichtigen sie die Baustelle, um den Fortschritt zu begutachten. Doch schon am dritten Tag sind sie dabei nicht allein. Sie beobachten, wie sich fremde Menschen mit Metermaß und Zollstock an dem Bau zu schaffen machen. Die Fleißigs ahnen nichts Gutes. Schon eine Woche später flattert ein gerichtliches Schreiben herein: Im Wege eines Eilverfahrens wurde entschieden, daß der Bau gestoppt werden muß, weil er zu nah an der Grenze zum Nachbarn Grämlich errichtet wird. Familie Fleißig ist entsetzt und fragt sich, was sie jetzt tun kann.

2. Allgemeines

Nachbarrechtsstreitigkeiten gehören zu den unschönsten Streitigkeiten vor deutschen Gerichten. Dabei werden sowohl die Verwaltungs- wie auch die Amtsgerichte angerufen, um Zwist zwischen Nachbarn zu schlichten.

Zwar kann der Eigentümer mit seinem Grundstück nach § 903 BGB grundsätzlich nach Belieben verfahren. Dieser Grundsatz hat aber natürlich Ausnahmen, die vor allem dann wirken, wenn durch dieses Verhalten der Rechtskreis eines anderen berührt wird.

Aus diesem Grund hat der Gesetzgeber zahlreiche Rechtsregeln gefunden, die den Eigentümer in der Benutzung seines Grundstücks beschränken.

So ist zugunsten des Nachbarn in den §§ 906 bis 923 BGB der Schutz gegen störende Geräusche und Gerüche, gegen drohenden Gebäudeeinsturz des Nachbarhauses oder gegen gefahrdrohende Anlagen bestimmt. Außerdem werden dort das Notwegerecht, die Vertiefung des Grundstücks und der Überhang von Zweigen geregelt. Daneben legen die Nachbargesetze fest, in welchen Abständen zum Nachbarn Bäume und Hecken gepflanzt werden dürfen. Außerdem ist dort das Recht des Bauherrn und die Pflicht des Nachbarn verankert, das Aufstellen von Baugerüsten und die Lagerung von Baumaterialien zu dulden.

WISO rät: Wenn sich die Nachbarn untereinander in bestimmten Fragen nicht einigen können, sind die richtigen Ansprechpartner die Amtsgerichte. Dort kann (oder muß?) ein solcher Streit ausgetragen werden.

Dagegen sind die Verwaltungsgerichte dafür zuständig, wenn zwischen den Nachbarn die Frage streitig ist, ob der Staat – also die Verwaltung – eine bestimmte Genehmigung erteilen durfte. Am häufigsten steht dabei zur Debatte, ob eine *Bau*genehmigung erteilt werden durfte.

3. Öffentliches Baunachbarrecht

Wie bereits dargestellt, handelt es sich bei der Baugenehmigung um einen „Verwaltungsakt", gegen den man mit einem Widerspruch vorgehen kann, wenn er nicht oder nicht wie beantragt erteilt wird. Ebenso können aber auch andere – wie zum Beispiel die Nachbarn – mit einem Widerspruch gegen die Baugenehmigung vorgehen.

Natürlich darf sich nicht jeder als Polizist aufführen und – ohne selbst betroffen zu sein – mögliche Unrichtigkeiten bei Baugenehmigungen rügen. Ein Widerspruch wird von den Behörden oder Gerichten überhaupt nur dann zugelassen, wenn der Widerspruchsführer (also derjenige, der den Widerspruch erhebt) nachweisen kann, daß er durch die Genehmigung möglicherweise in eigenen Rechten verletzt wurde.

Eine Baugenehmigung wird aufgrund eines Nachbarwiderspruchs also nur zurückgenommen oder mit Auflagen versehen, wenn der Nachbar geltend machen kann, daß er durch die Genehmigung in eigenen öffentlichen Rechten verletzt ist. Mit der Baugenehmigung muß eine Vorschrift verletzt worden sein, die dem Schutz des Nachbarn dient. Da sich dies nur selten aus dem Wortlaut einer Rechtsvorschrift entnehmen läßt, muß die in Frage kommende Vorschrift daraufhin untersucht werden, ob sie ihrem Sinn und Zweck nach dazu erlassen wurde, nachbarliche Interessen zu schützen. Wann dies der Fall ist, läßt sich nur durch Auslegung der einzelnen Norm beantworten. Da im Prinzip der Grundsatz der Baufreiheit gilt, sind diese Vorschriften allerdings immer nur Ausnahmen. In jedem Fall handelt es sich bei den Vorschriften um solche, die einen bestimmten und abgrenzbaren Kreis von Begünstigten bestimmen.

Aus diesem Grund wurde zum Beispiel der folgenden Regelung *kein* Nachbarschutz zugesprochen:

Beispiel 1: § 43 Abs. 1 LBauO Rheinland-Pfalz:
„(1) Aufenthaltsräume müssen eine für ihre Benutzung ausreichende Grundfläche und eine lichte Höhe von 2,40 m haben."

Es liegt auf der Hand, daß es für die Allgemeinheit nicht von Belang ist, wie hoch die Decken in einem bestimmten Bauvorhaben sind. Daher kann der Nachbar eines Hauses, dessen lichte Höhe unter 2,40 m liegt, auch nicht erfolgreich gegen die Baugenehmigung vorgehen.

Dagegen wurden zum Beispiel die folgenden Regelungen als nachbarschützend anerkannt:

Beispiel 2: § 47 Abs. 7 LBauO Rheinland-Pfalz
„(7) Stellplätze und Garagen dürfen die Herstellung der Spielplätze für Kleinkinder nicht behindern. Durch ihre Benutzung darf die Gesundheit nicht geschädigt sowie das Wohnen und Arbeiten, die Ruhe und Erholung in der Umgebung nicht unzumutbar beeinträchtigt werden. Das Anpflanzen von Bäumen und Sträuchern kann verlangt werden."

Aus der ausdrücklichen Bezugnahme auf das Ruhe- und Erholungsbedürfnis der Umgebung wird geschlossen, daß die Vorschrift nachbarschützend ist.

Beispiel 3: § 30 LBauO Rheinland-Pfalz
„(1) Brandwände müssen feuerbeständig sein und aus nicht brennbaren Baustoffen bestehen; sie müssen so beschaffen sein, daß sie bei einem Brand ihre Standsicherheit nicht verlieren und die Ausbreitung von Feuer auf andere Gebäude oder Gebäudeabschnitte verhindern.
(2) Brandwände sind herzustellen
1. zum Abschluß von Gebäuden, soweit die Abschlußwand in einem Abstand bis zu 2,50 m von der Nachbargrenze errichtet wird, es sei denn, daß ein Abstand von 5 m zu auf dem Nachbargrundstück bestehenden oder nach baurechtlichen Vorschriften zulässigen Gebäuden öffentlich-rechtlich gesichert ist; dies gilt nicht für Gebäude ohne Aufenthaltsräume, Toiletten oder Feuerstätten bis zu 50 Kubikmeter umbauten Raums,
2. zum Abschluß von aneinandergereihten Gebäuden auf demselben Grundstück in Abständen von höchstens 60 m bei Gebäuden, deren tragende

Bauteile in den wesentlichen Teilen aus brennbaren Baustoffen bestehen, in Abständen von höchstens 40 m,

3. innerhalb ausgedehnter Gebäude in Abständen von höchstens 60 m; größere Abstände können zugelassen werden, wenn es die Benutzung des Gebäudes erfordert und der Brandschutz auf andere Weise gewährleistet ist; bei Gebäudetiefen von mehr als 40 m können besondere Anforderungen gestellt werden,

4. zwischen Wohngebäuden und angebauten landwirtschaftlichen Betriebsgebäuden auf demselben Grundstück sowie zwischen dem Wohnteil oder Wohn- und Schlafräumen und dem landwirtschaftlichen Betriebsteil eines Gebäudes.

Gemeinsame Brandwände sind zulässig. Satz 1 gilt nicht für Außenwände von untergeordneten Vorbauten, wenn sie nicht mehr als 1,50 m vor die Flucht der vorderen oder hinteren Außenwand des Nachbargebäudes vortreten und vom Nachbargebäude oder von der Grundstücksgrenze einen ihrer Ausladung entsprechenden Abstand, mindestens aber einen Abstand von 1 m einhalten."

Hier ergibt sich aus der Natur der Materie, daß die Vorschrift nachbarschützend ist. Schließlich liegt es im alleinigen Interesse des Nachbarn, zu verhindern, daß sich ein Feuer vom Nachbarhaus leicht auf sein Haus ausbreiten kann.

Am häufigsten geben aber die Vorschriften vom Grenzabstand Anlaß zu Diskussion zwischen den Nachbarn. Selbstverständlich werden diese Regelungen als nachbarschützend angesehen. Schließlich sollen sie gewährleisten, daß jedes Grundstück ausreichend belichtet, belüftet und besonnt ist. Dabei sind diese Regelungen zuweilen sehr kompliziert. Im Anhang wird als Beispiel eine Regelung aus der rheinland-pfälzischen Bauordnung zitiert.

Aber selbst wenn alle Vorschriften eingehalten wurden, kann ein Nachbarwiderspruch erfolgreich sein: Wenn das sogenannte „Gebot der Rücksichtnahme" verletzt wurde, reicht das ebenfalls aus, um eine Baugenehmigung zu entziehen.

Es verlangt zwar niemand vom Bauherrn, daß er eigene Interessen zurückstellt, um gleichgewichtige Belange anderer zu schonen (BVerWGE 52, 172). Ebensowenig muß er auf rechtswidrige Bauvorhaben Rücksicht nehmen (BVerwG BauR 1992, 491). Das Gebot der Rücksichtnahme verpflichtet den Bauherrn aber dazu, daß er Vorhaben unterläßt, die eine schwere Beeinträchtigung der Umgebung bewirken. Das Gebot bedeutet, daß die Belange aller betroffenen Personen abgewogen werden; fällt dieser Prozeß zugunsten der Umgebung aus, muß der Bauherr hierauf Rücksicht nehmen, wenn der Nachbar einer „billigerweise nicht mehr zumutbaren Beeinträchtigung ausgesetzt ist" (BVerwG BauR 1985, 68).

In der Vergangenheit wurden in der Rechtsprechung zum Beispiel Verstöße gegen das Rücksichtnahmegebot festgestellt,

- wenn ein Landwirt eine Mastanstalt für 300 Schweine unmittelbar neben einem Wohngebäude errichtet, obwohl er ohne weiteres einen den Nachbarn weniger belästigenden Standort hätte wählen können (BVerwGE 52, 122 = NJW 1978,62);
- wenn in einem mit zwei- bis dreigeschossigen Wohnhäusern bebauten Gebiet ein zwölfgeschossiges Wohn- und Geschäftshaus genehmigt wird (BVerwG BauR 1981,354);
- Auch die Errichtung eines Bolzplatzes in einem reinen Wohngebiet kann je nach Ausstattung gegen das Gebot der Rücksichtnahme verstoßen (VGH Bad.-Württ. VwBlBW 1985, 222).

Achtung: Ein Bolzplatz darf nicht mit einem normalen Spielplatz verwechselt werden; normale Spielplätze sind in jedem Fall auch in einem reinen Wohngebiet genehmigungsfähig (BVerwG DVBl. 1974, 777; OVG Rh. Pf. NVwZ 1989, 269).

Die Liste läßt sich beliebig verlängern. Doch Vorsicht: Jeder Fall ist anders gelagert und kann nur schwer mit einem anderen verglichen werden.

4. Verfahren

In unserem Beispielfall mit dem Ehepaar Fleißig zu Anfang dieses Kapitels hatten die Nachbarn den Grenzabstand vermessen und dabei wohl festgestellt, daß der Abstand zu gering geraten war.

Doch hätte es eigentlich dazu kommen dürfen, daß die Fleißigs ihren Bau stoppen mußten? Eigentlich nein, wenn man vom gesunden Menschenverstand ausgeht. Viele laufende Prozesse vor den Amtsgerichten hätten gar nicht ausgefochten werden müssen, hätten sich die streitenden Parteien nur rechtzeitig zusammengesetzt. Ehepaar Fleißig hätte besser die Nachbarn *vor* Baubeginn mit den Plänen vertraut machen sollen. Deshalb an dieser Stelle der eigentlich wichtigste Rat zur Vorbeugung von Streit:

WISO rät: Ärger mit den Nachbarn vermeidet man am ehesten, wenn man ihnen die Baugenehmigung nebst den Plänen zur Kenntnis gibt, bevor man anfängt zu bauen. Probleme, die sich in dieser Phase einstellen, lassen sich nämlich meistens relativ friedlich lösen, indem ein Kompromiß getroffen wird.

In manchen Bundesländern sind die Baubehörden aus diesem Grunde sogar verpflichtet, die angrenzenden Nachbarn vor der Erteilung der Genehmigung anzuhören.

Doch in vielen Fällen erfahren die Nachbarn erst dann von dem Bauvorhaben, wenn die Bagger schon arbeiten. Sie können dann gegen die dem Bauherrn erteilte Genehmigung Widerspruch einlegen. Im Gegensatz zum sonst üblichen Verwaltungsbrauch hat ein solcher Nachbarwiderspruch keine aufschiebende Wirkung. Das bedeutet, allein dadurch, daß ein Widerspruch eingelegt wird, ist die Wirksamkeit der Baugenehmigung nicht gehemmt. Der Bauherr darf trotz des Widerspruches weiterbauen (§ 212 a BauGB).

WISO rät: Um den Bau sofort zu stoppen und um weitere Schäden zu vermeiden, sollte der Nachbar nicht nur Widerspruch gegen die Baugenehmigung einlegen, sondern gleichzeitig beim zuständigen Verwaltungsgericht einen Antrag stellen, daß eine aufschiebende Wirkung des Widerspruchs angeordnet wird.

Muster Nachbarwiderspruch sowie Muster Antrag auf aufschiebende Wirkung auf den folgenden Seiten:

Heinrich Mustermann
Musterstr. 11
12345 Musterstadt

An die
Stadtverwaltung
Musterstr. 20
12345 Musterstadt

Musterstadt, den . . . .

Bauvorhaben „Zur Schönen Aussicht 12"

Ich bin Eigentümer des Grundstückes „Zur Schönen Aussicht 11".
Sie haben den Eheleuten Fleißig für den Bau eines Einfamilienwohnhauses in der Straße „Zur
Schönen Aussicht 12" in Musterstadt eine Baugenehmigung erteilt.
Gegen diese Genehmigung lege ich hiermit

Widerspruch

ein.
Wegen der Eilbedürftigkeit habe ich beim Verwaltungsgericht Musterstadt gleichzeitig beantragt,

die aufschiebende Wirkung des Widerspruchs anzuordnen.

Begründung:

Das Bauvorhaben verletzt mich in subjektiv öffentlichen Rechten, da die vorgeschriebenen
Abstände nicht eingehalten werden.
In südlicher Richtung bauen die Eheleute Fleißig das Haus unmittelbar auf die Grenze zu un-
serem Grundstück. Dadurch wird unser Garten auf einer Länge von 15 Metern beschattet.

Mit freundlichen Grüßen

. . . .

Heinrich Mustermann
Musterstr. 11
12345 Musterstadt

An das
Verwaltungsgericht

Musterstr. 88
12345 Musterstadt

Musterstadt, den . . . .

Antrag auf Anordnung der aufschiebenden Wirkung
eines Widerspruchs

des Herrn Heinrich Mustermann, Musterstr. 11, 12345 Musterstadt
— Antragsteller —

g e g e n

die Stadtverwaltung Musterstadt, Musterstr. 100, Rathaus, 12345 Musterstadt,
vertreten durch den Oberbürgermeister Herrn Dr. Murks
— Antragsgegnerin —

Hiermit beantrage ich,

die aufschiebende Wirkung meines in Kopie beigefügten Widerspruchs vom . . . .
gegen die der Familie Fleißig erteilte Baugenehmigung für deren Bauvorhaben „Zur Schönen
Aussicht 12" anzuordnen.

Begründung:

Ich bin Eigentümer des Grundstücks „Zur Schönen Aussicht 11".
Die Stadtverwaltung Musterstadt hat meinen Nachbarn, den Eheleuten Fleißig, eine Baugenehmigung für den Bau eines Einfamilienwohnhauses in der Straße „Zur Schönen Aussicht
12" in Musterstadt erteilt.

Gegen diese Genehmigung habe ich mit gleicher Post *Widerspruch* eingelegt.
Wegen der Eilbedürftigkeit beantrage ich hiermit,

die aufschiebende Wirkung dieses Widerspruchs anzuordnen.

- 2 -

In südlicher Richtung bauen die Eheleute Fleißig das Haus unmittelbar auf die Grenze zu unserem Grundstück. Dadurch wird unser Garten voraussichtlich auf einer Länge von 15 Metern beschattet.

Das Bauvorhaben verletzt mich in subjektiv öffentlichen Rechten, da die vorgeschriebenen Abstände nicht eingehalten werden.

Die Mauerarbeiten wurden bereits begonnen. Daher bitte ich aus Gründen der Schadensbegrenzung um eine schnellstmögliche Entscheidung.

. . . .

(Unterschrift)

Hat die Baubehörde den Nachbarn förmlich darüber informiert, daß seine Nachbarn eine Baugenehmigung erhalten haben, dann kann er den Widerspruch grundsätzlich nur innerhalb eines Monats seit Zustellung dieser Mitteilung erheben (vorausgesetzt, die Rechtsbehelfsbelehrung erfolgt ordnungsgemäß).

Wurde der Nachbar dagegen nicht förmlich unterrichtet, dann wurde ihm natürlich auch keine Rechtsbehelfsbelehrung erteilt. Er wurde also nicht darüber unterrichtet, mit welchen Rechtsmitteln er gegen die den Nachbarn erteilte Baugenehmigung vorgehen kann. In diesem Fall hat er grundsätzlich (Ausnahmen möglich!) bis zu einem Jahr, nachdem er erfahren hat, daß das Bauvorhaben seiner Nachbarn genehmigt wurde, Zeit, um Widerspruch einzulegen. Allerdings darf dies nicht zu einer unangemessenen Benachteiligung des Bauherrn führen: Würde der Nachbar also zunächst seelenruhig zusehen, wie der Bau errichtet wird, und erst nach Fertigstellung Widerspruch einlegen, hätte dieser Widerspruch voraussichtlich wenig Aussicht auf Erfolg. Insbesondere dann, wenn der Nachbar Umstände rügt, die auch schon nach dem Setzen der ersten Mauern erkennbar waren. Der Nachbar hat sein Widerspruchsrecht aber auch verwirkt, wenn er durch aktives Verhalten zu erkennen gibt, daß er sich gegen den Bau nicht zur Wehr setzen wird.

Hat der Nachbar die Widerspruchsfrist gewahrt und das Gericht seinem Antrag auf Anordnung der aufschiebenden Wirkung des Widerspruchs stattgeben, darf der Bauherr vorerst nicht weiterbauen. Natürlich kann er sich seinerseits dagegen wehren:

WISO rät: Sollte der Nachbar mit seinem Antrag auf Anordnung der aufschiebenden Wirkung des Widerspruchs Erfolg gehabt haben, kann der Bauherr innerhalb von zwei Wochen ab Bekanntgabe Antrag auf Zulassung einer Beschwerde gegen die Entscheidung einlegen. Dann wird die Entscheidung nochmals überprüft. Das kann aber nur noch über einen Anwalt geschehen.

Über den Widerspruch wird wieder mit Widerspruchsbescheid entschieden. Gegen den Widerspruchsbescheid kann derjenige, der verloren hat, in der Regel innerhalb eines Monats Klage beim Verwaltungsgericht einlegen. Welches Gericht zuständig und an welche Adresse die Klage zu richten ist, muß sich wiederum aus der Rechtsbehelfsbelehrung ergeben. Sollte diese fehlen oder unrichtig erteilt worden sein, beträgt die Frist für die Klage grundsätzlich ein Jahr.

Muster Nachbarklage: (siehe nächste Seite)

Sollte dem Bauherrn die Baugenehmigung durch den Widerspruchsbescheid entzogen worden sein, so kann auch er gegen diese Entscheidung Klage vor dem Verwaltungsgericht erheben.

Heinrich Mustermann
Musterstr. 11
12345 Musterstadt

An das
Verwaltungsgericht
Musterstr. 88
12345 Musterstadt

Musterstadt, den . . . .

Klage

des Herrn Heinrich Mustermann, Musterstr. 11, 12345 Musterstadt
– Kläger –

g e g e n

die Stadt Musterstadt, Musterstr. 33, 12345 Musterstadt, vertreten durch den Oberbürgermeister Herrn Dr. Murks, ebenda
– Beklagte –

wegen: Erteilung der Baugenehmigung.

Hiermit erhebe ich Klage. In der mündlichen Verhandlung werde ich beantragen,
die Beklagte zu verurteilen, unter Aufhebung des Widerspruchsbescheides
der Stadtverwaltung Musterstadt vom . . . . (AZ.: . . . . . .) die den
Eheleuten Moritz und Elsa Fleißig für ihr Vorhaben in der Musterstr. 12,
12345 Musterstadt, erteilte Baugenehmigung aufzuheben.

Begründung: . . . .

. . . .
(Unterschrift)

127

Wie bereits erwähnt, bedarf aber nicht jedes Bauvorhaben einer Baugenehmigung. Wollten Fleißigs also ein Gartenhäuschen errichten, dann würden sie dazu grundsätzlich keine Genehmigung benötigen. Hierzu lassen sich aber auch keine pauschalen Aussagen treffen. Jedes Bundesland hat für sich geregelt, wann es eine Baugenehmigung für erforderlich hält. Will man konkrete Auskünfte haben, kann man beim Anwalt oder der zuständigen Baubehörde nachfragen.

Wenn keine Genehmigung erteilt wird, hat der Nachbar natürlich auch keine Möglichkeit, Widerspruch gegen eine solche einzulegen.

WISO rät: Ist für das Bauvorhaben nach den landesrechtlichen Vorschriften keine Baugenehmigung erforderlich, so kann der Nachbar die Einstellung des Baus nur über ein verwaltungsgerichtliches Eilverfahren nach § 123 VwGO einleiten.

Muster Eilverfahren: (siehe nächste Seite)

Auch in diesem Fall kann der Nachbar natürlich nur einen Baustopp erreichen, wenn er durch die Errichtung des genehmigungsfreien Baus in seinen Rechten verletzt ist.

Heinrich Mustermann
Musterstr. 11
12345 Musterstadt

An das
Verwaltungsgericht

Musterstr. 88
12345 Musterstadt

Musterstadt, den . . . .

Antrag auf Erlaß einer einstweiligen Anordnung

des Herrn Heinrich Mustermann, Musterstr. 11, 12345 Musterstadt
— Antragsteller —

g e g e n

die Stadtverwaltung Musterstadt, Musterstr. 33, Rathaus, 12345 Musterstadt,
vertreten durch den Oberbürgermeister Herrn Dr. Murks, ebenda
— Antragsgegnerin —

Hiermit beantrage ich,

die Beklagte zu verpflichten, hinsichtlich des Bauvorhabens der Eheleute Elsa und Moritz
Fleißig in der Musterstr. 12, 12345 Musterstadt, einen Baustopp auszusprechen.

Begründung:

Ich bin Eigentümer des Grundstückes „Zur Schönen Aussicht 11".
Das Nachbargrundstück befindet sich im Eigentum der Eheleute Fleißig. Die Eheleute Fleißig
haben dort begonnen, unmittelbar auf der Grenze zu meinem Grundstück eine Mauer zu
errichten. Die Mauer hat jetzt schon eine Höhe von zwei Metern erreicht.
Durch diese Mauer wird mein gesamter Garten am Nachmittag beschattet.
Ich bitte darum, die Beklagte schnellstmöglich zu verpflichten, einen Baustopp für diese
Mauer und das gesamte Vorhaben auszusprechen.

. . . .
(Unterschrift)

VIII.

ÄRGER MIT DEN HANDWERKERN

I. Fall

Herr Braun hat sich dazu entschlossen, endlich sein lang erträumtes Einfamilienhaus zu bauen. Nachdem der Architekt die Pläne entworfen und die Behörde den Bau genehmigt hat, geht es los. Herr Braun und sein Bruder sind selbst Handwerker, deshalb verzichtet Herr Braun darauf, den Bau von einem Generalübernehmer errichten zu lassen.

Die Grube wird ausgehoben, die Bodenplatte gegossen, und die Kellerwände werden gemauert. Frau Braun fährt jeden Tag auf die Baustelle und begutachtet den Fortschritt. Doch eines Tages muß sie sich sehr wundern: Die Maurer ziehen die Zwischenwände an einer anderen Stelle ein als im Plan vorgesehen. Die Brauns reklamieren das; nach einigen Diskussionen zwischen dem Architekten, der den Bau überwacht, und dem Maurerbetrieb werden die alten Mauern eingerissen und die Wände neu und planentsprechend errichtet.

Doch der Ärger geht weiter. Als die Fenster geliefert werden, sind diese zum Teil zerkratzt. Der Glaser weigert sich aber, sie gegen neue einzutauschen. Der Elektriker baut in der Küche weniger Steckdosen ein als geplant. Der Verputzer wählt im Flur zu groben Putz. Schließlich verzögert sich die Baufertigstellung, weil der Heizungsbauer, der die Fußbodenheizung verlegt hat, an einigen Stellen nachbessern muß. Es kommt noch dicker: Dadurch kann der Estrich im Wohnbereich nicht rechtzeitig verlegt werden, und auch die Zeitplanung des Zimmerers, der das Parkett legt, gerät durcheinander.

Schließlich wird der Bau sechs Wochen später fertig als geplant. Die Brauns sind mit den Nerven am Ende, als sie schließlich und endlich die Schlußabnahme vornehmen. Auch dabei fallen noch einige Fehler auf: Im Wohnzimmer sind die falschen Fußbodenleisten verlegt, im Kinderzimmer kommt die Tapete von der Wand, die Fenster sind nach wie vor zerkratzt. Die Handwerker stellen ihre Rechnungen aber in voller Höhe und drängen auf Zahlung. Die Brauns fragen sich, welche Rechte sie in der Situation haben.

2. Allgemeines

Auf circa 8 Milliarden Euro im Jahr schätzt der Leiter des Geschäftsbereiches Bau und Qualität des TÜV Süddeutschland den Schaden, der durch Pfusch am Bau entsteht. Die Kosten für die Beseitigung der Schäden machen somit durchschnittlich drei Prozent der Bausumme aus. Damit bestätigt sich, was man praktisch von jedem Bauherrn zu hören bekommt: Kein Bau ohne Fehler – Ärger mit den Handwerkern ist normal, wenn man sich dazu entschlossen hat, ein Haus zu bauen. Was kann man tun, um diesen Ärger möglichst klein zu halten beziehungsweise wenn es einen schließlich doch erwischt hat?

3. Auswahl der Handwerker

Um Ärger mit den Handwerkern zu vermeiden, ist das wichtigste die richtige Auswahl der Fachleute, die man mit dem eigenen Hausbau betraut. Da der Bauherr in der Regel in diesem Bereich nicht sachkundig ist und keinen Überblick hat, welche Handwerksbetriebe in Frage kommen und wie zuverlässig sie sind, sollte er sich in dieser Frage auf einen Fachmann verlassen.

WISO rät: Hat man also einen Architekten oder einen anderen Fachkundigen als Baubetreuer gefunden, sollte man ihm die Auswahl überlassen, welche Fachbetriebe den Bau ausführen sollen.

Ein gutes Verhältnis zwischen Architekt beziehungsweise Baubetreuer und Handwerkern bietet schließlich auch die beste Gewähr dafür, daß der Architekt im Krisenfall das Beste für den Bauherrn herausholt. Bei gutem Einvernehmen zwischen dem Architekten und den Handwerkern werden sich manche Verzögerungen und Pannen vermeiden lassen.

WISO rät: Auf keinen Fall sollte der Bauherr versuchen, Geld zu sparen, indem er Schwarzarbeiter beschäftigt. Diese Lösung hat sich in der Vergangenheit zu oft als die teuerste Variante herausgestellt.

Wann eine Arbeit als Schwarzarbeit bezeichnet wird, richtet sich nach dem Gesetz zur Bekämpfung der Schwarzarbeit. Danach handelt ordnungswidrig, wer Dienst- oder Werkleistungen in erheblichem Umfang erbringt, obwohl er
a) seiner Meldepflicht gegenüber den Sozialversicherungsträgern oder der Meldepflicht nach dem Asylbewerberleistungsgesetz oder

b) seiner Verpflichtung zur Anzeige vom Beginn eines selbständigen Betriebes nach der Gewerbeordnung nicht nachgekommen ist oder

c) ein Handwerk als stehendes Gewerbe selbständig betreibt, ohne in die Handwerksrolle eingetragen zu sein

Ebenso ordnungswidrig handelt, wer eine Person mit Arbeitsleistungen beauftragt, die gegen die oben genannten Regelungen verstößt.

Aber: Keine Schwarzarbeit sind Gefälligkeiten im Rahmen der Nachbarschaftshilfe und Freundschaftsdienste.

Die Beschäftigung eines Schwarzarbeiters kann nach dem Gesetz zur Bekämpfung von Schwarzarbeit mit einem Bußgeld bis zu 100.000 Euro geahndet werden. Ganz besondere Vorsicht ist bei der Beschäftigung von Ausländern ohne Arbeitserlaubnis angesagt: Der Bauherr muß damit rechnen, daß er neben einem Ordnungsgeld auch noch den Rücktransport des Ausländers in dessen Heimatland bezahlen muß.

Das sind aber nicht die einzigen unangenehmen Konsequenzen. Verträge, die unter Mißachtung des Schwarzarbeitergesetzes geschlossen wurden, sind nichtig. Das bedeutet, daß die Verträge grundsätzlich so behandelt werden, als ob sie nie geschlossen wurden.

Der Handwerker hat also grundsätzlich (Ausnahmen möglich und in der Praxis sogar die Regel, vgl. unten) keinen Anspruch auf die vereinbarte Bezahlung. Das trifft zwar den Bauherrn an sich nicht so sehr, aber grundsätzlich gilt:

WISO rät: Der Bauherr hat gegen Schwarzarbeiter keinen Anspruch auf Beseitigung von Fehlern. Das bedeutet, daß er solche Mängel grundsätzlich auf eigene Kosten von einem anderen Handwerker beseitigen lassen muß, falls sich der Schwarzarbeiter weigert, die Fehler selbst zu beheben.

Noch schlimmer: Diese Grundsätze hat der Bundesgerichtshof zuungunsten des Bauherrn weiter verschärft, weil die Berufung auf die Nichtigkeit der Verträge im Einzelfall gegen Treu und Glauben verstößt (BGHZ 85,39; NJW 1984, 1175). So wird unter Umständen berücksichtigt, daß der Schwarzarbeiter ja auch Leistungen erbracht hat. Deshalb wird ihm nach den Grundsätzen von §§ 812 BGB ff. ein Anspruch auf Wertersatz hierfür zugestanden (NJW 1990, 2542). Dieser Wertersatz wird zwar nicht dem vereinbarten Preis entsprechen, ist aber immer noch mehr als nichts.

Immerhin: Von diesem Wertersatz kann der Bauherr dann Abzüge vornehmen. Denn klar ist: Er soll den vollen Preis zahlen, bekommt aber nur die halbe Leistung. Da der Schwarzarbeiter Fehler seiner Arbeit nicht beseitigen muß, ist die Leistung insgesamt weniger wert. Deshalb hat das Oberlandesgericht Düsseldorf entschieden, daß der vereinbarte Preis auf jeden Fall schon einmal um 15 Prozent des abgesprochenen Lohns gekürzt werden kann, weil der Schwarzarbeiter nicht wie der „ordentliche Handwerker" zur Beseitigung seiner Fehler verpflichtet ist (OLG Düsseldorf, 22 U 230/91).

Nur wenn der Bauherr nicht gewußt hat, daß er einen Schwarzarbeiter beschäftigt, kann er später unter Umständen Schadenersatz für die schlechte Arbeit verlangen (BGH, VII ZR 183/80). Dann muß der Bauherr aber im Zweifel einem Richter klarmachen, weshalb er nicht gewußt hat, daß er einen Schwarzarbeiter beschäftigte. Dieser Beweis wird ihm mit Sicherheit nicht gelingen, wenn der vereinbarte Preis wesentlich unter dem ortsüblichen liegt. Dann wird ihm nämlich jeder Richter sagen, daß dieser Umstand dem Bauherrn hätte auffallen müssen.

4. Eigenleistungen

Oft heißt es, daß derjenige, der praktische Erfahrungen und ein bißchen handwerkliches Geschick mitbringt, durch Eigenleistungen am Bau eine Menge Geld sparen kann.

WISO rät: Der Bauherr, der ansonsten bestenfalls Hobbyheimwerker ist, sollte sich nicht zumuten, zuviel an seinem Haus in Eigenarbeit zu leisten. Denn das bringt letztlich in den seltensten Fällen eine Ersparnis.

Erfahrungsgemäß führt es oft zu Unstimmigkeiten, wenn der Bauherr Eigenleistungen auf dem Bau erbringt, ohne dafür wirklich qualifiziert zu sein. Weist seine Arbeit Mängel auf, führt das häufig dazu, daß die „richtigen" Handwerker ihre Arbeit nicht ordentlich machen können, weil die Vorarbeiten unsachgemäß erledigt wurden. Wurde zum Beispiel der Estrich durch den Bauherrn nicht absolut eben ausgeführt, dann wird jeder nachfolgende Handwerker, der ein Parkett legen soll, seine Schwierigkeiten haben, den Boden plan zu bekommen.

Selbst wenn solche Zusammenhänge nicht offensichtlich bestehen, dient die Mitarbeit eines Bauherrn den „richtigen Handwerkern" als Ausrede für eigene Mängel. Dann muß der Bauherr unter Umständen später mühsam nachweisen, daß es nicht an seiner Vorarbeit lag, wenn Handwerker ihre Arbeit nicht ordentlich ausgeführt haben.

Außerdem lassen sich durch Eigenarbeit meistens auch nicht wirklich Kosten sparen: Der Bauherr bekommt als Privatmann die erforderlichen Materialien nicht zu den günstigen Einkaufspreisen wie der professionelle Handwerker. Im übrigen gilt: Sollte ihm dieses Material auf der Baustelle abhanden kommen, so geht das auf seine Kosten; würde es sich um Material eines von ihm beauftragten Handwerkers handeln, müßte dieser auf seine Kosten für Ersatz sorgen.

Schließlich erbringen die wenigsten Bauherren die Eigenleistung, weil sie Spaß am Heimwerken haben. Die Bauherren leisten die Eigenarbeiten meistens (ohne Anleitung von Fachleuten) dann, wenn Finanzierungslücken bestehen. Dabei übersehen sie häufig, daß sich wesentliche Kosten an der Bausumme insgesamt, also einschließlich der Eigenleistungen orientieren.

So bestimmt zum Beispiel § 10 Abs. 3 der Honorarverordnung für Architekten und Ingenieure ausdrücklich, daß bei der Berechnung des Architektenhonorars die vom Bauherrn kostenlos oder von Dritten gegen geringe Entlohnung erbrachten Leistungen mit dem üblichen Entgelt anzusetzen sind. Das bedeutet, der Architekt kann sein Honorar auch dann auf der Basis von zum Beispiel 100.000 Euro ermitteln, wenn der Bauherr nur 80.000 Euro an Handwerker bezahlt und Eigenleistungen im Wert von 20.000 Euro ausführt.

Unter dem Strich hat der Bauherr erst einmal 20.000 Euro an Handwerkerkosten gespart. Auf das Architektenhonorar hat sich das aber nicht ausgewirkt. Hinzu kommt außerdem das Risiko, daß die eigene Arbeit von Fachleuten nachgebessert werden muß – was wiederum Geld kostet – und/oder daß sich die nachfolgend eingeplanten Arbeiten verzögern, was ebenfalls teuer ist.

Das gleiche gilt natürlich auch für Eigenleistungen, wenn der Bauherr ein schlüsselfertiges Haus gekauft hat, bei dem jedoch vertraglich Restarbeiten in Eigenleistung vereinbart sind. Dabei gilt folgendes:

WISO rät: Schon wenn er die Angebote der verschiedenen Hersteller prüft, sollte der Bauherr vergleichen können, welchen Wert ein Hersteller den von ihm geplanten Eigenleistungen beimißt. Angebote mit der Formulierung „Eigenleistungen sind möglich und werden in der Schlußrechnung vergütet" sollte der Bauherr von vornherein verwerfen oder dafür eine Konkretisierung verlangen. Der Bauherr sollte darauf drängen, daß der veranschlagte Preisnachlaß im Vertrag schriftlich festgelegt wird.

5. Leistungsverzeichnis

Wer nicht schlüsselfertig baut, bekommt häufig genug Ärger mit den Handwerkern, weil sich erst während der Bauphase herausstellt, daß sie unsachgemäß arbeiten. Dies geschieht nicht selten auch dann, wenn man mit dem Architekten einen vermeintlichen Experten für die Auswahl der Handwerker an der Hand hat. Solchen „unangenehmen Überraschungen" läßt sich wenigstens teilweise vorbeugen, wenn man einige Grundregeln beachtet.

WISO rät: Bei der Auswahl der Handwerker sollte sich der Bauherr nicht allein auf die Fürsprache des Architekten verlassen. Er sollte eine objektive Grundlage haben, aufgrund derer er die Entscheidung für den Handwerker mitträgt, den er beauftragen möchte. Aus diesem Grunde sollte der Architekt auf jeden Fall ein „Leistungsverzeichnis" erstellen.

Um ein solches Leistungsverzeichnis erstellen zu können, muß der Architekt zunächst feststellen, welcher in Frage kommende Handwerksbetrieb die anstehenden Arbeiten am günstigsten ausführt. Er muß die Preise vergleichen. Dazu erarbeitet er eine Aufstellung, in der alle am Bau auszuführenden Arbeiten aufgeführt sind, aufgeteilt nach Gewerken. Darunter versteht man die Arbeit eines einzelnen Bauhandwerkers, zum Beispiel die des Dachdeckers, Maurers, Zimmermanns oder Heizungsbauers. Das Leistungsverzeichnis muß also zum Beispiel aufführen, wieviel Quadratmeter Wand auf welche Art und Weise verputzt oder wieviel Meter Elektrokabel verlegt werden müssen usw.

Aus dem Leistungsverzeichnis kann jeder Handwerker ersehen, welche Arbeiten auf ihn zukommen. Er muß kalkulieren können, wie hoch der Arbeitseinsatz sein wird, wieviel Material und Mitarbeiter er auf der Baustelle einsetzen muß. Er kann anhand des Leistungsverzeichnisses seinen Preis für das Gewerk kalkulieren. Nachdem er das Leistungsverzeichnis erstellt hat, sollte der Architekt es deshalb den in Frage kommenden Handwerkern zuleiten und sie auffordern, ein Angebot abzugeben. Dann können die Angebote verglichen werden.

Rechtlich ist bei diesem Vorgang bedeutsam, daß die Übergabe des Leistungsverzeichnisses noch kein Angebot darstellt, einen Vertrag abzuschließen. Das kann schon deshalb nicht der Fall sein, weil dann jeder Betrieb, dem das Leistungsverzeichnis vorgelegt wird, theoretisch die Annahme des Angebotes erklären könnte. Dann hätte der Bauherr zum Beispiel gleich drei Anbieter mit dem Verputzen seines Hauses beauftragt. Daher stellt die Vorlage des Leistungsverzeichnisses rechtlich nur die Aufforderung dar, ein Angebot abzugeben.

Dieser Aufforderung können die angesprochenen Betriebe nachkommen. Teilen sie dem Bauherrn beziehungsweise dessen Architekten ihren Preis für die Durchführung der angegebenen Arbeiten mit, geben *sie* damit das Angebot ab, einen Vertrag abzuschließen. Diese Angebote kann der Bauherr dann prüfen. Ausschließlich mit dem Betrieb, dessen Angebot er annimmt, wird dann ein Vertrag abgeschlossen.

Bei Vertragsabschluß mit Handwerkern sollte der Bauherr sich nicht allein vom angebotenen Preis leiten lassen. Das billigste Angebot kann letztlich das teuerste werden, falls Nachbesserungen notwendig sind. Das bedeutet allerdings im Umkehrschluß nicht, daß das teuerste Angebot automatisch die solideste Arbeit verspricht.

Wie bereits empfohlen, sollte sich der Bauherr in dieser Frage auf die Erfahrung seines Architekten verlassen. Dieser kennt die Leistungsfähigkeit und den Ruf der in Frage kommenden Unternehmen und kann so am ehesten beurteilen, welches Angebot für den Bauherrn das günstigste ist.

6. Subunternehmer

Der Handwerker sollte den Auftrag grundsätzlich selbst ausführen und die Arbeit nicht einem anderen Handwerksbetrieb übertragen. Das bedeutet insbesondere, daß er sich nicht darauf hinausreden kann, die Arbeit sei von einem „Subunternehmer" ausgeführt worden. Subunternehmer wird derjenige genannt, der die vertraglich geschuldete Arbeit für den Handwerker erledigt, sofern er selbst kein Angestellter, sondern selbständiger Unternehmer ist.

Betraut der Handwerker, mit dem der Bauherr den Vertrag abgeschlossen hat, einen anderen Handwerker mit den Arbeiten, verhält er sich vertragswidrig, denn der Bauherr hatte sich ja bewußt für diesen und nicht für einen anderen Handwerker entschieden. Solange jedoch der Subunternehmer die Arbeit ordentlich verrichtet und es keinen Anlaß für Klagen gibt, ist es letztlich egal, wer die Arbeit ausführt.

Sollte dies aber nicht der Fall sein und die Arbeit Mängel aufweisen, darf sich der Handwerker nicht darauf hinausreden, daß er nicht selbst gehandelt hat. Er haftet dann für die Fehler des anderen, als wäre er selbst tätig geworden. Juristisch gesehen war der Subunternehmer dann als „Erfüllungsgehilfe" des Handwerkers tätig, weil er mit dessen Wissen in seinem Pflichtenkreis aufgetreten ist. Nach § 278 BGB hat dann der Handwerker das Verschulden des Subunternehmers in gleichem Umfang zu vertreten wie eigenes Verschulden.

Um Schwierigkeiten von vornherein auszuräumen, sollte sich der Bauherr die Ansprüche des Handwerkers gegen die von ihm eingesetzten Subunternehmer vertraglich abtreten lassen.

Das ist möglich, wenn er im Vertrag mit dem Handwerker in die Vergabe an Subunternehmer unter der Voraussetzung einwilligt, daß der Handwerker Namen und Anschrift des Subunternehmers vorher angibt. Durch die Abtretung der Rechte kann sich der Bauherr dann direkt an den Subunternehmer wenden und von ihm die Beseitigung von Mängeln verlangen. Das ist insbesondere dann von Vorteil, wenn der Handwerker, mit dem er ursprünglich den Vertrag abgeschlossen hatte, in Konkurs geht. Dieser fällt zwar als Haftungspartner weg, da aber die Ansprüche gegen den Subunternehmer auf den Bauherrn abgetreten sind, bleibt dies ohne rechtliche Konsequenzen. Dann kann sich der Bauherr gleich an den Subunternehmer halten.

Umgekehrt ist die Abtretung nicht schädlich, wenn der Subunternehmer in Konkurs fällt. Dadurch sind die urspünglichen Ansprüche, die der Bauherr aus dem Vertrag mit dem Handwerker hat, nicht betroffen. Er kann dann die Beseitigung der Fehler von dem Handwerker verlangen, mit dem er den Vertrag auch abgeschlossen hat.

7. Auftragsvergabe

Der Bauherr vergibt den Auftrag an den jeweiligen Handwerker, indem er mit ihm einen entsprechenden Vertrag abschließt. Dabei ist der Vertrag auch wirksam, wenn er sich nur mündlich mit dem Handwerker über die Arbeit einigt. Empfehlenswert ist dies jedoch nicht: Verträge sollten prinzipiell schriftlich abgefaßt werden. Sollte es nämlich später Schwierigkeiten geben, ist es häufig wichtig, nachzuweisen, was genau vereinbart war.

a) Inhalt des Vertrags

Wichtig am Vertrag ist zunächst die genaue Beschreibung der Leistung. Die erwartete Leistung des Handwerkers sollte sich nach Art und Umfang unmißverständlich aus dem Vertrag entnehmen lassen.

Ist dies nicht der Fall, ist der Streit darüber programmiert, ob bestimmte Arbeiten noch vom vereinbarten Preis gedeckt sind. Ebenso sollte das Material, das der Handwerker verwendet, vertraglich festgehalten werden.

WISO rät: Wurde ein Leistungsverzeichnis erstellt, bietet es sich an, die dort festgelegten Beschreibungen zum Inhalt des Vertrages zu machen. Das Leistungsverzeichnis wird als Anlage dem Vertrag beigefügt.

Nächster entscheidender Punkt ist die Festlegung des Preises: Auch der sogenannte „Werklohn" des Handwerkers sollte im Vertrag schriftlich genau festgelegt werden.

Führt der Handwerker den Auftrag aus, ohne daß vorher mündlich oder
schriftlich ein Preis dafür ausdrücklich vereinbart wurde, so bedeutet dies natürlich nicht, daß er keinen Anspruch auf Bezahlung hat. In diesem Fall kann
er nur die „übliche" Vergütung vom Bauherrn verlangen (§ 632 Abs. 2 BGB).
„Üblich" ist dann die Bezahlung, die für Leistungen gleicher Art, Güte und
Umfangs an dem Ort gezahlt wird, an dem sich die Baustelle befindet. Im
Streitfall kann die örtliche Handwerkskammer oder die Industrie- und Handelskammer nähere Auskünfte dazu geben.

Hat der Bauherr mit dem Handwerker nicht vorher über den genauen Preis
gesprochen, sollte er eine hohe Rechnung nicht anstandslos bezahlen. Wird
aber ein Preis ausdrücklich vereinbart, sind folgende drei Typen der Preisge-
staltung möglich:

● *Einheitspreis*
Meistens werden die Verträge zu einem Einheitspreis abgeschlossen. Ist keine
abweichende Berechnungsart vereinbart, gilt dieser Einheitspreis. Bei diesem
Vertragstyp wird die Bezahlung, die der Bauherr schließlich leisten muß, nach
den jeweils angefallenen Massen und den vorher festgeschriebenen Einheitspreisen abgerechnet. Der Elektriker macht zum Beispiel einen Einheitspreis
für jeden Meter verlegten Stromkabels. Dieser Einheitspreis liegt dann seinem
Angebot zugrunde. Da sich vor Abschluß der Arbeiten nicht genau bestimmen
läßt, wie viele Meter Stromkabel im Haus verlegt werden müssen, wird im
Vertrag auf der Grundlage des Angebotes schließlich nur der Einheitspreis angegeben.

An diesen Einheitspreis ist der Handwerker gebunden. Das bedeutet zum
Beispiel: Zwischenzeitliche Lohnerhöhungen können sich nicht ungünstig für
den Bauherrn auswirken. Der Handwerker darf diese Kostensteigerung nicht
an den Bauherrn weitergeben. Eine Ausnahme gilt nur dann, wenn ein Bauvertrag nach der VOB (Verdingungsordnung für Bauleistungen) vereinbart
wurde (dazu mehr weiter unten). Nur in einem solchen Fall können die Ein-
heitspreise ausnahmsweise verändert werden, wenn die Massen innerhalb der
einzelnen Positionen um mehr als 10% nach oben oder unten abweichen (§ 2
Nr. 3 VOB).

● *Pauschalpreisvertrag*
Der Pauschalpreisvertrag wird viel seltener vereinbart als der Einheitspreisvertrag. Bei dieser Art der Vergütung wird bereits vor Vertragsabschluß ein Fest-

preis für die Bauleistung festgelegt. Dieser Festpreis ist letztlich zu bezahlen, unabhängig davon, ob mehr oder weniger Kabel verlegt wurde, als der Handwerker bei Abschluß des Pauschalpreisvertrages angenommen hat. Hat er weniger gebraucht, hat er ein zusätzliches Geschäft gemacht. Hat er sich verschätzt, und es war mehr Kabel zu verlegen, so muß er diesen Verlust selbst tragen.

Eine Abweichung vom Pauschalpreis kommt nur dann in Frage, wenn die tatsächlich erbrachten Leistungen einen völlig anderen Umfang angenommen haben als vorgesehen. Dann liegt jedoch ein seltener Ausnahmefall vor: Der Handwerker darf neu kalkulieren, wenn ein „erhebliches Mißverhältnis zwischen Leistung und Pauschalpreis" vorliegt.

● *Stundenlohnvertrag*
Stundenlohnverträge sind beim Bau noch seltener. Bei dieser Art von Verträgen rechnet der Handwerker seinen Aufwand an Arbeitsstunden ab, wobei der Stundenlohn vorher vertraglich vereinbart wurde.

Da kein Bauherr den lieben langen Tag auf der Baustelle verbringt, kann er allerdings kaum überprüfen, wie viele Stunden der Handwerker tatsächlich gearbeitet hat. Diese Form von Verträgen ist daher mit Vorsicht zu genießen.

WISO rät: Wurde ein Stundenlohnvertrag mit einem Handwerker abgeschlossen, sollte der Bauherr verlangen, daß der Handwerker Stundenzettel (Rapport) führt. Auf diesen Stundenzetteln trägt der Handwerker täglich die Zeiten ein, zu denen er auf der Baustelle gearbeitet hat. Der Bauherr sollte nur Stundenzettel akzeptieren, die er selbst oder ein von ihm Bevollmächtigter abgezeichnet hat. Das ist der Beleg dafür, daß die Angaben auf dem Stundenzettel richtig sind.

Unter diesen Voraussetzungen wird im Streitfall davon ausgegangen, daß die Angaben auf dem Stundenzettel richtig sind. Der Bauherr kann die Richtigkeit der Angaben auf dem Stundenzettel später nur dann wirksam anzweifeln, wenn er beweisen kann, daß die Angaben auf dem Zettel nachweislich falsch sind und er oder sein Vertreter dies bei der Unterzeichnung der Zettel nicht gewußt haben.

Übrigens: Wurde im Vertrag vereinbart, daß die Bestimmungen der VOB gelten sollen, darf der Handwerker nur auf Stundenlohnbasis abrechnen, wenn er die gegengezeichneten Stundenzettel vorlegt (§ 15 Nr. 3 VOB).

● *Kostenvoranschläge*
Will der Handwerker nur einen Kostenvoranschlag abgeben, sollte der Bauherr hellhörig werden. Was viele nicht wissen: Ein Kostenvoranschlag ist grundsätzlich unverbindlich. Das bedeutet, der Handwerker kann nicht verpflichtet werden, den Kostenvoranschlag einzuhalten.

Der Bauherr kann den Vertrag mit dem Handwerker immerhin kündigen, falls die im Kostenvoranschlag angegebenen Kosten „wesentlich" überschritten werden. Wann von einem „wesentlichen" Überschreiten gesprochen werden kann, ist leider nicht genau festgeschrieben, da auch dies eine Frage des Einzelfalles ist. In einem Urteil des Bundesgerichtshofs wurde selbst eine Überschreitung von 27,7% als noch nicht wesentlich angesehen (BGH NJW-RR 87,337). Allerdings hat der Bundesgerichtshof selbst betont, daß es sich hier um einen Sonderfall handelt. Generell wird man wohl bei einer Überschreitung von 15 bis 25% die absolute Grenze ziehen können.

Der Handwerker ist nach § 650 Abs. 2 BGB verpflichtet, dem Bauherrn unverzüglich (also ohne schuldhaftes Zögern) anzuzeigen, falls eine solche Überschreitung des Kostenvoranschlages zu erwarten ist. Tut er das nicht, dann macht er sich schadenersatzpflichtig. Das bedeutet, daß der Bauherr so zu stellen ist, als ob der Handwerker die Überschreitung rechtzeitig bekanntgegeben hätte. Weist der Bauherr nach, daß er den Vertrag in einem solchen Fall gekündigt hätte, dann kann der Handwerker grundsätzlich nur das verlangen, was er im Kostenvoranschlag angesetzt hatte.

b) Allgemeine Geschäftsbedingungen

Wird ein schriftlicher Vertrag abgeschlossen, ist es in aller Regel so, daß der Handwerker seinen Vertragstext zur Unterzeichnung vorlegt. Dieser ist dann in der Regel mit schwer verständlichem „Kleingedruckten" versehen.

WISO rät: Das „Kleingedruckte" sind die Allgemeinen Geschäftsbedingungen (AGB) des Handwerkerbetriebes oder des Bauunternehmers. Sie enthalten die wichtigsten Regelungen, die gelten, wenn nicht alles nach Plan abläuft. Es ist also wichtig, auch diese Regelungen zu lesen und zu verstehen, bevor sie unterschrieben werden. Am besten ist es, sich vorher an einen Rechtsanwalt zu wenden, um sich beraten zu lassen.

Im folgenden werden nur ein paar wichtige Punkte behandelt, die jeder Bauherr wissen sollte:
Die Allgemeinen Geschäftsbedingungen enthalten Regelungen über die Kündigungsmöglichkeiten des Vertrages, über die Haftung, die Abnahme, über Gewährleistungsregeln und Zahlungsvereinbarungen. Meistens handelt es sich dann um Vereinbarungen, die für den Handwerker oder Bauunternehmer günstig sind. Sie minimieren die eigene Haftung und wälzen die Verantwortung auf andere ab.

WISO rät: Hat der Bauherr diese Vereinbarungen unterschrieben, ist noch nicht unbedingt alles zu spät. Die Allgemeinen Geschäftsbedingungen müssen nämlich gar nicht wirksam sein. Verweigert ein Handwerker unter Hinweis auf seine Geschäftsbedingungen eine Leistung oder verhält sich sonst ablehnend, sollte man prüfen, ob die Regelung, auf die sich der Handwerker beruft, überhaupt wirksam ist.

Allgemeine Geschäftsbedingungen sind nur dann wirksam, wenn sie in den Vertrag einbezogen wurden. Das ist der Fall, wenn der Bauherr vor Vertragsabschluß die Möglichkeit hatte, von ihnen Kenntnis zu nehmen. Hat der Handwerker also sein Angebot nur mit einem allgemeinen Hinweis auf seine AGB unterbreitet, reicht es nicht, wenn er diese nachreicht, nachdem der Bauherr sein Vertragsangebot angenommen hat.

Selbst wenn der Handwerker dies alles beachtet hat, muß die fragliche Regelung in seinen AGB trotzdem nicht unbedingt gültig sein. Verstößt die Regelung nämlich gegen eine Vorschrift des Gesetzes über die Allgemeinen Geschäftsbedingungen (AGBG), ist sie unwirksam. Das bedeutet, daß sich der Handwerker nicht darauf berufen kann, obwohl der Bauherr durch seine Unterschrift diesen Regelungen ursprünglich zugestimmt hat.

Um einen Eindruck zu vermitteln, was erlaubt ist und was von deutschen Richtern nicht akzeptiert wurde, nachfolgend ein paar entsprechende Gerichtsurteile. Die folgende Klausel ist unwirksam:

„Falls dem Bieter die Zusätzlichen Vertragsbedingungen und Technischen Vorschriften nicht bekannt sind, können diese, ebenso die nicht beigefügten weiteren Verdingungsunterlagen, bei der ausschreibenden Stelle eingesehen werden. Die Bieter können sich nicht auf Unkenntnis der Vertragsgrundlage berufen, außer wenn sie bei Angebotsabgabe in einem Begleitschreiben auf diesen Umstand hingewiesen haben."

Diese Klausel gilt nicht, weil die Vorschriften des AGBG nicht durch Allgemeine Geschäftsbedingungen ausgehebelt werden können (LG München, AZ: 7 O 22256/90; IBR 1992, 13).

Ebenso unwirksam ist die Formulierung:

„Spätestens mit dem Einzug gilt das Objekt als abgenommen." Da nach § 11 Nr. 10 f AGBG die Gewährleistungsfristen nicht abgekürzt werden dürfen, ist diese Regelung unbeachtlich (OLG Hamm IBR 1994, 283).

c) Einbeziehung der VOB

Ist von Bauleistungen die Rede, fällt früher oder später der Begriff „VOB". Das ist die Abkürzung für die „Verdingungsordnung für Bauleistungen". Diese Verdingungsordnung wurde geschaffen, weil die gesetzlichen Regelungen des BGB (Bürgerlichen Gesetzbuches) nicht unbedingt passend für einen Bauvertrag sind. Die Regelungen des BGB für den Bau- beziehungsweise Werkvertrag gelten nämlich unterschiedslos gleich, ob für die Reparatur eines Schuhs oder für den Bau eines Hauses. Die VOB soll den besonderen Bedingungen beim Bauen Rechnung tragen.

Baut die öffentliche Hand, muß sie sich an die VOB halten. Dagegen ist es privaten Bauherren freigestellt, ob sie sie verwenden. Um eines deutlich zu machen: Bei der VOB handelt es sich nicht um ein Gesetz. Das glauben zwar auch viele Bauhandwerker, aber das ist falsch.

WISO rät: Deshalb gilt die VOB auch nicht automatisch, wie das bei einem Gesetz der Fall wäre. Sollen die Vorschriften der VOB in den Vertrag einbezogen werden, so muß dies ausdrücklich vereinbart werden.

Die VOB besteht aus drei Teilen: zunächst aus der VOB/A, die sich mit der Auftragsvergabe beschäftigt. Dieser Teil ist vor allem für öffentliche Auftraggeber relevant, weil dort vorgeschrieben wird, wie sie die Arbeiten ausschreiben müssen. Die VOB/C enthält die „Allgemeinen Technischen Vertragsbedingungen für Bauleistungen" (ATV). Darin sind die DIN-Vorschriften für die wichtigsten Gewerke zusammengefaßt. Da diese DIN-Vorschriften ohnehin gelten, weil sie die anerkannten Regeln der Technik darstellen, die jeder Handwerker zu beachten hat, müssen sie nicht gesondert vereinbart werden.

Am wichtigsten ist die VOB/B. Diese gliedert sich in 18 Paragraphen, in denen vor allem folgendes geregelt ist:

- Ausführung, Ausführungsfristen, Behinderung, Unterbrechung, Gefahr;
- Kündigung;
- Haftung, Vertragsstrafe;
- Abnahme, Gewährleistung, Stundenlohnarbeiten, Zahlung;
- Sicherheiten;
- Streitigkeiten aus dem Bau.

Die VOB/B ist also so etwas wie vorgegebene Allgemeine Geschäftsbedingungen. Es handelt sich dabei um ein ausgeklügeltes Vertragswerk, das einmal mehr die Interessen des Bauherrn, dann wieder mehr die Interessen des

Bauunternehmers beziehungsweise Handwerkers berücksichtigt. Insgesamt wurde damit eine ausgewogene Regelung geschaffen.

Gelegentlich wird der Rat erteilt, die VOB einzubeziehen, aber in einem für den Bauherrn ungünstigen Punkt abweichende Regeln zu vereinbaren.

Dabei ist jedoch Vorsicht geboten: In einem solchen Fall kann nämlich jede einzelne Klausel der VOB nach den Regelungen des AGBG überprüft werden (OLG München, AZ: 13 U 1804/94; IBR 1995,8), mit der Folge, daß sie für unwirksam erklärt wird. Nur wenn die VOB insgesamt, also als Ganzheit übernommen wird, kann man dieser Konsequenz entgehen. Der Hintergrund dafür ist, daß das Vertragswerk nur so die gegenläufigen Interessen von Bauherr und Handwerker in ausgewogener Weise berücksichtigt und keine der beiden Parteien übervorteilt, wenn es unverändert übernommen wird. Da es „Rosinen" für die eine wie auch die andere Seite enthält, kann leicht ein Ungleichgewicht entstehen, falls einzelne Regelungen abgeändert werden. Deshalb müssen die dann verbleibenden Regelungen im Streitfall auf ihre Wirksamkeit nach den §§ 305–310 BGB untersucht werden.

Es läßt sich daher hier schwer eine Empfehlung geben, ob die VOB grundsätzlich in den Vertrag einbezogen werden soll oder ob man sich eher an die gesetzlichen Regelungen hält. Das kommt sehr auf das individuelle Vorhaben an und worauf der Bauherr Wert legt. Im Zweifelsfall sollte ein auf Baurecht spezialisierter Rechtsanwalt befragt werden. Welche Anwälte besondere Kenntnisse im Baurecht aufweisen, erfährt man unter anderem beim Anwaltsverein, den es in jeder größeren Stadt gibt.

Soll die VOB/B in den Vertrag einbezogen werden, gelten die gleichen Regelungen wie bei den Allgemeinen Geschäftsbedingungen. Das bedeutet: Der Bauherr muß vor Vertragsabschluß Gelegenheit gehabt haben, von den Regelungen der VOB Kenntnis zu nehmen. So wird gegenüber einem bauunerfahrenen Auftraggeber die VOB nicht wirksam, wenn das Angebot des Handwerkers lediglich den Hinweis enthält, die VOB könne in seinen Geschäftsräumen eingesehen werden (OLG Düsseldorf, AZ: 21 U 225/94; IBR 19996,56 und AZ: 22 U 194/95; IBR 1996, 328).

WISO rät: Beruft sich der Handwerker in einem späteren Streit auf eine Regelung in der VOB, die sich für ihn günstig, für den Bauherrn aber ungünstig auswirkt, sollte der Bauherr prüfen, ob die VOB überhaupt wirksam in den Vertrag einbezogen wurde.

Andererseits sehen einige Paragraphen der VOB bereits Abänderungen vor. Teilweise werden auch ergänzende Bestimmungen zugelassen. Im einzelnen ist die VOB/B schwer verständlich und unübersichtlich aufgebaut. Sollte es zum Streit kommen, wird es daher unverzichtbar sein, sich an einen Baurechtsspezialisten zu wenden.

Sind dem Vertrag keine abweichenden Allgemeinen Geschäftsbedingungen zugrunde gelegt und gilt auch die VOB nicht, richtet sich die Durchführung des Vertrages nach den Regelungen der §§ 631ff. des Bürgerlichen Gesetzbuches (BGB). In den folgenden Kapiteln soll kurz erläutert werden, welche (unterschiedlichen) rechtlichen Konsequenzen ein Werkvertrag nach dem BGB oder nach der VOB/B hat.

8. Verzögerungen

Der ganze Ablauf des Baus steht und fällt mit der Zuverlässigkeit der einzelnen Handwerker. Da die Dachdecker das Dach nicht eindecken können, bevor nicht die Zimmerleute den Dachstuhl gebaut haben, ist es unerläßlich, daß jeder Handwerker seine Termine einhält. Ist einer zu spät dran, wirkt sich das unter Umständen auf alle nachfolgenden Arbeiten aus. Es ist daher wichtig, schon bei der Vertragsgestaltung darauf zu achten, daß der Handwerker ein eigenes Interesse daran hat, seine Termine einzuhalten.

a) BGB-Vertrag

Da das BGB – wie schon erwähnt – keine speziellen Regelungen für den Bauvertrag hat, bietet es nur ein unzureichendes Instrumentarium für den Fall der verspäteten Arbeitsaufnahme und der verzögerten Fertigstellung. Wird im Vertrag kein Datum festgelegt, so ist der Handwerker nur verpflichtet, unverzüglich mit der Arbeit zu beginnen. „Unverzüglich" bedeutet nicht „sofort". Nach § 121 BGB handelt er auch dann noch unverzüglich, wenn er „ohne schuldhaftes Zögern" mit der Arbeit beginnt. Wer also später nicht darüber diskutieren will, ob der Handwerker die Schuld für einen verzögerten Arbeitsbeginn trägt, für den ist es unverzichtbar, ein Beginndatum zu vereinbaren.

Hat der Bauherr dies verabsäumt, muß er den Handwerker am besten schriftlich auffordern, die Arbeiten aufzunehmen oder fortzusetzen.

WISO rät: Um den nötigen Druck zu erzeugen, ist es am sinnvollsten, dem Handwerker gleichzeitig anzukündigen, daß ihm der Auftrag nach erfolglosem Fristablauf entzogen wird.

Muster Fristsetzung: (siehe nächste Seite)

Reagiert der Handwerker darauf nicht und verstreicht die Frist, dann hat der Bauherr Anspruch auf Schadenersatz (§§ 280 Abs. 1, Abs. 3, 281 BGB).

WISO rät: Richtet sich der Vertrag nach dem BGB, sollte der Bauherr unbedingt vertraglich ein Datum festlegen, zu dem der Handwerker mit der Arbeit anfangen muß. Außerdem sollte dem Handwerker ein Bauzeitenplan vorgelegt werden. Die dort aufgeführten Termine müssen zum Inhalt des Vertrages gemacht werden. Außerdem sollte eine Vertragsstrafe für den Fall vereinbart sein, daß die Termine nicht eingehalten werden.

Hat der Handwerker konkret vor Augen, was es ihn kostet, wenn er den zugesagten Termin nicht einhält, wird er sich eher bemühen, die Arbeit pünktlich zu beginnen oder fertigzustellen.

Alfred Braun
Alleenring 12
12345 Musterstadt

Herrn
Lutz Burgfried
Hamelnberg 7
12345 Musterstadt

Musterstadt, den . . . .

Bauvorhaben „An der alten Ziegelei 33" in Musterstadt
Mahnung

Sehr geehrter Herr Burgfried,

entsprechend unserer vertraglichen Vereinbarung sollten Sie im vorbezeichneten Bauvorhaben folgende Leistungen erbringen:

● . . . . ,

● . . . .

Obwohl keine Hinderungsgründe vorliegen, haben Sie die Arbeiten bis heute nicht abgeschlossen. Dadurch sind andere Handwerker an der Fertigstellung ihrer Arbeiten gehindert. Ich fordere Sie daher auf, die Arbeiten sofort, spätestens aber bis zum
. . . . abzuschließen.
Ich weise Sie darauf hin, daß ich mir ausdrücklich vorbehalte, Schadenersatzansprüche
geltend zu machen.

Mit freundlichen Grüßen

. . . .

b) VOB-Vertrag

Auch nach der VOB kann ein sogenannter „Bauzeitenplan" zum Inhalt des Vertrages gemacht werden. Ist dies der Fall, so muß der Handwerker diese Fristen einhalten.

WISO rät: Ein Bauzeitenplan sollte in jedem Fall verbindlich zum Vertragsinhalt gemacht werden – also auch dann, wenn sich der Vertrag nach der VOB richtet.

Ist dies jedoch nicht der Fall, so ist der Bauherr nicht auf eine „unverzügliche" Arbeitsaufnahme des Handwerkers angewiesen. Nach § 5 Nr. 2 VOB/B muß dieser innerhalb von zwölf Tagen mit der Arbeit beginnen, nachdem er dazu vom Bauherrn aufgefordert wurde. Außerdem muß er dem Bauherrn seine Arbeitsaufnahme anzeigen.

Der Handwerker ist nach § 5 Nr. 1 VOB/B verpflichtet, die Bauausführung angemessen zu fördern und zu vollenden. Deshalb muß er auch unverzüglich Abhilfe schaffen, sobald Arbeitskräfte, Geräte, Gerüste, Stoffe oder Bauteile so unzureichend sind, daß die Ausführungsfristen offenbar nicht eingehalten werden können. Tut er das nicht oder kommt er nach Aufforderung nicht rechtzeitig seinen Verpflichtungen nach, so kann der Bauherr dem Handwerker eine Frist setzen, die Arbeit zu erledigen.

Muster Fristsetzung:

Alfred Braun
Alleenring 12
12345 Musterstadt

Herrn
Helmut Trampel
Zeisigweg 9
12345 Musterstadt

Musterstadt, den . . . .

**Bauvorhaben „An der alten Ziegelei 33" in Musterstadt
Fristsetzung**

Sehr geehrter Herr Trampel,

entsprechend unserer vertraglichen Vereinbarung sollten Sie die Ihnen übertragenen Aufgaben in dem vorbezeichneten Bauvorhaben längst erledigt haben. Gleichwohl haben Sie Ihre Arbeiten noch immer nicht abgeschlossen.
Ich fordere Sie daher auf, die Arbeiten bis spätestens . . . . abzuschließen.

Mit freundlichen Grüßen

. . . .

Verstreicht diese Frist, ohne daß der Handwerker entsprechend reagiert, hat der Bauherr einen Anspruch auf Ersatz des Verzugsschadens. Das heißt, er kann vom Handwerker verlangen, ihm den Schaden zu ersetzen, der dadurch entstanden ist, daß dieser nicht rechtzeitig gehandelt hat. Darunter fallen zum Beispiel die Aufwendungen, die der Bauherr hatte, um Materiallieferungen umzuleiten, oder Kosten, die durch die Stillegung der Baustelle entstanden sind.

Sollte der Bauherr aufgrund der zögerlichen Arbeit das Vertrauen zu dem Handwerker verloren haben, bietet sich auch hier folgende Lösung an:

WISO rät: Am effektivsten ist, dem Handwerker eine Frist zu setzen und ihm gleichzeitig anzukündigen, daß ihm der Auftrag nach erfolglosem Fristablauf entzogen wird.

Muster Fristsetzung mit Ablehnungsandrohung: (siehe nächste Seite)

Bleibt der Handwerker in diesem Fall tatenlos, so kann der Bauherr nach § 8 Nr. 3 VOB/B den Vertrag mit dem Handwerker kündigen. Er kann dann auf Kosten des Handwerkers einen anderen damit beauftragen, die noch ausstehenden Restarbeiten zu erledigen. Ist ihm darüber hinaus ein Schaden entstanden, so muß der langsame Handwerker auch diesen ersetzen. Das bedeutet, daß der Handwerker den Bauherrn durch eine Geldzahlung in die Lage versetzen muß, die Arbeiten ordnungsgemäß und rechtzeitig ausführen zu lassen.

Erkennt der Handwerker rechtzeitig von sich aus, daß er durch irgendwelche Umstände daran gehindert ist, die Leistung vertragsgemäß zu erbringen, muß er von sich aus tätig werden. Er hat dies dem Bauherrn schriftlich anzuzeigen, damit dieser von sich aus versuchen kann, Abhilfe zu finden.

Kommt die Verzögerung durch einen Streik der Arbeiter oder durch höhere Gewalt oder sonstige Umstände zustande, für die der Handwerker keine Verantwortung trägt, wird die Ausführungsfrist verlängert (§ 6 VOB). Die Verlängerung dauert so lange, wie auch die Behinderung anhält. Außerdem kommt ein Zuschlag für die Wiederaufnahme der Arbeiten und die etwaige Verschiebung in eine ungünstigere Jahreszeit dazu.

Wird dagegen die Ausführung für voraussichtlich längere Dauer unterbrochen, ohne daß erkennbar wird, ob der Handwerker die Leistung überhaupt noch erbringen kann, wird das abgerechnet, was er bis dahin geleistet hat (§ 6 Nr. 5 VOB). Dabei ist grundsätzlich von den vereinbarten Preisen auszugehen. Der Handwerker darf aber einen Aufschlag für die Kosten verrechnen, die ihm schon entstanden sind.

Alfred Braun
Alleenring 12
12345 Musterstadt

Herrn
Heinz Deckel
Rosenstr. 111
12345 Musterstadt

Musterstadt, den . . . .

Bauvorhaben „An der alten Ziegelei 33" in Musterstadt

Sehr geehrter Herr Deckel,

Sie sollten am . . . . mit den von Ihnen zu erbringenden Arbeiten am Bauvorhaben „An der alten Ziegelei 33" beginnen. Entgegen unserem Vertrag haben Sie die
Arbeit bis heute nicht aufgenommen.
Deshalb setze ich Ihnen hiermit eine letzte Frist und fordere Sie auf, die Arbeit unverzüglich aufzunehmen und zügig durchzuführen. Dabei weise ich Sie darauf hin, daß ich
auf eine weitere Zusammenarbeit mit Ihnen keinen Wert mehr lege und den Vertrag
hiermit kündige, wenn Sie die Arbeiten nicht vollständig bis zum
. . . . *(ausreichende Frist einräumen)*
abgeschlossen haben.

Mit freundlichen Grüßen

. . . .

Trägt der Handwerker die Schuld an der Unterbrechung (der Jurist sagt: hat er sie zu vertreten), dann kann der Bauherr von ihm Schadenersatz verlangen. Der Handwerker muß ihn also finanziell so stellen, als wenn die Arbeiten rechtzeitig fertiggestellt worden wären. Das gleiche gilt allerdings auch umgekehrt: Wird der Bau aus Gründen, die beim Bauherrn liegen, unterbrochen, dann hat der Handwerker gegen den Bauherrn einen Anspruch auf Schadenersatz.

In beiden Fällen gilt allerdings, daß ein Anspruch auf entgangenen Gewinn nur geltend gemacht werden kann, wenn die Unterbrechung auf Vorsatz oder grobe Fahrlässigkeit zurückzuführen ist.

Dauert die Unterbrechung länger als drei Monate, kann jeder der beiden Vertragspartner, also Bauherr und Handwerker, kündigen. Die Kündigung muß (vor allem zu Beweiszwecken) schriftlich erfolgen. Die Abrechnung gestaltet sich dann wie vorher beschrieben. Der Bauherr muß aber dem Handwerker zusätzlich die Kosten der Baustellenräumung bezahlen, falls den Handwerker keine Schuld an der Unterbrechung trifft und diese Kosten nicht ohnehin schon in den Preisen für die bereits ausgeführten Leistungen enthalten sind.

9. Mängel

Wie schon eingangs erwähnt: Pfusch am Bau ist die Regel. Doch viele Fehler lassen sich gleich an Ort und Stelle wieder beheben, wenn sie rechtzeitig entdeckt werden. Der Bauherr sollte daher die Baustelle so oft wie möglich selbst besuchen und nach dem Rechten sehen.

Pflichten des Handwerkers

Die Pflichten des Handwerkers werden in § 633 BGB wie folgt beschrieben: *„Der Unternehmer (das heißt der Handwerker – Anm. d. Verf.) hat dem Besteller (das heißt dem Bauherrn – Anm. d. Verf.) das Werk frei von Sach- und Rechtsmängeln zu verschaffen. Das Werk ist frei von Sachmängeln, wenn es die vereinbarte Beschaffenheit hat. Soweit die Beschaffenheit nicht vereinbart ist, ist das Werk frei von Sachmängeln,*
1. wenn es sich für die nach dem Vertrag vorausgesetzte, sonst
2. für die gewöhnliche Verwendung eignet und eine Beschaffenheit aufweist, die bei Werken der gleichen Art üblich ist und die der Besteller nach der Art des Werks erwarten kann."

Die Arbeit des Handwerkers darf keine Mängel aufweisen. Sie muß also handwerklich einwandfrei sein. Der Handwerker darf nicht gegen DIN-Normen,

Unfallverhütungsvorschriften, VDE-Bestimmungen oder ähnliche Vorschriften verstoßen. Das heißt, der Handwerker muß die „allgemeinen Regeln der Technik" beachten.

Der Handwerker hat sein Wissen also ständig auf dem neuesten Stand zu halten. Er muß die neuesten wissenschaftlichen Erkenntnisse der Bauwirtschaft und Bautechnik kennen und sich auch danach richten, sofern diese allgemein anerkannt sind. Nach immer noch geltender höchstrichterlicher Rechtsprechung des Reichsgerichtes muß die Regel der Technik also nicht nur wissenschaftlich unumstritten sein. Es gilt außerdem, daß die Regel in den Kreisen der betreffenden Techniker oder Handwerker bekannt und als richtig anerkannt ist (RGSt. 44,76).

Interessanterweise gilt die Arbeit, bei der die anerkannten Regeln der Technik nicht beachtet wurden, selbst dann als fehlerhaft, wenn sie keine erkennbaren Funktionsbeeinträchtigungen aufweist (BGH, BauR 1975, 346; BGH, NJW1981, 2801: OLG Düsseldorf NJW-RR 1996, 146).

Ein Verstoß gegen anerkannte Regeln der Technik liegt zum Beispiel vor, wenn eine Außenwand mit einer nicht der Norm entsprechenden Wärmedämmung versehen wurde. Aber selbst wenn alle diese Bestimmungen eingehalten wurden, kann die Arbeit trotzdem einen Fehler aufweisen. Wer den Text des § 633 BGB genau liest, dem fällt sicher auf, daß dann kein Mangel vorliegt, wenn das Bauwerk die nach dem Vertrag vorausgesetzte Beschaffenheit aufweist. Es spielt also vor allem eine Rolle, was laut Vertrag vereinbart war. Die Beschaffenheit der Arbeit muß mit der vertraglich vereinbarten Beschaffenheit verglichen werden. Kurz gesagt: Ein Fehler liegt schon vor, wenn die Ist- Beschaffenheit von der Soll-Beschaffenheit abweicht.

Unter der „Soll-Beschaffenheit" versteht man:

- die allgemeinen Anforderungen, die an ein Bauwerk gestellt werden. Diese sind unter anderem in den Landesbauordnungen der Länder beschrieben.

WISO rät: Jeder Bauwillige sollte sich vor Baubeginn mit den wichtigsten Regelungen im Baubereich bekannt machen. Deshalb sollte er auch die Landesbauordnung kennen, die in seinem Bundesland gilt. Da jeder Architekt, Bauunternehmer oder Makler diesen Text besitzen müßte, bittet man dort am besten um eine Kopie. Ansonsten kann auch eine Buchhandlung schnell helfen. Die Landesbauordnungen der meisten Bundesländer sind außerdem schon im Internet abrufbar.

Ansonsten richten sich die allgemeinen Anforderungen nach den örtlichen Gegebenheiten. Deshalb ist ein Handwerker in einem Urteil zum Beispiel verpflichtet worden (falls vertraglich nicht ausdrücklich etwas anderes vereinbart wurde), bei einem Haus eine Abdichtung anzubringen. Diese Abdichtung war nach den örtlichen Verhältnissen erforderlich, um eine dauerhafte und wirksame Dichtigkeit eines Kelleraußenmauerwerkes zu bewirken (OLG Düsseldorf, AZ: 23 U 66/95; IBR 1997,196).

- Die besonderen Anforderungen, die ausdrücklich im Bauvertrag festgehalten sind. Dabei spielt insbesondere die dort festgelegte Bauleistungsbeschreibung eine Rolle. Wurde also darin bestimmt, daß für die Bodenplatte eine Betonart verwendet werden soll, dann stellt es einen Fehler dar, wenn anderer Beton genommen wurde – selbst wenn sich dieser genausogut eignet wie der vorgeschriebene.

- In Ausnahmefällen können sich die besonderen Anforderungen aber auch nur aus der Person des Bauherrn ergeben. Ist dem Handwerker nämlich zum Beispiel bekannt, daß der Bauherr Rollstuhlfahrer oder gehbehindert ist, dann stellt bereits ein breiter Spalt zwischen Fahrstuhl und Treppenhaus einen Fehler dar, selbst wenn er nicht gehbehinderte Personen nicht stören würde.

- Außerdem ist nach der VOB das Werk auch dann fehlerhaft, wenn es nicht über die „zugesicherten Eigenschaften" verfügt. Das setzt voraus, daß die Eigenschaft der Arbeit überhaupt Vertragsgegenstand war. Ob der Handwerker die Eigenschaft dann „zugesichert" hat, ist oft Auslegungssache und läßt sich nicht pauschal beantworten.

Mängelrüge

Welche Maßnahmen der Bauherr ergreifen muß, um Mängel beziehungsweise Fehler beseitigen zu lassen, hängt davon ab, auf welcher Grundlage der Bauvertrag (BGB oder VOB) abgeschlossen wurde.

Wie bereits erwähnt, die wichtigste Grundregel: Der Bauherr sollte mindestens einmal am Tag die Baustelle besichtigen. Das hat den Vorteil, daß er die meisten Fehler sofort und ohne Zeitverzögerung entdecken kann.

WISO rät: Hat der Bauherr einen Fehler festgestellt, sollte er das Problem gleich auf der Baustelle mit den dort tätigen Handwerkern klären. Oftmals läßt sich der Fehler dann schnell und unbürokratisch beheben. Falls der Fehler nicht sofort an Ort und Stelle behoben wird, sollte sich der Bauherr auf keine langen Streitereien auf der Baustelle einlassen. Vielmehr sollte er den Fehler per Einschreiben mit Rückschein gegenüber dem Handwerker geltend machen.

Muster Mängelrüge: (siehe nächste Seite)

Wichtig: Der Bauherr muß nicht bis zur Abnahme warten, bis er einen Fehler rügen kann.

Bemängelt der Bauherr einen Fehler, bevor die Arbeit abgenommen ist, so hat er (wenn nicht ausdrücklich etwas anderes vereinbart wurde) folgende Rechte:

Bis zur Abnahme hat der Bauherr grundsätzlich den ursprünglichen Erfüllungsanspruch. Das bedeutet, daß seine Rechte nicht auf Gewährleistungsansprüche beschränkt sind, theoretisch zumindest. Denn in der Praxis wird der Handwerker in diesem Fall entscheiden, auf welche Art und Weise er den Fehler beheben wird – ob er also sein „Werk" vernichten und nochmals völlig neu herstellen wird oder ob er den Fehler nur ausbessern wird. In extremen Ausnahmefällen hat der Bauherr das Recht, dem Handwerker Vorschriften über die Art und Weise der Mängelbeseitigung zu machen. Eine solche Ausnahme wäre zum Beispiel dann gegeben, wenn der Handwerker einen völlig untauglichen Sanierungsvorschlag macht.

WISO rät: Grundsätzlich sollte sich der Bauherr davor hüten, dem Handwerker Anordnungen zu erteilen, auf welche Art und Weise er den Fehler zu beheben hat. Schlägt die Fehlerbeseitigung nämlich fehl, so trägt der Bauherr dieses Risiko grundsätzlich zumindest mit.

Auf jeden Fall hat der Bauherr einen Anspruch darauf, daß die Handwerkerarbeit fehlerfrei ist. Der Anspruch auf Mängelbeseitigung entsteht bei einem BGB-Vertrag aber erst dann, wenn der Bauherr den Handwerker zur Beseitigung des Fehlers auffordert.

Alfred Braun
Alleenring 12
12345 Musterstadt

Herrn
Heinz Deckel
Rosenstr. 111
12345 Musterstadt

Musterstadt, den . . . .

Bauvorhaben „An der alten Ziegelei 33" in Musterstadt

Sehr geehrter Herr Deckel,

Sie haben sich vertraglich verpflichtet, folgende Leistungen am Bauvorhaben „An der alten Ziegelei 33" zu erbringen:

● . . . . ,
● . . . . ,
● . . . . ,

Ihnen ist bekannt, daß Sie verpflichtet sind, mangelfreie Leistungen zu erbringen. Trotzdem mußte ich leider feststellen, daß . . . . ,
(Beschreibung des Mangels/der Mängel, wie sie sich dem Bauherrn darstellen).

Hiermit fordere ich Sie auf, die beschriebenen Baumängel vollständig bis zum

. . . . *(ausreichende Frist gewähren)*
zu beseitigen.

Ich weise Sie bereits jetzt darauf hin, daß ich einen anderen Handwerker mit der Beseitigung der Mängel beauftragen werde, wenn Sie die gesetzte Frist versäumen. Die dadurch entstehenden Kosten müssen von Ihnen getragen werden.

Mit freundlichen Grüßen

. . . .

Rechte des Bauherrn bei Vorliegen eines Mangels

a) BGB-Vertrag

Nacherfüllung

Haben der Bauherr und der Handwerker einen Vertrag abgeschlossen, der die VOB/B nicht einbezieht, so kann der Bauherr nach § 635 BGB zunächst einmal Nacherfüllung verlangen. Dies bedeutet, daß er vom Handwerker die Leistung einwandfreier Arbeit verlangen kann. Der Handwerker hat dann die Wahl, ob er nur nachbessert oder ob er seine Arbeit noch einmal komplett neu erledigt. Dabei ist er aber nicht nur verpflichtet, den Mangel zu beheben. Er muß auch alle Kosten übernehmen, die für vorbereitende Arbeiten entstehen, um den Fehler festzustellen. Ist dazu zum Beispiel ein Gutachter nötig, muß der Handwerker auch dessen Rechnung begleichen.

Er ist zudem verpflichtet, Schäden am Eigentum des Bauherrn oder von Dritten, die auf die Mangelbeseitigung zurückzuführen sind, auf seine Kosten zu beheben. Entstehen also zum Beispiel durch den Austausch eines defekten Fensters Schäden am Mauerwerk oder geht die bereits angebrachte Tapete kaputt, dann muß der Zimmermann für diese Schäden aufkommen (OLG Celle, BauR 1996, 263).

Der Handwerker kann die Mängelbeseitigung nur dann verweigern, wenn die Nachbesserung unverhältnismäßig wäre. Trotzdem muß er in jedem Fall Schadenersatz leisten.

Wann Unverhältnismäßigkeit vorliegt, läßt sich nicht generell sagen. Dabei spielt immer die Art des Mangels und der Grad möglichen Verschuldens des Handwerkers eine Rolle. Je größer das Verschulden des Handwerkers ist, um so weniger werden es Richter akzeptieren, daß er sich auf Unverhältnismäßigkeit beruft (BGHZ 59, 365). Dabei darf man nicht vergessen:

WISO rät: Der Anspruch auf fehlerfreie Arbeit ist völlig unabhängig von einem Verschulden. Das bedeutet, der Handwerker kann sich nicht damit herausreden, daß der Fehler nicht von ihm verschuldet wurde.

Die Haftung des Handwerkers ist nur dann beschränkt, wenn der Bauherr den Mangel zu verantworten hat. Das ist zum Beispiel dann der Fall, wenn ein Materialfehler vorliegt und das Material vom Bauherrn beschafft wurde.

Selbst wenn ein Fehler vorliegt, den der Bauherr selbst zu verantworten hat, ist der Handwerker aber nicht in jedem Fall von der Haftung befreit. Grundsätzlich hat er nämlich die Pflicht, die Anordnungen des Bauherrn auf ihren Sinn hin zu untersuchen. Schlägt der Bauherr zum Beispiel die Verwendung eines bestimmten Betons vor, weil er billig an ihn herankommen kann, dann muß der Handwerker ihn davon abhalten, wenn sich die Art oder Zusammensetzung des Betons für das konkrete Vorhaben nicht eignet. Verwendet er den Beton trotzdem, haftet er zusammen mit dem Bauherrn, wenn es später zu Problemen kommt.

Manchmal ist der Fehler einer Arbeit aber auch nicht dem Handwerker anzulasten, der sie durchgeführt hat, sondern nur Folge eines Fehlers, den ein anderer Handwerker begangen hat, der vor ihm am Bau war. Aber auch darauf kann sich der Handwerker nicht immer herausreden. Grundsätzlich hat der Handwerker nämlich die Pflicht, die Vorarbeiten zu überprüfen, bevor er mit seiner Arbeit beginnt. Diese Pflicht besteht sowohl bei einem BGB-Vertrag wie auch bei einem Vertrag, der sich nach der VOB richtet. Wann diese Prüfungspflicht besteht, ist zum Teil in den DIN-Normen der VOB/C genau beschrieben.

Stellt der Handwerker dann am Vorgewerk einen Fehler fest, muß er dies dem Bauherrn gegenüber anzeigen. Bei einem BGB-Vertrag reicht es, wenn dies mündlich geschieht. Bei einem VOB-Vertrag muß der Hinweis dagegen schriftlich erfolgen.

Verstößt der Handwerker gegen diese Prüfungs- und Hinweispflicht und treten später Fehler an *seiner* Arbeit auf, dann kann er sich nicht darauf berufen, daß ein anderer Handwerker eigentlich für den Schaden verantwortlich ist.

Das gilt natürlich nicht uneingeschränkt. Wäre der Fehler des Vorgewerkes nur von einem Sachverständigen nach langem Suchen herausgefunden worden, kann vom Handwerker, dessen Werk auf dieses Vorgewerk aufbaut, nicht verlangt werden, daß er diesen Fehler hätte erkennen müssen. Treten zum Beispiel Risse im Putz eines Fachwerkhauses auf, weil das Fachwerk aus zu frischem und feuchtem Holz errichtet wurde, so haftet der Verputzer nicht. Es kann von ihm schließlich nicht erwartet werden, daß er den Feuchtigkeitsgehalt oder sogar das Alter des verwendeten Holzes bestimmt, bevor er den Putz aufbringt. Die dazu nötigen technischen Hilfsmittel stehen ihm nämlich typischerweise nicht zur Verfügung (OLG Düsseldorf, BauR 1997, 840).

Wie soll der Bauherr sich aber nun verhalten, wenn er einen Fehler festgestellt hat?

WISO rät: Auf keinen Fall sollte der Bauherr die Rechnung bezahlen, bevor nicht völlig klar ist, daß die Arbeit fehlerlos ist. Nur dann nämlich wird der Handwerker einen Anreiz dafür haben, seine Arbeit zu verbessern.

Es gilt die Faustformel, daß der Bauherr in der Regel das Dreifache der zu schätzenden Nachbesserungskosten zurückbehalten darf. Gleichzeitig muß er dem Handwerker die Art und die Lage der Mängel mitteilen. Er ist aber nicht verpflichtet, die Ursache der Mängel oder gar die erforderlichen Mängelbeseitigungsarbeiten zu bezeichnen.

Der Handwerker hat nur das Recht die Nacherfüllung zu verweigern, wenn sie mit unverhältnismäßig hohen Kosten möglich ist oder wenn sie einen unverhältnismäßigen Aufwand erfordert oder nicht zugemutet werden kann.

Kommt der Unternehmer seiner Verpflichtung zur Mängelbeseitigung nicht nach, so sollte der Bauherr ihm für die Erledigung eine Frist setzen.

WISO rät: Um einen Handwerker in Verzug zu setzen, sollte ihm der Bauherr eine datumsmäßig festgelegte Erledigungsfrist einräumen.

Alfred Braun
Alleenring 12
12345 Musterstadt

Herrn
Heinz Deckel

Rosenstr. 111
12345 Musterstadt

Musterstadt, den . . . . ,

Bauvorhaben „An der alten Ziegelei 33" in Musterstadt

Sehr geehrter Herr Deckel,

Sie haben sich vertraglich verpflichtet, folgende Leistungen am Bauvorhaben
„An der alten Ziegelei 33" zu erbringen:

● . . . . ,   ● . . . . ,
● . . . . ,   ● . . . . ,

Ihnen ist bekannt, daß Sie verpflichtet sind, mangelfreie Leistungen zu erbringen.
Trotzdem mußte ich leider feststellen, daß . . . . .
(Beschreibung des Mangels/der Mängel, wie sie sich dem Bauherrn darstellen).

Hiermit fordere ich Sie auf, die beschriebenen Baumängel bis zum

. . . . *(ausreichende Frist gewähren)*
vollständig zu beseitigen.

Sollten die vorstehend genannten Mängel bis dahin nicht vollständig beseitigt sein, betrachte ich
unseren Vertrag als gekündigt, da ich dann kein Interesse an einer weiteren Zusammenarbeit habe. In diesem Fall behalte ich mir die Geltendmachung weiterer Rechte vor.

Mit freundlichen Grüßen

. . . .

Die Frist muß angemessen sein. Sie muß also so bemessen sein, daß der Handwerker den Fehler innerhalb dieses Zeitraumes auch tatsächlich beheben kann.

Wichtig: Bei der Fristsetzung sollte von vornherein das Ende der Frist mit einem konkreten Datum beschrieben werden, zum Beispiel: „Ich fordere Sie hiermit auf, den Fehler bis zum 15.1.2003 zu beheben."

Wird nämlich nur eine Frist gesetzt (zum Beispiel: „Ich fordere Sie hiermit auf, den Fehler innerhalb von drei Wochen zu beseitigen"), dann ist unklar, ab welchem Zeitpunkt diese Dreiwochenfrist zu laufen beginnt.

Selbstvornahme

Ist die Frist abgelaufen, ohne daß der Handwerker seine fehlerhafte Arbeit korrigiert hat, kann der Bauherr den Mangel von einem anderen Handwerker beheben lassen. Dessen Rechnung muß dann der Handwerker zahlen, der den Fehler verursacht hat. Dabei ist es völlig unerheblich, ob der Handwerker Schuld daran trägt, daß er die Frist versäumt hat. Der Bauherr kann vom Handwerker, der nicht ordentlich gearbeitet hat, außerdem einen Vorschuß auf die Mängelbeseitigungskosten des zweiten Handwerkers verlangen.

WISO rät: Damit es darüber keinen Streit gibt, sollte der Bauherr dem Kostenübernahmeersuchen gleich einen Kostenvoranschlag des zweiten Handwerkers beifügen.

Muster Kostenübernahmeersuchen:

Alfred Braun
Alleenring 12
12345 Musterstadt

Herrn
Heinz Deckel
Rosenstr. 111
12345 Musterstadt

Musterstadt, den . . . . ,

Bauvorhaben „An der alten Ziegelei 33" in Musterstadt

Sehr geehrter Herr Deckel,

Sie haben sich vertraglich verpflichtet, folgende Leistungen am Bauvorhaben
„An der alten Ziegelei 33" zu erbringen:

● . . . . ,   ● . . . . ,
● . . . . ,   ● . . . . ,

Bereits mit Schreiben vom . . . . . habe ich Ihnen dargestellt, daß diese Leistungen mit
erheblichen Mängeln behaftet sind. Die Ihnen gesetzten Fristen haben Sie ohne erkennbaren
Grund verstreichen lassen. Ich werde daher auf Ihre Kosten einen anderen Handwerker mit der
Fertigstellung beauftragen.

Ich fordere Sie daher auf, bis zum

. . . . *(ausreichende Frist gewähren)*

einen Vorschuß auf die Kosten der Mängelbeseitigung in Höhe von . . . . Euro zu leisten.
Ich erwarte die Zahlung auf mein Konto bei der . . . . , *(Bezeichnung der Bank)*, Kto.Nr.:
. . . . , BLZ . . . .
Die Höhe der voraussichtlichen Kosten ergibt sich aus dem in Kopie beigefügten Kostenvoran-
schlag.
Ich weise Sie bereits jetzt darauf hin, daß ich gerichtliche Hilfe in Anspruch nehmen werde,
wenn Sie die Ihnen gesetzte Frist erneut versäumen.

Mit freundlichen Grüßen

. . . .

Anlage: Kostenvoranschlag des Unternehmens . . . . ,

Durch den Vorschuß soll der Bauherr in die Lage versetzt werden, die Fehler beheben zu lassen, ohne dabei eigenes Geld einsetzen zu müssen. Das ist nicht mehr als recht und billig: Eigentlich müßte der Handwerker, der den Pfusch verursacht hat, ihn auf seine Kosten beseitigen. Tut er das nicht rechtzeitig, muß er wenigstens die Kosten tragen, die durch die Fehlerbeseitigung entstehen.

Läßt der Bauherr den Fehler von einem anderen Bauhandwerker beheben, bevor er dem Verursacher eine ausreichende Frist dafür gesetzt hat, so hat er keinen Anspruch auf Ersatz der Kosten für den zweiten Handwerker.

WISO rät: Der Bauherr muß die Kosten, die die Mängelbeseitigung verursacht, nicht exakt angeben. Es reicht, wenn er sich auf Kostenvoranschläge, Privat- oder Beweissicherungsgutachten beruft.

Ein Privatgutachten ist ein Gutachten, das der Bauherr auf seine Kosten und seine Veranlassung in Auftrag gegeben hat. Dagegen wird ein Beweissicherungsgutachten im sogenannten „Beweissicherungsverfahren" abgegeben. Dabei erfolgt die Begutachtung durch einen Gutachter, der vom Gericht bestimmt wurde (vgl. dazu „13. Selbständiges Beweisverfahren").

Für die Fehlerbeseitigung muß der Bauherr nicht den billigsten Anbieter einsetzen. Es ist sein gutes Recht, einen Handwerker seines Vertrauens zu wählen (OLG Düsseldorf, BauR 1974, 61).

Hat der Handwerker einen Vorschuß auf die Mängelbeseitigung gezahlt, muß er nachleisten, wenn sich herausstellt, daß diese Summe nicht ausreicht.

Der Bauherr muß natürlich gleichzeitig die ordentliche Verwendung des Vorschusses nachweisen. Das bedeutet, daß er verpflichtet ist, seine Aufwendungen für die Mängelbeseitigung zu belegen. Geld, das er nicht benötigt hat, muß er selbstverständlich an den Handwerker zurückbezahlen.

Der Bauherr ist auch verpflichtet, die Mängelbeseitigung innerhalb einer angemessenen Frist vornehmen zu lassen, wenn er einen Vorschuß erhalten hat. Dabei gilt eine Frist von bis zu einem Jahr als noch angemessen. Selbstverständlich entscheiden aber in jedem Fall die konkreten Umstände.

Hat der Bauherr nicht innerhalb einer angemessenen Frist mit der Mängelbeseitigung begonnen, dann muß er den erhaltenen Vorschuß an den Handwerker zurückzahlen. Der Handwerker, der den Vorschuß gezahlt hat, kann auch die Rückzahlung des Geldes verlangen, wenn er erfährt, daß der Bauherr sein Geld nicht für die Mängelbeseitigung eingesetzt hat.

Der Bauherr kann den Fehler - wenn dies möglich ist - aber auch selbst beheben. Der Handwerker muß dann den Wert dieser Arbeitsleistung ersetzen.

Das bedeutet aber nicht, daß er mehr zu bezahlen hat, wenn der Bauherr Groß-
verdiener ist, und weniger zu zahlen hat, wenn er Wenigverdiener ist. Der
Wert der Arbeitsleistung ist im Zweifelsfall vom Gericht zu schätzen. Anhalts-
punkt ist der Lohn, der einem zu zahlen wäre, der in beruflich abhängiger
Stellung tätig ist.

Rücktritt

Nach dem erfolglosen Ablauf der gesetzten Frist kann der Bauherr aber auch
nur vom Vertrag zurücktreten. Seit dem 1.1.2002 muß der Bauherr den Handwerker nicht einmal vorher darauf hinweisen, daß er beabsichtigt, nach Fristablauf vom Vertrag zurückzutreten.
Allerdings ist es dem Bauherrn nicht erlaubt, wegen jedes kleinsten Fehlers
nach der Fristsetzung den Rücktritt vom Vertrag zu erklären. Dies ist nur bei
erheblichen Pflichtverletzungen möglich.

Minderung

Der Bauherr kann nach erfolglosem Fristablauf aber auch nur den vereinbarten Preis mindern. Das bedeutet, daß er einen Abschlag wegen der fehlerhaften Arbeit vornehmen darf. Die Höhe des Abzuges richtet sich danach, um
welchen Fehler es sich handelt. In der Regel entspricht der Minderungsbetrag
der Summe, die aufgewendet werden muß, um den Fehler zu beseitigen. Gegebenenfalls ist darauf noch ein Aufschlag vorzunehmen, falls trotz der Nachbesserung die Arbeit minderwertig ist. Dabei müssen sowohl der technische
wie auch der merkantile Minderwert beachtet werden.

Der technische Minderwert berücksichtigt die Nachteile, die durch den
Mangel bei Gebrauch oder bei Benutzung des Werkes entstehen. Hat also der
Kaminbauer einen Fehler gemacht und weist der eingebaute Kachelofen trotz
späterer Nachbesserung nicht den optimalen und versprochenen Heizwert auf,
ist auch der daraus resultierende technische Minderwert zu berücksichtigen.

Der merkantile Minderwert erfaßt dagegen die Wertbeeinträchtigung, die
das Werk wegen des Mangels auf dem Markt erleidet.

WISO rät: Verweigert der Handwerker die Beseitigung des Mangels, weil der
Aufwand unverhältnismäßig wäre, dann richtet sich der Minderungsanspruch
des Bauherrn nicht nach den Mängelbeseitigungskosten, sondern nach dem
angemessenen Ausgleichsbetrag für den Wertverlust des Werkes.

Sind die Rauhfaserbahnen zum Beispiel nicht ganz bündig geklebt worden, so
daß sich kleine Spalte bilden, die nur mit der Anstrichfarbe ausgefüllt sind,

wäre es unter Umständen unverhältnismäßig, die Tapeten abzureißen und die ganze Arbeit noch einmal zu machen. Es wäre aber auch unverhältnismäßig, wenn der Bauherr die gesamten Kosten, die dafür entstehen würden, vom Tapezierer verlangen könnte. Deshalb soll er den Lohn des Tapezierers nur entsprechend mindern dürfen. Es ist dann also festzustellen, welchen Wert diese fehlerhafte Arbeit hat. Dieser läßt sich nicht pauschal berechnen, sondern richtet sich unter anderem nach der Schwere des Fehlers.

Ist die Wohnfläche eines Hauses oder einer Eigentumswohnung geringer als vertraglich vorgesehen, so errechnet sich die Minderung nach dem Quadratmeterpreis, der sich aus der vertraglich vereinbarten Gesamtwohnfläche und dem vereinbarten Gesamtpreis für das Haus oder die Eigentumswohnung ergibt.

Muster Minderung:

Alfred Braun
Alleenring 12
12345 Musterstadt

Herrn
Alois Bauer
Gärtnergasse 9
12345 Musterstadt

Musterstadt, den ....

Bauvorhaben „An der alten Ziegelei 33" in Musterstadt
Minderung

Sehr geehrter Herr Bauer,

am .... haben wir einen Werkvertrag abgeschlossen. Sie haben die vertraglich
geschuldeten Arbeiten ausgeführt.
Nunmehr habe ich jedoch festgestellt, daß folgende Mängel vorliegen:
.... *(Beschreibung der Mängel, wie sie sich dem Bauherrn darstellen)*
Wegen dieser Mängel erkläre ich die Minderung.
Der Minderungsbetrag errechnet sich wie folgt:
.... *(Darstellung der Minderungsberechnung)*

a) Wenn der Bauherr noch keine Zahlung geleistet hat:
Daher mindere ich den noch von mir an Sie zu zahlenden Werklohn um .... DM.
Den restlichen Werklohn werde ich innerhalb der nächsten Tage an Sie überweisen.

b) Wenn der Bauherr schon vollständige Zahlung erbracht hat:
Da ich Ihre Rechnung bereits vollständig beglichen habe, fordere ich Sie auf, den Minderungsbetrag in Höhe von .... DM bis zum .... auf mein Konto bei
der Bank ...., Kto.Nr.: ...., BLZ ...., zu überweisen.

Mit freundlichen Grüßen

....

Übrigens: Die Minderung ist auch dann möglich, wenn der Mangel den Wert nur unerheblich mindert.

Schadenersatz

Stellt sich heraus, daß der Handwerker den Fehler verschuldet hat, zum Beispiel weil er fahrlässig die allgemeinen Regeln der Baukunst nicht beachtet hat, so kann der Bauherr auch Schadenersatz verlangen.

Voraussetzung für einen Schadenersatzanspruch ist aber grundsätzlich, daß der Bauherr gegenüber dem Handwerker eine Frist gesetzt hat und diese ergebnislos abgelaufen ist. Außerdem muß das Gebäude abgenommen worden sein (dazu mehr unter „10. Abnahme").

Wie bereits erwähnt, gibt es den Anspruch auf Schadenersatz auch nur, wenn der Handwerker den Schaden „zu vertreten" hat. Er muß also vorsätzlich oder fahrlässig gehandelt oder vorsätzlich oder fahrlässig irgendeine Handlung unterlassen haben, die er hätte vornehmen müssen.

Über diese rechtliche Einschränkung muß man sich erfahrungsgemäß als Bauherr nicht allzu viele Gedanken machen. Die Rechtsprechung geht nämlich davon aus, daß der Handwerker grundsätzlich jeden Fehler zu vertreten hat. Will er sich gegen diese Annahme zur Wehr setzen, so muß er beweisen, daß der Mangel unvermeidbar war. Das wird ihm in der Regel schwerfallen.

WISO rät: Hat der Handwerker nicht selbst gearbeitet, sondern eine Hilfsperson eingesetzt, so kann er nicht einfach seine Verantwortung auf diese abwälzen. Er kann also nicht behaupten, daß er keinen Schadenersatz leisten muß, weil zum Beispiel ein Subunternehmer für ihn tätig geworden ist.

Erst recht kann er den Bauherrn nicht an seinen Vorarbeiter oder einen seiner Mitarbeiter verweisen. Für den Bauherrn ist immer derjenige Ansprechpartner, mit dem er den Vertrag abgeschlossen hat. Hat dieser sich Hilfspersonen bedient, dann muß er auch für deren Fehler geradestehen.

Der Handwerker kann sich auch nicht darauf hinausreden, daß er seinen Beruf noch nicht lange ausübt und deshalb gar nicht erkennen konnte, ob seine Arbeit optimal ausgeführt wurde oder nicht. Mangelnde Erfahrung ist kein Entschuldigungsgrund. Wann ein Verhalten fahrlässig ist, richtet sich nämlich nach einem objektiven Maßstab. Das bedeutet: Bei der Frage, ob der Handwerker fahrlässig gehandelt hat, wird nicht auf seine persönliche Lage abgestellt. Es wird also nicht gefragt, ob einem anderen Handwerker mit gleicher Erfahrung dieser Fehler auch passiert wäre. Vielmehr wird von einem optimalen durchschnittlichen Handwerker ausgegangen.

Deshalb kann sich auch ein älterer Handwerker nicht darauf berufen, daß sich in den letzten Jahren so viele neue Erkenntnisse ergeben haben, die er gar nicht mehr mitverfolgen konnte, weil er schon zu alt ist.

Umfang des Schadenersatzes

Ist der Handwerker verpflichtet, Schadenersatz zu leisten, geht es nicht mehr nur darum, daß er selbst den Schaden beseitigt. Dann würde man nämlich von Nachbesserung sprechen. Bei der Leistung von Schadenersatz geht es vielmehr um eine Geldzahlung. Das bedeutet, daß der Handwerker entweder Geld an den Bauherrn zurückzahlen muß, wenn dieser unvorsichtigerweise bereits die volle Handwerkerrechnung bezahlt haben sollte. Oder es besteht die Möglichkeit, den Schadenersatzanspruch mit den Zahlungsansprüchen des Handwerkers zu verrechnen.

Die Höhe der Schadenersatzforderung richtet sich nach der Pflichtverletzung des Handwerkers. Bei erheblichen Pflichtverletzungen kann der Bauherr den sogenannten „großen Schadenersatzanspruch" geltend machen. Bei weniger erheblichen Pflichtverletzungen kommt nur die Geltendmachung des „kleinen Schadenersatzanspruches" in Betracht.

Beim großen Schadenersatzanspruch weist der Bauherr die Arbeit des Handwerkers völlig zurück und verlangt den Schadenersatz, der durch die Nichterfüllung des Vertrages entstanden ist. Dann wird die Vermögenslage des Bauherrn vor dem schädigenden Ereignis mit der Vermögenslage verglichen, die bestanden hätte, wenn der Bauherr mit dem betreffenden Handwerker nie zu tun gehabt hätte. Beim kleinen Schadenersatzanspruch kann der Bauherr die Kosten verlangen, die zur Beseitigung der Mängel entstehen. Außerdem kann er den technischen oder merkantilen Minderwert beanspruchen.

Beweislast

Sollten die Streitigkeiten gerichtlich ausgetragen werden, ist von entscheidender Bedeutung, wer die Beweislast für welche Umstände zu tragen hat. Vor der Abnahme trägt der Handwerker die Beweislast dafür, daß kein Fehler vorliegt. Das bedeutet, er hat unter Umständen auch unter Vorlage eines Sachverständigengutachtens (das er dann bezahlen muß) nachzuweisen, daß er ordentlich gearbeitet hat.

Nach der Abnahme

Nach der Abnahme hat der Bauherr grundsätzlich den ursprünglichen Erfüllungsanspruch verloren. Er hat dann nur noch einen Nachbesserungsanspruch.

Dabei ist der Handwerker allerdings verpflichtet, eine völlig einwandfreie Arbeit abzuliefern. Deshalb kann die einzige Form einer ordentlichen Nachbesserung in der Zerstörung der fehlerhaften Arbeit und in der Neuherstellung liegen.

Ansonsten sind die Rechte des Bauherrn die gleichen wie vor der Abnahme. Allerdings gilt in diesem Fall eine andere Beweislast, denn jetzt muß der Bauherr beweisen, daß die Leistung mit Mängeln behaftet ist. Also muß er im Zweifel in einem Gerichtsverfahren den Fehler nachweisen. Die Kosten des Gutachters gehen dann erst einmal auf seine Kappe.

b) VOB-Vertrag

Nach § 13 Nr. 1 VOB wird die Gewährleistung des Handwerkers wie folgt beschrieben:

„Der Auftragnehmer (also der Handwerker – Anm. d. Verf.) übernimmt die Gewähr, daß seine Leistung zur Zeit der Abnahme die vertraglich zugesicherten Eigenschaften hat, den anerkannten Regeln der Technik entspricht und nicht mit Fehlern behaftet ist, die den Wert oder die Tauglichkeit zu dem gewöhnlichen oder dem nach dem Vertrag vorausgesetzten Gebrauch aufheben oder mindern."

Der Fehlerbegriff unterscheidet sich also nicht wesentlich von dem nach dem BGB.

Wurde die VOB in den Vertrag einbezogen, so muß aber rechtlich gesehen sehr viel mehr als beim BGB-Vertrag unterschieden werden, ob der Mangel vor oder nach der Abnahme aufgefallen ist.

● *Vor der Abnahme*
Vor der Abnahme gilt nach § 4 Nr. 7 Satz 1 VOB/B folgende Regelung:

„Leistungen, die schon während der Ausführung als mangelhaft oder vertragswidrig erkannt werden, hat der Auftragnehmer (der Handwerker – Anm. d. Verf.) auf eigene Kosten durch mangelfreie zu ersetzen."

Das bedeutet, daß der Handwerker im Gegensatz zum BGB-Vertrag hier schon aufgrund der Bestimmungen zur Mängelbeseitigung verpflichtet ist. Er muß dazu nicht erst vom Bauherrn aufgefordert werden. Ansonsten gelten keine Besonderheiten gegenüber dem BGB-Vertrag.

● *Nach der Abnahme*
Nachdem das Bauwerk abgenommen wurde, regelt § 13 VOB/B:

„Der Auftragnehmer (der Handwerker – Anm. d. Verf.) ist verpflichtet, alle

während der Verjährungsfrist hervortretenden Mängel, die auf eine vertrags-
widrige Leistung zurückzuführen sind, auf seine Kosten zu beseitigen, wenn es
der Auftraggeber vor Ablauf der Frist schriftlich verlangt."

Nach der Abnahme besteht der Mängelgewährleistungsanspruch also nicht mehr automatisch, sondern nur mit beziehungsweise durch eine entsprechende Mitteilung des Bauherrn.

WISO rät: Anders als es der Wortlaut der Bestimmung glauben macht, ist es nicht unbedingt notwendig, daß der Fehler schriftlich gerügt wird. Will der Bauherr seine Rechte sichern, reicht es, wenn er dies mündlich tut.

Der Bauherr hat also grundsätzlich nichts verloren, wenn er den Mangel mündlich geltend macht. Aber dann muß er unmißverständlich deutlich gemacht haben, daß er eine Beseitigung des Mangels verlangt. Dabei muß die Art und Weise des Mangels klar beschrieben werden. Außerdem sollte bei diesem Gespräch unbedingt ein Zeuge dabei sein, der gegebenenfalls später beweisen kann, daß sich das Gespräch so zugetragen hat. Um hier einmal mit einem Vorurteil aufzuräumen:

WISO rät: Selbstverständlich kann es sich bei dem Zeugen auch um den Ehepartner handeln, wenn nur einer der Eheleute offiziell der Bauherr ist. Die Tatsache, daß man mit dem Bauherrn verheiratet ist, bedeutet noch längst nicht, daß man vor Gericht nicht ernst genommen wird.

Bauen allerdings beide Ehegatten das Haus gemeinsam, dann ist das anders. Falls also in unserem Beispielfall zu Beginn dieses Kapitels die Eheleute Braun im Vertrag als Auftraggeber eingetragen wurden, dann sind sie beide Partei. Das bedeutet, daß sie aus formalen Gründen nicht als Zeuge benannt werden dürfen, falls es hart auf hart kommt und der Streit vor Gericht ausgetragen wird.

WISO rät: Der Bauherr sollte sich also besser an die Vorschrift der VOB halten und alles schriftlich erledigen. Die VOB verlangt aus Beweisgründen eine schriftliche Rüge.

Denn wer in einem späteren Prozeß die Mängelrüge in schriftlicher Form vorlegen kann, für den ist die rechtliche Situation immer sicherer, als wenn die Glaubwürdigkeit eines Zeugen zur Diskussion steht. Wurde die Rüge schriftlich vorgetragen, dann kann der Handwerker nicht wegdiskutieren, daß seine Arbeit kritisiert wurde.

Im Zweifel könnte sich der Handwerker dann natürlich immer noch darauf zurückziehen, daß er dieses Schreiben nicht bekommen hat. Deshalb sollte eine schriftliche Mängelrüge immer per Einschreiben mit Rückschein geschickt werden.

Dann muß der Handwerker oder einer seiner Mitarbeiter den Empfang quittieren. Die Quittung erhält der Bauherr zurück, und es gibt somit keinerlei Unsicherheiten, ob der Handwerker das Schreiben auch wirklich bekommen hat.

Selbstvornahme

Selbstverständlich gibt es auch beim VOB-Vertrag die Möglichkeit, daß der Bauherr die notwendigen Arbeiten von einem anderen Handwerker ausführen läßt, um den Mangel zu beseitigen. Voraussetzung dafür ist aber auch hier, daß der Bauherr, bevor er einen anderen Handwerker damit beauftragt, den urspünglichen Handwerker zur Mängelbeseitigung auffordert.

Dies ist sogar in der VOB ausdrücklich in § 13 Nr. 5 (2) wie folgt geregelt: *„Kommt der Auftragnehmer (zum Beispiel der Handwerker – Anm. d. Verf.) der Aufforderung zur Mängelbeseitigung in einer vom Auftraggeber (= Bauherrn) gesetzten angemessenen Frist nicht nach, so kann dieser Mängel auf Kosten des Auftragnehmers beseitigen lassen. "*

Auch beim VOB-Vertrag hat der Bauherr also nicht nur den Anspruch, die Fehler auf Kosten des ursprünglichen Handwerkers beseitigen zu lassen. Der Bauherr kann von dem Handwerker, der die mangelhafte Arbeit erbracht hat, einen Vorschuß für die Mängelbeseitigungskosten verlangen, falls der Handwerker die eingeräumte Frist verstreichen läßt. Hier gelten keine Besonderheiten gegenüber dem BGB-Vertrag.

Wie beim BGB-Vertrag, haftet der Handwerker aber nicht für Mängel, die aufgrund der Leistungsbeschreibung oder auf Anordnung des Bauherrn eingetreten sind. Ebensowenig kann der Handwerker dafür zur Rechenschaft gezogen werden, wenn der Fehler auf Baustoffe zurückzuführen ist, die vom Bauherrn geliefert wurden oder deren Verwendung er ausdrücklich angeordnet hat. Und der Handwerker haftet natürlich auch nicht für Fehler, die auf die fehlerhafte Vorleistung eines anderen Handwerkers zurückzuführen sind.

Etwas anderes gilt dann, wenn es der Handwerker unterlassen hat, dem Bauherrn seine Bedenken gegen die von diesem gelieferten oder vorgeschriebenen Stoffe zu äußern oder ihn auf schlechte Leistungen anderer Handwerker aufmerksam zu machen.

Ist der Bauherr also billig an Beton herangekommen und hat vorgeschrieben, daß dieser Beton verwendet wird, muß er grundsätzlich auch das Risiko tragen, daß der Beton brauchbar ist. Fängt er an zu bröckeln, dann kann er nicht im nachhinein den Handwerker oder Bauunternehmer deshalb in Regreß nehmen. Ist diesen Fachleuten aber bekannt oder müßte ihnen bekannt sein, daß sich der vom Bauherrn vorgeschriebene Beton für die vorgesehenen Arbeiten überhaupt nicht eignet, müssen sie darauf aufmerksam machen. Tun sie das nicht, dann haften sie neben dem Bauherrn für später eintretende Schäden. Dann trifft den Handwerker je nach Lage des Falles zumindest eine Mithaftung.

Minderung

Zur Erinnerung: Hat der Bauherr das Recht zur Minderung, darf er dem Handwerker weniger bezahlen als ursprünglich vereinbart.

Nach § 13 Nr. 6 VOB kann der Bauherr mindern, wenn folgende Voraussetzungen vorliegen:

- Die Beseitigung des Mangels ist unmöglich. Das ist zum Beispiel dann der Fall, wenn das Haus oder die Wohnung nicht die vorgesehene Größe hat. Wenn etwa die Eigentumswohnung plötzlich nicht, wie im Kaufvertrag beschrieben, eine Wohnfläche von 120 m^2 hat, sondern nur 115 m^2 aufweist, dann liegt es auf der Hand, daß deswegen das Gebäude nicht abgerissen werden kann. In diesem Fall bietet sich an, den Fehler durch eine Minderung des Preises auszugleichen.
- Die Beseitigung des Mangels ist unverhältnismäßig und wird deshalb vom Handwerker verweigert. Die Beseitigung des Mangels ist dann unverhältnismäßig, wenn der Aufwand zur Beseitigung des Fehlers in keinem vernünftigen Verhältnis zu dem Erfolg steht, der mit der Beseitigung der Mängel erzielt werden kann.

Doch Achtung: Dabei ist nicht auf das Verhältnis dieser Kosten zu dem ursprünglichen Herstellungsaufwand abzustellen. Maßgeblich ist vielmehr das Wertverhältnis zwischen dem Aufwand, den Mangel zu beseitigen, und dem Vorteil, den die Mängelbeseitigung dem Bauherrn gewährt. Ist also beispielsweise der Innenputz der Diele nicht so grobkörnig ausgefallen, wie er sein sollte, so müßte sich der Bauherr klar darüber werden, welchen Vorteil er durch einen anderen Putz hat. Dieser Vorteil müßte verglichen werden mit den Kosten, die durch das Abschlagen und die Aufbringung neuen Putzes entstehen. Bei rein optischen Fehlern wird sich in der Regel ergeben, daß die Beseitigung unverhältnismäßig ist.

- Ausnahmsweise kann auch Minderung verlangt werden, wenn es für den Bauherrn unzumutbar ist, den Mangel beseitigen zu lassen.

Falls also der Tapezierer die Tapeten nicht ordentlich verklebt hat, wäre er grundsätzlich verpflichtet und berechtigt, die Tapeten zu entfernen und neu anzubringen. Das ist nicht weiter schlimm, wenn sich die Wohnung noch im Bauzustand befindet. Was aber, wenn der Bauherr mit seiner Familie schon eingezogen ist? Dann ist das nur möglich, wenn zumindest die Möbel von den Wänden abgerückt werden. Das ist dem Bauherrn aber nicht zuzumuten. Hält sich der Fehler des Tapezierers also im Rahmen, kann der Bauherr für diesen Pfusch weniger zahlen als vorher vereinbart.

Schadenersatz

Schadenersatz kann neben Mängelbeseitigung und Minderung geltend gemacht werden. Durch den Schadenersatz kann sich der Bauherr den Schaden vom Handwerker bezahlen lassen, der durch die Nachbesserung oder durch die Minderung nicht ausgeglichen wurde. Schadenersatz kann der Bauherr verlangen, wenn feststeht, daß der Handwerker den Mangel zu vertreten hat. Je nachdem, ob er leicht oder grob fahrlässig oder vorsätzlich gehandelt hat, muß der Handwerker entweder den sogenannten „kleinen" oder „großen" Schadenersatz leisten.

Zur Erinnerung: Schadenersatz bedeutet, daß der Bauherr einen Anspruch darauf hat, den Zustand wieder herstellen zu lassen, der vorläge, wenn der Mangel nicht eingetreten wäre. Er hat grundsätzlich einen Anspruch auf Korrektur des Fehlers. Er kann aber genausogut Geld verlangen, um den Mangel damit selbst zu beheben beziehungsweise durch einen anderen Handwerker beheben zu lassen.

Kleiner Schadenersatzanspruch

Bei jeder Art von Fahrlässigkeit muß der Handwerker den kleinen Schadenersatz leisten. Das bedeutet, daß er auch bei der leichtesten Fahrlässigkeit haftet. Wie bereits weiter vorne erwähnt, ist kaum ein Fall denkbar, bei dem der Handwerker nachweisen kann, nicht leicht fahrlässig gehandelt zu haben. Mit anderen Worten: Man kann davon ausgehen, daß der Handwerker seinen Fehler grundsätzlich zu vertreten hat.

Den kleinen Schadenersatz nach § 13 Nr. 7 VOB kann der Bauherr aber nur verlangen, wenn außerdem noch folgende Voraussetzungen vorliegen:
- Der Mangel muß wesentlich sein. Das ist dann der Fall, wenn er – unter Berücksichtigung des Vertragszwecks – auch von einem unbeteiligten

Dritten als bedeutende Abweichung von der vertraglich erwarteten Qualität angesehen wird. Außerdem ist das spezielle Interesse des Auftraggebers an der vertragsgerechten Leistung im Hinblick auf seine Verwendungsabsicht zu berücksichtigen (OLG Stuttgart BAuR 1979, 432).

Der Bauherr muß sich also in die Lage des typischen Durchschnittsdeutschen versetzen und sich fragen, ob dieser ebenfalls der Ansicht wäre, daß es sich um einen wesentlichen Fehler handelt.

- Die Gebrauchsfähigkeit muß erheblich beeinträchtigt sein. Das ist sie dann, wenn das Haus oder die Wohnung nicht wie geplant bewohnt werden kann. Dabei spielt auch die Verkaufsfähigkeit eine Rolle.

In einem vor dem OLG Nürnberg verhandelten Extremfall wurde der Bauunternehmer verurteilt, Schadenersatz wegen eines wesentlichen Mangels zu leisten. Er mußte die Kosten für ein komplett neues Haus und die Folgekosten zahlen. Der Grund: In dem von ihm errichteten Haus wurden Hölzer verwendet, die mit Holzschutzmitteln behandelt worden waren und nicht nur unangenehm rochen, sondern auch Gesundheitsschäden hervorriefen. Es liegt auf der Hand, daß man in einem solchen Haus nicht wohnen kann. Ein solcher Mangel ist also als wesentlich und die Gebrauchsfähigkeit beeinträchtigend anzusehen.

Aber: Mit diesem kleinen Schadenersatzanspruch kann nicht jeder Schaden ersetzt werden. Liegen die oben beschriebenen Voraussetzungen vor, kann der Bauherr verlangen, daß ihm die Schäden am Bauwerk selbst und die unmittelbaren Folgeschäden, die mit dem Mangel zusammenhängen, ersetzt werden.

Schweißt der Heizungsbauer also ein Rohr nicht richtig, so daß beim Anschluß der Heizung ein Wasserschaden entsteht, kann der Bauherr nicht nur verlangen, daß das Rohr richtig geschweißt wird. Auch die Beseitigung des Wasserschadens und dessen Folgen geht auf seine Kosten.

Das sind die einzigen Schäden, die bei leicht fahrlässigem Handeln eines Handwerkers ersetzt werden. Ein darüber hinausgehender Schaden würde nur vom großen Schadenersatzanspruch umfaßt.

Großer Schadenersatzanspruch

Beim sogenannten „großen Schadenersatzanspruch" wird dem Bauherrn unter Umständen noch sehr viel mehr vom Handwerker ersetzt. Geregelt ist das in § 13 Nr. 7 Abs. 2 VOB/B. Danach muß es keinen direkten Zusammenhang zwischen Schaden und Bauwerk geben. Unter bestimmten Voraussetzungen muß der Handwerker also auch entferntere Mangelfolgeschäden ersetzen. Das sind Schäden, die durch die mangelhafte Arbeit des Handwerkers entstanden sind, aber nicht am Bauwerk selbst, sondern am sonstigen Vermögen des Bauherrn. Darunter fallen insbesondere:

- der entgangene Gewinn,
- entgangene Gebrauchsvorteile,
- Kosten des selbständigen Beweisverfahrens (siehe unter Punkt 13),
- Zwischenfinanzierungskosten.

Sollte der Bauherr durch den Pfusch gar einen Gesundheitsschaden erlitten haben, so muß der Handwerker auch hierfür gerade stehen. Das bedeutet, daß er unter Umständen die Krankenkosten und gegebenenfalls auch den Verdienstausfall des Bauherrn ausgleichen muß.

Diese umfassende Haftung tritt ein, wenn eine der folgenden Voraussetzungen vorliegt:

- Der Baumangel ist auf Vorsatz oder grobe Fahrlässigkeit des Handwerkers zurückzuführen. Es wird selten vorkommen, daß der Handwerker den Mangel vorsätzlich verursacht. Häufiger liegt grobe Fahrlässigkeit vor. Grob fahrlässig handelt, wer die verkehrsübliche Sorgfalt in besonders grobem Maße verletzt hat. Hat der Handwerker also das nicht beachtet, was jeder andere, durchschnittlich erfahrene und ausgebildete Handwerker in seiner Lage beachtet hätte, dann kann man von grober Fahrlässigkeit sprechen.
- Der Handwerker hat die anerkannten Regeln der Technik verletzt. Es wurde schon weiter vorne erläutert, daß die anerkannten Regeln der Technik dann verletzt werden, wenn eine Regel nicht beachtet wurde, die in den Kreisen der betreffenden Handwerker bekannt ist und als richtig anerkannt wurde. In diesem Fall reicht es, wenn der Handwerker auch nur leicht fahrlässig gehandelt hat. Hätte er also erkennen können, daß er einen Mangel produziert, dann haftet er und muß den großen Schadenersatz leisten.
- Der Arbeit fehlt eine zugesicherte Eigenschaft. Falls der Handwerker zum Beispiel ausdrücklich versichert hat, daß der neue Kachelofen auch brennt, wenn er mit Eierkohlen betrieben wird, und es stellt sich im nachhinein heraus, daß das nicht stimmt, dann greift der große Schadenersatz ebenfalls.

10. Abnahme

Die Abnahme ist einer der wichtigsten Schritte beim Bauvorhaben. Rechtlich gesehen hat die Abnahme, wie oben bereits bei der Regulierung von Mängeln erörtert, für den Bauherrn eine große Bedeutung. Deshalb kann man bei der Abnahme gar nicht vorsichtig genug sein.

WISO rät: Der Bauherr sollte auf jeden Fall versuchen, das Bauvorhaben als Ganzes abzunehmen, und sich nicht darauf einlassen, für jede Einzelarbeit eines Handwerkers einen Abnahmetermin zu vereinbaren.

Bei der Abnahme soll geklärt werden, ob der Bauherr das Bauwerk als „im wesentlichen vertragsgemäß" anerkennt. Ist er nicht gerade vom Fach, wird es ihm schwerfallen zu beurteilen, ob alle Arbeiten ordentlich ausgeführt wurden. Deshalb sollte er die Abnahme niemals alleine vornehmen, sondern sich immer vom Architekten, Baubetreuer oder einer anderen Person, die vom Fach ist, begleiten lassen. Diese sehen oft auf den ersten Blick, wenn irgendwo schlecht gearbeitet wurde.

Im Anhang des Buches ist eine Checkliste zu finden, die hilft, mögliche Fehler aufzuspüren.

Bei einer Abnahme in Anwesenheit der Handwerker oder des Bauunternehmers kommt es nicht selten vor, daß sich der Bauherr ablenken läßt und die Angelegenheit zu oberflächlich angeht.

WISO rät: Der Bauherr sollte daher den Bau ein paar Tage vor der offiziellen Abnahme ganz in Ruhe vorab untersuchen und sich dabei schon Mängel notieren.

Kommt es dann zur offiziellen Abnahme, sollte man zusätzlich eine neutrale Person als Zeugen mitnehmen. Oft werden nämlich bei der Abnahme mündliche Zusagen gemacht, an die sich später keiner mehr erinnern will. Möchte sich der Bauherr auf diese Zusagen berufen, dann braucht er einen Zeugen, weil seine Aussage allein vor Gericht nicht ausreicht.

WISO rät: Es sollte unbedingt ein Abnahmeprotokoll erstellt werden. Darin müssen alle festgestellten Mängel und die noch ausstehenden Restarbeiten festgehalten werden. Der Bauherr sollte sich wegen der Mängel alle Rechte ausdrücklich vorbehalten. Liegen die Voraussetzungen für eine Vertragsstrafe vor, sollte sich der Bauherr auch die Rechte darauf ausdrücklich vorbehalten.

Das Protokoll sollte von den Vertragspartnern unterzeichnet werden, allerdings vom Bauherrn erst dann, wenn er der Ansicht ist, daß es wirklich vollständig ist. Dabei muß er darauf achten, daß er auch eine Kopie dieses Protokolls erhält.

Rechtliche Folgen der Abnahme

- Gefahrübergang: Bis zur Abnahme trägt der Handwerker oder der Bauunternehmer das Risiko, daß seine Arbeit wieder zerstört wird oder daß Material auf der Baustelle verschwindet.
  Nach der Abnahme geht dieses Risiko auf den Bauherrn über. Deckt also ein Sturm das Dach ab, bevor die Abnahme erfolgt ist, muß der Dachdecker das Dach noch einmal neu eindecken, ohne daß er dafür einen Pfennig mehr vom Bauherrn verlangen kann. Entsteht der Schaden jedoch nach der Abnahme, dann kann das ganz anders aussehen. Stellt sich heraus, daß seine Arbeit einwandfrei, der Sturm aber zu heftig war, dann muß der Bauherr nach der Abnahme die Kosten einer neuerlichen Dacheindeckung tragen. Die Schadensbeseitigung geht nur dann zu Lasten des Dachdeckers, wenn die Ziegel sich deshalb lösten, weil er sie nicht ordentlich befestigt hatte.
- Fälligkeit der Vergütung: War nichts anderes vereinbart, kann der Handwerker oder der Bauunternehmer seine Bezahlung verlangen, sobald die Abnahme erfolgt ist.
- Umkehrung der Beweislast: In einem Gerichtsverfahren kann nur der gewinnen, der die Umstände beweisen kann, die für ihn sprechen. Dabei ist die sogenannte „Beweislast" wichtig. Diese legt fest, wer die zur Beurteilung der Rechtslage wesentlichen Umstände zu beweisen hat.
  Vor der Abnahme hat der Handwerker zu beweisen, daß er ordentlich gearbeitet hat und sein Werk ohne Fehler ist. *Nach* der Abnahme wird die Beweislast umgedreht: Dann ist es Aufgabe des Bauherrn zu beweisen, daß Fehler vorliegen. Gelingt ihm das nicht, kann er den Prozeß nicht gewinnen.
- Beginn der Gewährleistungsfrist: Selbstverständlich kann der Handwerker oder der Bauunternehmer nicht sein ganzes Leben lang für einen Mangel haftbar gemacht werden. Da nach einer gewissen Zeit die Beweisbarkeit von Fehlern immer schwerer wird, gelten auch beim Bau Gewährleistungsfristen. Diese Gewährleistungsfristen beginnen grundsätzlich mit der Abnahme.

Vor diesen Konsequenzen kann sich der Bauherr nicht einfach dadurch „drükken", indem er die Abnahme verweigert. Die Abnahme stellt nämlich neben der

Pflicht, die Leistung zu bezahlen, eine Hauptpflicht für den Bauherrn dar. Verweigert er die Abnahme ohne triftigen Grund, kann der Handwerker oder Bauunternehmer ihn darauf verklagen – und natürlich auf Zahlung des Lohnes.

Sind bei der Abnahme Mängel bekannt, so müssen sie gerügt werden. Geht der Bauherr darüber hinweg, so wird davon ausgegangen, daß er sie billigt und keine weiteren Ansprüche mehr daraus ableitet.

a) Vorgang der Abnahme

Grundsätzlich ist keine bestimmte Form für die Abnahme vorgeschrieben. Bei einer Abnahme akzeptiert der Bauherr das Bauwerk, wie bereits beschrieben, als „im wesentlichen vertragsgemäß". Mag es auch grotesk erscheinen: Ein solcher Vorgang kann rein rechtlich gesehen auch erfolgen, ohne daß dem Bauherrn überhaupt bewußt wird, daß er die Abnahme vornimmt – mit allen rechtlichen Konsequenzen. Eine Abnahme kann zum Beispiel vorgenommen werden, ohne daß man bei diesem Vorgang den Bau besichtigt.

WISO rät: Um einer unangenehmen Überraschung vorzubeugen, sollte im Vertrag auf jeden Fall festgeschrieben sein, daß die Abnahme durch eine Begehung des Baus vorgenommen wird.

Ist nichts anderes vereinbart, kann die Abnahme nämlich auch ganz einfach darin gesehen werden, daß der Bauherr vorbehaltlos die gesamte Rechnung bezahlt, ohne irgend etwas gegen die Qualität der Arbeit eingewendet zu haben.

WISO rät: Um zu verhindern, daß das Bauwerk als abgenommen gilt, sollte der Bauherr seine Zahlungen an den Handwerker oder Bauunternehmer als „Abschlagszahlung" bezeichnen, solange er nicht will, daß der Bau als abgenommen gilt.

Allerdings gibt es für den Handwerker beziehungsweise den Bauträger auch rechtliche Einschränkungen, was die Festlegung auf eine Abnahme betrifft: Sollte der Bauunternehmer oder Handwerker in seinen Allgemeinen Geschäftsbedingungen (AGB) festgeschrieben haben, daß die Leistung mit dem Bezug des Gebäudes als abgenommen gilt, so ist diese Regelung unwirksam. Nach § 10 Nr. 5 AGBG ist eine solche Geschäftsbedingung nämlich nicht zulässig. Dies gilt selbst dann, wenn der Vertrag notariell beurkundet wurde.

Wichtig: Man darf die Abnahme durch den Bauherrn nicht mit der Gebrauchsabnahme durch die Bauaufsichtsbehörde verwechseln. Beide Vorgänge haben nichts miteinander zu tun. Die Baubehörde prüft, wenn sie den Bau abnimmt, ausschließlich, ob die öffentlich-rechtlichen Bauvorschriften eingehalten sind. Die Beamten interessiert nur, ob die Balkongeländer eine ausreichende Höhe haben, der Kamin auch wirklich zieht, damit kein Feuer ausbrechen kann, wenn er zum ersten Mal beheizt wird usw. Den Beamten ist es dagegen völlig egal, ob die Wände krumm, der Boden fleckig oder die Fenster verkratzt sind.

b) Abnahme beim VOB-Vertrag

Wie bereits erwähnt, wurde die VOB extra für Bauverträge entwickelt. Damit berücksichtigt sie deren Besonderheiten mehr als die Regelungen des Werkvertrags, nach denen sich zum Beispiel auch der Auftrag zum Besohlen von Schuhen richtet.

Weil die Abnahme bei einem Bauvertrag eine so große Rolle spielt, ist sie in der VOB auch besonders detailliert geregelt. Nach § 12 VOB gibt es drei Formen der Abnahme. Je nachdem, was im Vertrag bestimmt wurde, gilt:

- die **gewöhnliche Abnahme,** wonach der Handwerker oder Bauunternehmer ganz einfach formlos die Abnahme verlangen kann. Liegen keine wesentlichen Mängel vor, muß der Bauherr innerhalb von zwölf Werktagen die Abnahme vornehmen;
- die **förmliche Abnahme,** bei der eine Abnahmeniederschrift erstellt wird. In dieser Abnahmeniederschrift sollten alle bekannten Mängel und die Einwendungen des Handwerkers oder Bauunternehmers aufgenommen werden.

WISO rät: Selbst wenn im Vertrag die förmliche Abnahme vorgesehen war, muß sie nur stattfinden, wenn der Bauunternehmer, der Handwerker oder der Bauherr sie verlangt. Deshalb sollte aus Sicherheitsgründen in jedem Fall der Bauherr die Abnahme verlangen.

Tut er das nicht und beabsichtigt auch der Bauunternehmer oder Handwerker keine förmliche Abnahmebegehung des Baus, dann bedeutet das natürlich nicht, daß eine Abnahme gar nicht stattfindet. In diesem Fall erfolgt eine

- **fiktive Abnahme**. Der Bau gilt dabei nach sechs Werktagen, nachdem der Bauherr den Bau bezogen hat, als abgenommen. Ebenso gilt der Bau innerhalb von zwölf Tagen als abgenommen, nachdem der Bauunternehmer die Fertigstellung mitgeteilt hat.

WISO rät: Um zu verhindern, daß der Bau als abgenommen gilt, ohne daß der Bauherr sich das Objekt vorher genau angesehen hat, sollte er auch bei einem VOB-Bauvertrag unbedingt eine förmliche Abnahme verlangen.

Muster Abnahmeverlangen: (siehe nächste Seite)

Hat der Bauherr das Gebäude bezogen oder hat er Mieter eingesetzt, ohne daß vorher eine Begehung im Sinne einer förmlichen Abnahme erfolgte, dann sollte der Bauherr unbedingt die von ihm festgestellten Mängel oder die fälligen Vertragsstrafen innerhalb der Sechs-Tage-Frist schriftlich gegenüber dem Bauunternehmer oder Handwerker geltend machen. Damit kann er wenigstens noch verhindern, daß er nach der fiktiven Abnahme eine schlechtere Position hat.

Alfred Braun
Alleenring 12
12345 Musterstadt

Bauunternehmer
Karl Klawitter
Donnerstraße 77
12345 Musterstadt

Musterstadt, den . . . .

Bauvorhaben „An der alten Ziegelei 33" in Musterstadt
Abnahme

Sehr geehrter Herr Klawitter,

hiermit fordere ich Sie auf, an einer Begehung zur förmlichen Abnahme des
vorbezeichneten Bauvorhabens teilzunehmen.
Als Termin schlage ich vor: . . . . . . , ... Uhr, alternativ
. . . . . . , ... Uhr.
Bitte geben Sie mir schnellstmöglich Bescheid, an welchem der beiden Termine die
Abnahme stattfinden kann.
Nur der guten Ordnung halber teile ich Ihnen mit, daß von meiner Seite aus
Herr Architekt . . . . sowie als unabhängiger Beobachter
Herr . . . . teilnehmen werden.

In Erwartung Ihrer baldigen Rückantwort verbleibe ich

mit freundlichen Grüßen

. . . .

11. Schlußzahlung

Spätestens nach Fertigstellung des Bauwerkes hat der Handwerker oder der Bauunternehmer einen Anspruch auf Bezahlung. Üblicherweise erstellt der Handwerker oder Bauunternehmer dazu eine sogenannte „Schlußrechnung". Nach § 14 VOB/B ist der Bauunternehmer sogar verpflichtet, nach Fertigstellung seiner Leistungen prüffähige Rechnungen einzureichen.

Eine Rechnung ist grundsätzlich nur dann prüffähig, wenn sie nachvollziehbar ist. Also sind Massenberechnungen, Zeichnungen und andere Belege beizufügen, die es dem Bauherrn ermöglichen, die Gesamtleistung zu prüfen.

WISO rät: Der Bauherr sollte diese Rechnung auf jeden Fall durch einen Fachmann, zum Beispiel durch seinen Architekten, überprüfen lassen.

Hat der Fachmann nichts an der Rechnung auszusetzen, kann sie bezahlt werden.

Muster Schlußzahlung: (siehe nächste Seite)

182

Alfred Braun
Alleenring 12
12345 Musterstadt

Herrn
Helmut Trampel

Zeisigweg 9
12345 Musterstadt

Musterstadt, den ....

Bauvorhaben „An der alten Ziegelei 33" in Musterstadt
Schlußzahlung

Sehr geehrter Herr Trampel,

hiermit setze ich Sie darüber in Kenntnis, daß ich heute Ihre Forderungen durch Über-
weisung eines Betrages in Höhe von .... Euro beglichen habe.

Ich weise darauf hin, daß es sich dabei um die Schlußzahlung handelt, womit sämtliche
noch offene Forderungen abgegolten sind.

Mit freundlichen Grüßen

. . . .

WISO rät: Der Bauherr sollte dem Handwerker oder Bauunternehmer gleichzeitig einen Brief schreiben, in dem er darauf hinweist, daß er nun die „Schlußzahlung" geleistet hat und nicht beabsichtigt, weitere Zahlungen zu erbringen.

Nimmt der Handwerker oder Bauunternehmer die Schlußzahlung vorbehaltlos an, kann er keine weiteren Nachforderungen erheben. Das bedeutet: Der Bauherr muß in diesem Fall auch keine offenen Rechnungen mehr begleichen. Der Handwerker kann dies nur abwenden, indem er die noch offene Forderung nochmals erhebt. Dazu muß er innerhalb von 24 Werktagen eine prüffähige Rechnung über diese Forderungen vorlegen.

WISO rät: Der Bauherr sollte sich dadurch nicht ins Boxhorn jagen lassen, daß der Handwerker oder Bauunternehmer auf die Schlußzahlung mit der Bemerkung reagiert, er habe diese Zahlung als Abschlagszahlung verbucht. Leistet der Bauherr ausdrücklich eine Schlußzahlung, ist es rechtlich gesehen eine Schlußzahlung – egal, was der Handwerker sagt.

Falls der Handwerker oder Bauunternehmer also nicht innerhalb von 24 Werktagen eine zweite Rechnung stellt, sind seine übrigen noch offenen Forderungen gegen den Bauherrn verloren. Der Handwerker oder Bauunternehmer kann sie nicht mehr geltend machen. Übrigens, nicht vergessen:

WISO rät: Falls der Bauherr frühzeitig die Schlußrechnung zahlt, sollte er außerdem daran denken, Skonto abzuziehen, falls er sich diese Möglichkeit vertraglich einräumen hat lassen.

12. Verjährung der Gewährleistungsansprüche

Unter Verjährung versteht man den Umstand, daß nach Ablauf einer gewissen Zeitspanne ein Anspruch nicht mehr durchgesetzt werden kann. Fällt dem Bauherrn also sechs Jahre nach Bau des Hauses plötzlich auf, daß der Keller nicht richtig abgedichtet ist und Feuchtigkeit eindringt, wird er dagegen grundsätzlich nicht mehr viel tun können.

Der lange Zeitablauf bedeutet zwar nicht, daß er gar keinen Anspruch auf Mängelbeseitigung, Schadenersatz oder Minderung mehr hat. Würde er aber einen solchen Anspruch vor Gericht geltend machen, müßte er damit rechnen, daß die Gegenseite einwendet, der Anspruch sei verjährt. Dann würde er seine Klage verlieren.

WISO rät: Ein Anspruch, der verjährt, ist nicht automatisch unwirksam. Falls allerdings der Gegner im Prozeß einwendet, daß der Anspruch verjährt ist, kann ihn der Kläger dauerhaft nicht mehr durchsetzen. Er verliert die Klage.

Der Beklagte muß sich allerdings auf die Verjährung berufen. Denkt der Gegner nicht daran, daß der Anspruch verjährt sein könnte, und weist er nicht ausdrücklich auf die Verjährung hin, wird er verurteilt.

Verjährung nach BGB

Seit dem 1.1.2002 gilt ein neues Verjährungsrecht. Danach verjährt der Vergütungsanspruch des Handwerkers innerhalb von drei Jahren. Dabei beginnt die Frist am Schluß des Jahres zu laufen, in dem der Anspruch entstanden ist; was wohl dem Ende des Jahres entspricht, in dem die Schlußrechnung gestellt wurde.

Mängelansprüche von Werkleistungen an einem Bauwerk verjähren innerhalb von fünf Jahren. Dabei fallen auch Planungs- und Überwachungsleistungen unter die fünfjährige Verjährungsfrist. Die Verjährungsfrist beginnt mit der Abnahme des Werkes.

Für Ansprüche, die vor dem 1.1.2002 entstanden sind, gelten komplizierte Übergangsvorschriften, die am besten mit Hilfe eines Rechtsanwalts geklärt werden.

Verjährungsfristen nach VOB

Nach VOB/B beträgt die Verjährungsfrist nach § 13 Nr. 4 VOB/B für Bauwerke und für Holzerkrankungen zwei Jahre, für Arbeiten an einem Grundstück und für die vom Feuer berührten Teile von Feuerungsanlagen nur ein Jahr.

Der Bauherr kann dennoch auch nach Ablauf dieser Fristen Ansprüche geltend machen, falls er den Bauunternehmer oder Handwerker rechtzeitig aufgefordert hat, den Fehler zu beseitigen. Zeigt er also noch vor Ablauf des einen Jahres beziehungsweise der zwei Jahre den Mangel an und fordert dazu auf, ihn zu beseitigen, wird die Verjährungsfrist unterbrochen. Ab Eingang der Mängelanzeige beim Handwerker oder Bauunternehmer beginnt die Verjährungsfrist erneut zu laufen.

13. Selbständiges Beweisverfahren

Häufig steht der Bauherr vor dem folgenden Problem: Er hat während der Bauarbeiten einen Mangel festgestellt (zum Beispiel sind die Wände nicht ordentlich gemauert). Der Handwerker erkennt den Mangel nicht an oder fühlt sich dafür nicht verantwortlich. An sich müßte der Bauherr nun Klage einlegen, um seine Rechte durchzusetzen. Doch das würde bedeuten, daß der Bau so lange ruht, bis über die Klage entschieden ist. Denn wenn wie geplant weitergebaut würde, müßten als nächstes die Wände verputzt werden. Die Folge: Man könnte nicht mehr erkennen, ob die Wände nun ordentlich gemauert wurden oder nicht.

WISO rät: In einer solchen Situation kann dem Bauherrn nicht geraten werden, auf eigene Faust ein Gutachten über die Ursache des Mangels und die Verantwortlichkeit in Auftrag geben. Ein solches Gutachten ist nur teuer und bringt in einem späteren Gerichtsverfahren nichts. Die Gegenseite wird bei einem sogenannten „Parteigutachten" immer unterstellen, daß es eine erkaufte Gefälligkeitshandlung ist. Einem solchen Gutachten würde daher vom Gericht in der Regel kein besonderer Beweiswert eingeräumt. Deshalb sollte der Bauherr, wann immer es für ihn erforderlich wird, einen Beweis zu sichern, das sogenannte „selbständige Beweisverfahren" einleiten.

Dies ist ein gerichtlich angeordnetes Verfahren, das dazu führt, daß sich ein – in der Regel vom Gericht bestimmter vereidigter – Sachverständiger den vom Bauherrn reklamierten Mangel ansieht. Der Sachverständige hat die Aufgabe, festzustellen, ob ein Mangel vorliegt und – was so beantragt werden sollte – wer für den Mangel verantwortlich ist.

Er hat das Bauwerk eingehend zu untersuchen, um die Ursache des Mangels feststellen zu können. Der Sachverständige muß anschließend exakt beschriebene Sanierungsmaßnahmen vorschlagen und den Kostenaufwand hierfür schätzen.

Ein selbständiges Beweisverfahren einzuleiten, ist aber auch sinnvoll, wenn der Baumangel durch einen anderen Handwerker bereits behoben wurde und der Handwerker, der den Fehler begangen hat, eine Erstattung der entstandenen Kosten verweigert. Der Sachverständige muß in einem solchen Fall anhand der vorgelegten Rechnungen feststellen, ob die Kosten der durchgeführten Sanierung erforderlich und angemessen waren. Allerdings:

WISO rät: Mit dem selbständigen Beweisverfahren wird nur gerichtlich festgestellt, ob ein Baumangel vorliegt und wer diesen zu verantworten hat. Mit dieser Entscheidung hat man noch nichts in der Hand, mit dem man den betreffenden Handwerker zur Nachbesserung oder zum Kostenvorschuß zwingen könnte.

Dies ist nur möglich, wenn man in einem normalen Zivilprozeß Klage erhebt. Nur dadurch kann der Bauherr nämlich einen vollstreckbaren Titel bekommen, mit dem er schließlich im Wege der Zwangsvollstreckung vorgehen kann, falls der Beklagte nicht doch noch einlenkt. Mit einem solchen Titel in der Hand kann der Bauherr zum Beispiel einen Gerichtsvollzieher mit der Pfändung beauftragen, wenn er einen Anspruch auf Zahlung von Geld gegen den Handwerker oder Bauunternehmer hat.

Im selbständigen Beweisverfahren wird also lediglich ein Beweis erhoben. Es wird rechtskräftig festgestellt, ob ein Baumangel vorliegt. Dieser Beweis ist aber für jedes spätere Klageverfahren vor dem Zivilgericht bindend. Wurde also im Wege des selbständigen Beweisverfahrens festgestellt, daß Fehler bei der Dachdämmung gemacht wurden, dann steht das nahezu unwiderruflich fest. Im Zivilverfahren kann dann von der Gegenseite nicht einfach behauptet werden, daß dies nicht wahr sei.

WISO rät: Wie bereits erwähnt, ist es auch die Aufgabe des Sachverständigen, festzustellen, wer den Mangel zu vertreten hat. Deshalb sollten bereits in dieses Verfahren alle diejenigen eingeschaltet werden, die dafür in Frage kommen.

Da durch ein selbständiges Beweisverfahren die Verjährung unterbrochen wird, muß natürlich klar sein, welcher Mangel nun Gegenstand des Verfahrens ist, denn nur hinsichtlich dieses Fehlers kann vorläufig keine Verjährung eintreten. Deshalb ist es wichtig, den Fehler so konkret wie möglich zu beschreiben. Aber keine Angst: Der Bauherr ist natürlich nicht verpflichtet, sofort die Ursache des Mangels anzugeben, die er in den meisten Fällen ohnehin nicht weiß – das herauszufinden, ist schließlich Sache des Sachverständigen. Es genügt, die Symptome des Mangels zu beschreiben.

Reißt also der Putz, kann das am Putz selber, möglicherweise aber auch am Untergrund liegen. Das muß der Bauherr nicht klären, bevor er das selbständige Beweisverfahren einleitet. Es genügt, wenn er beschreibt, wie und vor allem an welchen Wänden sich Risse bilden.

14. Insolvenz des Handwerkers

Wird der Handwerker zu einem Zeitpunkt zahlungsunfähig, zu dem er seine Arbeiten noch nicht fertiggestellt oder der Bauherr noch Gewährleistungsansprüche gegen ihn hat, ist er gezwungen, Konkurs anzumelden. Reicht sein Vermögen nach überschlägiger Berechnung aus, um wenigstens die Kosten des Insolvenzverfahrens zu tragen, dann wird ein solches eröffnet. Ansonsten wird dies „mangels Masse" eingestellt. Dem Bauherrn ist in dieser Situation unbedingt zu raten, sich an einen Anwalt zu wenden, damit dieser die richtigen Schritte einleitet.

Wird das Insolvenzverfahren eröffnet, bestellt das Gericht einen Insolvenzverwalter, der die weitere Abwicklung übernimmt. Die Gläubiger müssen in diesem Fall ihre Ansprüche gegen den Handwerker anmelden. Hat der Handwerker seine Arbeiten noch nicht abgeschlossen, obwohl er schon vollständig bezahlt wurde, oder hat er noch Nachbesserungen zu leisten, ist der Wert dieser Leistungen zu schätzen und als Anspruch anzumelden. Dieser Anspruch wird dann ins Verhältnis gesetzt zu den Ansprüchen der übrigen Gläubiger. Entsprechend der sich daraus ergebenden Quote werden die Gläubiger aus den Verkaufserlösen befriedigt.

Es besteht aber auch die Möglichkeit, daß die Gläubigerversammlung beschließt, den Betrieb fortzuführen und zu sanieren. In diesem Fall wird der Insolvenzverwalter versuchen, mit den Gläubigern ein „Geschäft" abzuschließen, nämlich daß sie auf einen Teil ihrer Ansprüche verzichten.

IX.

ÄRGER MIT DEM BAUTRÄGER

1. Fall

Herr und Frau Lustig wollen es sich einfach machen. Sie haben von ihren Freunden gehört, wieviel Ärger diese mit ihrem Architekten, der Bauaufsicht und den Behörden hatten. Sie beschließen daher, ein Haus zu kaufen, das „schlüsselfertig" und neu gebaut wird. Also setzen sie sich mit der Bauträgergesellschaft „Schnell und Billig" in Verbindung. Der Mitarbeiter dieser Gesellschaft bietet den Lustigs ein Reihenhaus in dem Neubaugebiet „Zur Schönen Aussicht" an, das im November fertiggestellt sein soll. Die Lustigs besichtigen ein Musterhaus und sind sehr angetan. Zwei Wochen später unterzeichnen sie beim Notar den Vertrag.

Dieser Vertrag beinhaltet aber nur den Kauf des Grundstücks. Das hat der Bauträger so vorgeschlagen: Man müsse es dem Staat und dem Notar nicht auf die Nase binden, daß von vornherein geplant war, das Grundstück mit dem Gebäude zu verkaufen. Läßt man beim Notar nur den Grundstückskaufvertrag beurkunden, richteten sich die Notarkosten auch nur nach dem geringeren Grundstückspreis. Die Kosten für den Hausbau würden dann für die Gebühren des Notars keine Rolle spielen. Auch sei weniger Grunderwerbsteuer zu zahlen, da die Steuer ja nur auf den Grundstückspreis, aber nicht für das Haus anfiele.

Gesagt, getan. Die Lustigs lassen den Grundstückskaufvertrag vom Notar beurkunden. Anschließend unterschreiben sie – ohne den Notar einzuschalten – den Vertrag über die Errichtung eines Hauses. Es wird ein Festpreis von 300.000 Euro vereinbart. Als Bauzeit wird ein halbes Jahr angegeben. Außerdem sollen die Lustigs von den vereinbarten Baukosten bereits 20% bei Vertragsschluß zahlen. Die Lustigs zahlen brav. Dann passiert nichts mehr. Die Bauträgergesellschaft ist von heute auf morgen telefonisch nicht mehr erreichbar. Schließlich müssen die Lustigs von ihrer Hausbank erfahren, daß der Bauträger in Konkurs gegangen ist. Sie trösten sich damit, daß das eingezahlte

Geld nicht völlig verloren ist, weil sie dafür ja wenigstens das Grundstück erhalten haben.

Doch dann die nächste Überraschung: Beim Grundbuchamt sagt man ihnen, daß das Grundstück noch mit Grundschulden des Voreigentümers belastet ist. Außerdem sind sie gar nicht die Eigentümer, da sie nicht im Grundbuch eingetragen sind. Ein herber Schlag für die Lustigs, die daraufhin zum Anwalt gehen und fragen, was sie nun tun können.

2. Bauträgervertrag

Grundsätzlich haben die Lustigs recht: Wenn man „schlüsselfertig" baut, muß man sich nicht mit dem Architekten herumplagen, man hat keinen Ärger mit der Baubehörde und muß auch nicht Handwerker aussuchen und ihre Abrechnungen überprüfen.

Das alles spart man sich, wenn man einen Bauträger beauftragt. Kennzeichnend für den Vertrag mit einem Bauträger ist aber nicht nur, daß man ein schlüsselfertiges Gebäude erhält. Alle oben genannten Aufgaben könnten nämlich auch von einem sogenannten „Baubetreuer" wahrgenommen werden. Dieser würde sich im Auftrag des Bauherrn und unter Umständen auch als dessen Vertreter um sämtliche Unannehmlichkeiten kümmern.

Das Besondere am Bauträgervertrag ist vielmehr, daß der Bauträger ein Haus in eigenem Namen baut oder durch einen Subunternehmer bauen läßt. Doch ist von Anfang an der Verkauf des Gebäudes bezweckt. Daher hat er das Haus oder einzelne Wohnungen in der Regel auch schon verkauft, bevor der erste Spatenstich erfolgt. Die Käufer des Gebäudes oder der Wohnungen verpflichten sich, das fertige Gebäude oder eine der fertigen Wohnungen später als Eigentümer zu übernehmen und den Kaufpreis meist nach Baufortschritt zu entrichten.

Das Problem bei dieser Art von Verträgen: Der Käufer zahlt an den Bauträger, noch bevor er überhaupt als Eigentümer im Grundbuch eingetragen ist. Seine Zahlungen sind daher Investitionen, verbunden mit der Hoffnung, daß der Bau auch fertiggestellt wird und daß er das Haus oder die Wohnung wirklich zum vereinbarten Termin bewohnen kann.

Doch die Erfahrungen zeigen: Schon häufig haben sich diese Hoffnungen zerschlagen. Jeder hat sicher einen Bekannten, der die schlimmsten Geschichten von geplatzten Bauträgermodellen erzählen kann. Es kann die Existenz kosten, wenn ein Bauträger mitten in der Bauphase in Konkurs geht. Nicht selten haben Familien hohe Anzahlungen auf ihre Wohnung gemacht, ohne daß sie danach irgendeinen Gegenwert in den Händen halten. Sie haben zwar im Prinzip einen Anspruch auf Fertigstellung des Baus oder auf Rückzahlung der von ihnen gezahlten Summe an den Bauträger – doch wenn dieser Konkurs macht, ist dort häufig nichts mehr zu holen. Dazu kommt, daß sie noch nicht im Grundbuch stehen und daher nicht einmal Eigentümer des Grund und Bodens sind, für den sie viel Geld ausgegeben haben.

Da diese rechtlichen Zusammenhänge sehr unübersichtlich sind und es leicht ist, sich dahinter zu verstecken, nutzten einige Betrüger lange Jahre die Bauträgerkonstruktion ganz gezielt für ihre Zwecke. Sie vereinnahmten hohe Anzahlungen der gutgläubigen Käufer, setzten sich ins Ausland ab und ließen die Bauträgergesellschaft in Konkurs gehen. Dann waren nicht nur die Käufer geprellt – auch die Handwerker, die ihre Arbeitskraft und ihr Kapital in den Bau eingebracht hatten, standen mit leeren Händen da.

WISO rät: Wer ganz sichergehen möchte, kann Mitglied in einem Verein oder Verband werden, der Schutz vor schlechten Bauträgern verspricht. Gegen einen monatlichen Beitrag bietet eine solche Einrichtung fachliche Beratung beim Bauen, gegen zusätzliches Entgelt einen unabhängigen Sachverständigen, der bei Bauprojekten nicht nur das Vertragswerk, sondern auch den Fortgang und die Ausführung der Bauabschnitte begutachtet, sowie juristischen Rat, falls trotz aller Vorsorge etwas schiefläuft.

Als größere Institutionen können beispielhaft genannt werden:
- Bauherren-Schutzbund, Kleine Alexanderstr. 9–10, 10178 Berlin, Tel.: 030/312 80 01; www.bsb-ev.de
- Verband privater Bauherren, Chausseestr. 8, 10115 Berlin, Tel.: 030/278 90 10, www.vpb.de
- Verbraucherberatung für Wohnungs- und Hauskäufer, Eidenbachstr. 78, 81379 München, Tel.: 089/699 12 66

3. Makler- und Bauträgerverordnung

Den früheren Machenschaften hat der deutsche Gesetzgeber einen Riegel vorgeschoben, indem er die „Verordnung über die Pflichten der Makler, Darlehens- und Anlagenvermittler, Bauträger und Baubetreuer" – kurz: die Makler- und Bauträgerverordnung (MaBV) – (Bundesgesetzblatt 1997, Teil I, S. 272 ff.) erließ. Danach muß der Bauträger grundsätzlich Versicherungen abschließen

oder Sicherheiten leisten, bevor er von den Käufern Vermögenswerte vereinnahmen darf. Zu versichern sind etwaige Schadenersatzansprüche der Käufer
gegen den Bauträger beziehungsweise seine Mitarbeiter, falls diese gegen die
Vermögenswerte der Käufer vorsätzlich und unerlaubt handeln. Mit anderen
Worten – es ist eine Versicherung gegen die Art von Betrügereien abzuschließen, die oben beschrieben wurden.

Sollte sich nämlich herausstellen, daß Mitarbeiter oder Geschäftsführer
der Bauträgergesellschaft das Geld der Kunden unterschlagen oder veruntreut
haben, sind die geprellten Kunden um eine Erfahrung reicher – und haben finanziell nichts verloren. Denn die Versicherungsgesellschaft muß ihnen den
entstandenen Schaden ersetzen.

Die Makler- und Bauträgerverordnung schreibt noch weitere Maßnahmen
vor, um die Kunden zu schützen. So darf der Bauträger Vermögenswerte der
Käufer erst dann vereinnahmen – also Zahlungen vom Käufer erst dann verlangen –, wenn folgende Voraussetzungen vorliegen:

- Der Vertrag zwischen dem Bauträger und dem Käufer muß rechtswirksam,
  also notariell beurkundet sein.
- Es müssen alle für den Vollzug des Vertrages erforderlichen Genehmigungen (zum Beispiel Wegerechtsvereinbarungen) vorliegen.
- Damit der Anspruch des Käufers gesichert ist, daß ihm später das Eigentum an dem Haus oder der Wohnung übertragen wird, muß im Grundbuch
  eine *Vormerkung* eingetragen worden sein. Das bedeutet, der Käufer muß
  als „Eigentumsanwärter" eingetragen sein, bevor der Bauträger auch nur
  einen Pfennig von dem Käufer vereinnahmen darf. Durch die Eintragung
  einer Vormerkung im Grundbuch werden dem Käufer eigentümerähnliche
  Rechte eingeräumt. Damit wird zum Beispiel verhindert, daß der
  Bauträger das fragliche Grundstück nochmals veräußern kann, nachdem er
  es an den Käufer verkauft hat (vgl. Kapitel IV.8).
- Außerdem müssen alle Grundpfandrechte (also Grundschulden, Hypotheken, Rentenschulden), die der Vormerkung im Rang vorgehen und nicht
  übernommen werden sollen, gelöscht sein.
- Ferner muß die Baugenehmigung erteilt sein (siehe dazu auch Kapitel VI.)
- Es muß eine Bestätigung des Notars dafür vorliegen, daß die beiden ersten
  oben genannten Punkte erfüllt sind.

Aus diesen einzelnen Punkten geht hervor, daß die Mitwirkung eines Notars
zwingend erforderlich ist. Der Notar hat sicherzustellen, daß alle Voraussetzungen erfüllt sind, damit das Bauträgergeschäft ordnungsgemäß abgewickelt
wird.

WISO rät: Zur Sicherheit sollte der Käufer Einsicht in das Grundbuch nehmen, bevor er Geld an den Bauträger überweist. Er muß sich nämlich davon überzeugen können, daß die Vormerkung auch tatsächlich eingetragen ist und (mögliche) Grundschulden gelöscht sind. In den meisten Fällen schickt der Notar dem Käufer einen entsprechenden Beleg, eine Kopie des Grundbuchauszugs, zu.

Man sieht also: Die Makler- und Bauträgerverordnung sieht zahlreiche Sicherungen für den Bauherrn vor. Wenn ein Bauträger diese Regelungen nicht befolgt, kann das mit einer Geldbuße geahndet werden (§ 18 MaBV). Außerdem droht dem Bauträger die Schließung der Firma, wenn den Behörden Unregelmäßigkeiten bekannt werden.

Doch selbst wenn alle diese Voraussetzungen vorliegen, darf der Bauträger nicht den gesamten Baupreis auf einmal verlangen. Nach der Makler- und Bauträgerverordnung kann der Bauträger nur in Teilbeträgen und zu den jeweils angegebenen Terminen Zahlungen vom Bauherrn entgegennehmen:

- 30% von der Vertragssumme nach Beginn der Erdarbeiten; wird kein Grundstück verkauft, sondern nur ein Erbbaurecht eingeräumt, reduziert sich dieser Anteil auf 20%.
- Vom restlichen Teil der Vertragssumme können 40% mit der Rohbaufertigstellung eingefordert werden.

Die weiteren Prozentsätze sind jeweils von dem Teil der Vertragssumme zu berechnen, der nach Abrechnung der ersten Rate verbleibt. In der Praxis sind Raten zu bilden nach folgenden Anteilen:

- 8% für die Herstellung der Dachflächen und Dachrinnen;
- 3% für die Rohinstallation der Heizungsanlagen;
- 3% für die Rohinstallation der Sanitäranlagen;
- 3% für die Rohinstallation der Elektroanlagen;
- 10% für den Fenstereinbau einschließlich Verglasung;
- 6% für den Innenputz, ausgenommen Beiputzarbeiten;
- 3% für den Estrich;
- 4% für die Fliesenarbeiten im Sanitärbereich;
- 12% nach Bezugsfertigkeit und Zug um Zug gegen Besitzübergabe;
- 3% für die Fassadenarbeiten;
- 5% nach vollständiger Fertigstellung.

Allerdings kann man im Bauvertrag auch vereinbaren, daß statt dessen in sieben Raten gezahlt wird. Oder man einigt sich darauf, daß die Raten entsprechend dem tatsächlichen Bauablauf vom Bauträger nach billigem Ermessen abgerufen werden. Weicht die Vereinbarung im Bauvertrag aber zum Nachteil des Bauherrn von den Vorschriften des § 3 Abs. 2 Makler- und Bauträgerverordnung ab, so ist die Zahlungsvereinbarung nichtig. Für Bauträgerverträge, die vor dem 1.5.2000 abgeschlossen wurden, bedeutete dies, daß der Bauträger Zahlungen erst mit Fertigstellung des gesamten Baus verlangen konnte. Für Verträge, die nach dem 1.5.2000 abgeschlossen wurden, regelt die „Verordnung über Abschlagszahlungen bei Bauträgerverträgen", daß Abschlagszahlungsvereinbarungen in Bauträgerverträgen, die den Regelungen des § 3 Abs. 2 Makler- und Bauträgerverordnung entsprechen, wirksam sind.

WISO rät: Ist die erste Rate höher als der Wert des Grundstücks, sollte der Käufer vom Bauträger unbedingt eine Bankbürgschaft oder vertraglich eine niedrigere Rate verlangen.

Geht der Bauträger nämlich in einer solchen Situation in Konkurs, hätte der Käufer eine Leistung ohne adäquate Gegenleistung erbracht. Wenn zum Beispiel das Haus der Lustigs inklusive Grundstück 300.000 Euro kosten soll, beträgt nach der Makler- und Bauträgerverordnung die erste Rate 30% davon, also 100.000 Euro. Wenn das Grundstück aber tatsächlich nur 80.000 Euro wert ist, hat der Käufer 20.000 Euro ohne Gegenwert gezahlt. Im Konkursfall ist dieses Geld in der Regel verloren.

Übrigens hat der Bundesgerichtshof folgende bis dato übliche Formulierung in den Bauträgerverträgen für unwirksam erklärt, sofern sie in den Allgemeinen Geschäftsbedingungen aufgeführt war (XII ZR 99/97):

„Der Käufer unterwirft sich wegen der von ihm übernommenen Verpflichtung zur Zahlung des Kaufpreises der sofortigen Zwangsvollstreckung aus dieser Urkunde in sein gesamtes Vermögen und erklärt sich mit der jederzeitigen Erteilung einer vollstreckbaren Ausfertigung dieser Urkunde an den Bauträger einverstanden."

Das gilt jedenfalls für den Fall, in dem der Bauträger nicht nachweisen mußte, daß seine Forderung auch wirklich fällig ist. Wenn der Bauträger nämlich nicht mehr die Fälligkeit seiner Forderungen nachweisen muß, stände es ganz in seinem Belieben, jederzeit und in beliebiger Höhe die Zwangsvollstreckung einzuleiten. Der Käufer läuft dann Gefahr, Vermögenswerte endgültig zu verlieren, ohne daß feststeht, daß er durch einen entsprechenden Gegenwert des Baus gesichert ist.

Man sieht also: Hätte Familie Lustig nicht an der falschen Stelle gespart, hätte sie keinen Cent verloren. Dann hätte der Notar sie nämlich davor schützen können, Geld auszugeben, bevor sie eine Sicherheit und einen Gegenwert dafür erhielten.

Nach einer Entscheidung des OLG München (NJW- RR 2001,13) muß übrigens ein Bauträger, der vom Bauherrn Zahlungen entgegennimmt, ohne daß die Voraussetzungen des § 3 Abs. 1, Abs. 2 Makler- und Bauträgerverordnung vorliegen, also insbesondere die Vormerkung noch nicht im Grundbuch eingetragen ist, die bereits erhaltenen Zahlungen an den Bauherrn zurückzahlen. Außerdem hat er die Zinsersparnisse auszuzahlen, die er dadurch erlangt, daß er mit dem Geld des Erwerbers auch eigene Verbindlichkeiten tilgt. Dies gilt aber nur unter der Voraussetzung, daß der Bauträger bei Entgegennahme der Zahlungen weiß, daß er gegen die Makler-Bauträgerverordnung verstößt.

Der Bauträger kann sich aber auch von den Voraussetzungen des § 3 Abs. 1, Abs. 2 Makler- und Bauträgerverordnung befreien, wenn er eine Bankbürgschaft für sämtliche Ansprüche auf Rückgewähr oder Auszahlung vom Erwerber geleisteter Vermögenswerte beibringt.

4. Notarielle Beurkundung des Vertrags

In vielen Fällen wird der Vertrag über das Grundstück verknüpft sein mit einem Vertrag über den Bau des Hauses. Dann müssen Käufer beziehungsweise Verkäufer beide Verträge notariell beurkunden lassen. Anders ist dies nur, wenn Verkäufer oder Käufer der Verknüpfung beider Verträge ausdrücklich widersprechen.

Notariell beurkundet werden muß der Vertrag über den Bau beziehungsweise Kauf des Hauses auch, wenn damit ein wirtschaftlicher Zwang oder Druck zum Kauf des Grundstückes ausgeübt wird.

Diese Voraussetzungen liegen zum Beispiel in folgenden Fällen vor:

- wenn der Vertrag zum Bau des Hauses abgeschlossen wird, bevor der Käufer als Eigentümer des Grundstücks im Grundbuch eingetragen ist,
- wenn der Käufer deutlich erkennbar nur dann an den Vertrag über den Bau oder Kauf eines Fertighauses gebunden sein will, wenn er ein bestimmtes, in Aussicht genommenes Grundstück erwirbt,
- wenn der Bauträger, Bauunternehmer oder Fertighauslieferant den Bauvertrag oder Kaufvertrag über das Fertighaus an die Voraussetzung knüpft, daß sein Vertragspartner ein bestimmtes Grundstück erwirbt,
- wenn der Eigentümer des Grundstücks zum Verkauf nur bereit ist, wenn

mit einem bestimmten Bauunternehmer, Bauträger oder Fertighauslieferanten ein Vertrag über die Errichtung eines Gebäudes abgeschlossen wird,

- wenn der Grundstücksverkäufer und der Bauunternehmer, Bauträger oder Fertighauslieferant wirtschaftlich miteinander verflochten sind,
- wenn Verkauf und Bebauung des Grundstücks als einheitliches Konzept angeboten werden, auch wenn die Leistungen von verschiedenen Vertragspartnern erbracht werden,
- wenn der Bauvertrag oder Kaufvertrag über das Fertighaus für den Käufer Zahlungsverpflichtungen begründet (Aufwandsentschädigungen, Vertragsstrafen) für den Fall, daß er die Leistungen nicht abnimmt, weil er ein in Aussicht genommenes Grundstück nicht erwirbt.

Liegen diese oder ähnliche Fallkonstellationen vor, ist also höchste Vorsicht geboten.

WISO rät: Um zu klären, ob eine notarielle Beurkundung erforderlich ist, sollte sich der Käufer auf jeden Fall mit einem Anwalt oder einem Notar in Verbindung setzen, bevor er einen Kaufvertrag unterschreibt. Um eine wirklich unabhängige Rechtsmeinung zu erhalten, sollte sich der Käufer nicht an den Anwalt oder Notar des Bauträgers oder Bauunternehmers wenden, sondern sich einen eigenen Rechtskundigen suchen.

Wurde der Bauvertrag oder Kaufvertrag über das Fertighaus nicht notariell beurkundet, ist dieser Vertrag in der Regel nichtig. Aber nicht nur dieser Vertrag, sondern auch der Grundstückskaufvertrag wird als nichtig behandelt. Das bedeutet, beide Verträge sind unwirksam, wenn sie nicht vom Notar beurkundet wurden.

Das kann folgende Konsequenzen haben:

1. für den Käufer:

- Er hat keinen Anspruch auf die Errichtung des Hauses;
- er hat keinen Anspruch gegen den Verkäufer des Grundstücks, daß dieser ihm das Eigentum an dem Grundstück verschafft;
- bis zur Eigentumsumstellung im Grundbuch hat er keine Gewährleistungsansprüche bei Mängeln des Grundstücks oder Gebäudes – stellt er also schon auf der Baustelle fest, daß dort ein Fehler gemacht wird, hat er rechtlich keine Möglichkeit, dagegen vorzugehen.

2. für den Grundstücksverkäufer:

- Er hat keinen Anspruch auf Zahlung des Kaufpreises;
- bis zur Eigentumsumschreibung kann der Käufer den bereits gezahlten Kaufpreis jederzeit zurückverlangen.

3. für den Bauträger, Bauunternehmer beziehungsweise Fertighauslieferanten:

- Er hat keinen Anspruch auf Zahlung des Werklohnes oder der vereinbarten Vertragsstrafen;
- er muß bereits erhaltene Zahlungen auf Verlangen des Käufers zurückzahlen.

Familie Lustig ist also ein großes Risiko eingegangen, als sie sich auf das Spiel des Bauträgers einließ. Insbesondere konnte sie erst dann sicher sein, lastenfreies Eigentum zu erwerben, wenn alle zum Vollzug des Grundstückskaufvertrages erforderlichen Genehmigungen vorgelegen hätten, für sie eine Auflassungsvormerkung im Grundbuch eingetragen gewesen wäre und die erforderlichen Löschungsunterlagen für Belastungen vorhanden gewesen wären, die noch im Grundbuch eingetragen waren.

Mit dem Kaufvertrag wurde sie aber zu Zahlungen verpflichtet, bevor all diese Voraussetzungen vorlagen. Geld, das für das Haus bereits bezahlt wurde, ist unweigerlich verloren, falls der Bauträger in Konkurs geht. Die Lustigs wurden nicht Eigentümer des Grundstücks. Wären die Bauarbeiten schon weiter fortgeschritten gewesen und hätte Familie Lustig noch mehr Geld gezahlt, wäre sie auch dann nicht Eigentümer des Hauses geworden. Nach deutschem Recht ist es nämlich nicht möglich, Eigentum an einem Gebäude zu erlangen, ohne daß man zugleich Eigentümer des Grundstückes ist.

Außerdem war die Behauptung des Bauträgers, die Lustigs würden bei der „getürkten" Darstellung Grunderwerbsteuer sparen, zumindest nach der derzeitigen Rechtslage falsch. Tatsächlich entkommt man auch mit solchen Konstruktionen dem Fiskus nicht: Die Finanzverwaltung sieht auch bei solch getrennten Verträgen ein einheitliches Vertragswerk. Sie berechnet die Grunderwerbsteuer nach den gesamten Kosten für Grundstück und Bauwerk. Allerdings ist diese Rechtsfrage im Moment Gegenstand mehrerer Gerichtsverfahren.

Um bei der Vertragsunterzeichnung auf der – rechtlich gesehen – sicheren Seite zu stehen, sollte der Käufer neben den rein gesetzlichen Vorgaben noch weitere Punkte beim Zustandekommen des Kaufvertrages beachten:

a) Eigener Notar

Der Käufer sollte sich zur Beurkundung an einen Notar *seines* Vertrauens wenden. Es bringt für den Käufer jedenfalls keinerlei Vorteil, wenn der Vertrag vor einem Notar abgeschlossen wird, den der Bauträger vorgeschlagen hat. Im Gegenteil: Man kann davon ausgehen, daß dieser Notar bereits vorher einige Verträge zusammen mit dem Bauträger abgewickelt hat. Sollten sich bei den Vertragsverhandlungen oder nach Vertragsabschluß Schwierigkeiten ergeben, so ist es durchaus möglich, daß dieser Notar dann auch der Seite des Bauträgers näher steht als der des Käufers.

WISO rät: Da der Käufer in der Regel die Notarkosten trägt, hat er auch das Recht, sich einen Notar seiner Wahl zu suchen. Nur dann kann er sich darauf verlassen, es mit einem neutralen Notar zu tun zu haben. Um den richtigen Notar zu finden, sollte man sich bei anderen Bauherren nach deren Erfahrungen erkundigen. Unter Umständen hilft auch die ortsansässige Notarkammer.

b) Prüfung des Kaufvertrags

Vor der Beurkundung sollte der Käufer sich unbedingt eine Vorabkopie des Vertrags zusenden lassen, um ihn zusammen mit dem Notar oder Rechtsanwalt seines Vertrauens zu prüfen. Bei der eigentlichen Beurkundung des Kaufvertrages wird der Vertrag zwar noch einmal laut verlesen, und es werden die Einzelheiten erläutert. Das geschieht in der Regel aber meist so zügig, daß selbst ein juristisch geschulter Mensch nicht gleich alles versteht. Deshalb ist es wichtig, den Vertrag zuvor genau zu lesen. Unklarheiten können dann noch vorab mit dem Bauträger abgeklärt werden.

WISO rät: Außerdem ist es für den Käufer empfehlenswert, sich zu vergewissern, daß das beurkundete Exemplar auch textgleich mit dem Exemplar ist, das von ihm vorab geprüft wurde.

c) Prüfung auf Übereinstimmung der Beschreibung

Der Bauträger ist verpflichtet, dem Käufer die genehmigten Baupläne vorzulegen. Damit sollte man es jedoch nicht bewenden lassen. Der Bauherr sollte sich zunächst vom Bauträger eine detaillierte Baubeschreibung vorlegen lassen und darauf bestehen, daß diese Bestandteil des Kaufvertrages wird. Darin soll das verwendete Baumaterial genau spezifiziert werden. Insbesondere Angaben zu DIN-Normen, Details zur Isolierung und Wärmedämmung sowie eine ausführliche Ausstattungsbeschreibung sollten in Schriftform vorgelegt werden.

Beispiel für eine Baubeschreibung: (siehe nächste Seite)

Dann hat man nämlich schwarz auf weiß, welche Zusagen der Bauträger gemacht hat und wie das Gebäude errichtet werden soll. Allerdings behält sich der Bauträger normalerweise vor, Änderungen vornehmen zu können. Der Käufer sollte dann darauf achten, daß diese Änderungen nicht zu einer Verschlechterung der Qualität führen.

Außerdem sollte sich der Erwerber vergewissern, daß der Vertrag in bezug auf Grundstücksgröße, Wohnfläche, Nutzfläche, Zahl der Wohnungen und Lage der Räume, Ausstattung, Garage/Abstellplatz und gegebenenfalls Gemeinschaftseinrichtungen mit den Ankündigungen und Prospekten des Verkäufers übereinstimmt. Er hat später nämlich nur Anspruch darauf, daß das Gebäude oder die Wohnung so gestaltet wird wie im Kaufvertrag beschrieben.

WISO rät: Der Käufer sollte sich auf keinen Fall auf mündliche Absprachen mit dem Bauträger verlassen. Letztlich zählt nur das, was im notariell unterzeichneten Kaufvertrag festgelegt wurde. Im nachhinein erfolgende Ergänzungen beziehungsweise Änderungen bei der Bauausführung sollten deswegen immer schriftlich festgehalten werden.

Beispiel Baubeschreibung

Baubeschreibung für die Reihenhausanlage
„Zur Schönen Aussicht 12–22"

Es handelt sich um nicht unterkellerte Einfamilien-Reihenhäuser mit dazugehörigen Gärten in der bevorzugten Wohnlage von Musterstadt.

Der Leistungsumfang beinhaltet das erschlossene Grundstück einschließlich der Leerrohre für die beiderseitigen Hausanschlüsse Gas-/Strom-/Abwasserkanal von der Grundstücksgrenze bis zum Übergabepunkt im Hausanschlußraum.

Technische Bau- und Leistungsbeschreibung der Reihenhäuser:

Entwässerung

Die Entwässerungsleitungen entsprechen den geltenden DIN-Vorschriften. Sie werden über den innenliegenden Revisionsschacht im Hausanschlußraum an den städt. Kanal angeschlossen. Die Häuser erhalten eine Ringdrainage. Dabei werden geflochtene Kunststoffrohre mit Kiesummantelung verwendet.

Außenwände

Die Außenwände werden mit Hohlblockmauerwerk, HBL – 24 cm stark, in der Mörtelgruppe 2a gemauert.

Innenwände

Tragende Innenwände gemäß Statik aus 17,5 cm und 24 cm dicken Lavasteinmauern nach Wahl des Bauträgers.

Nichttragende Innenwände werden aus Bimsmauerwerk hergestellt.

Decken

Die Bodenplatte wird aus Beton gegossen. Die Geschoßdecken werden aus bewehrten Stahlbetonfiligrandecken mit Aufbeton gefertigt. Zu den Wohngeschossen werden sie unterseitig mit tapezierbarem Waschbeton versehen.

Dach

Das Dach wird als nicht belüftetes einschaliges Flachdach gebaut. Die Dachdeckung erfolgt durch Aluminiumblech und Metallfolien. Zur Wärmedämmung werden bitumierte Weichfaserplatten verwendet.

Außenfassade

Die Außenwände werden mit Isolierputz versehen. Die Ausführung erfolgt entsprechend dem Gestaltungskonzept des Architekten.

Innenputz

Die Innenwände werden mit Ausnahme der Badezimmerwände, bei denen Kalkputz verwendet wird, mit Gipsmaschinenputz verputzt.

Fenster

Alle Fenster erhalten Kunststoffenster mit Isolierglasverglasung gem. Wärmeschutzverordnung.

Haustür

Das Hauseingangselement wird je nach Wahl des Käufers aus Holz oder Metall eingesetzt. In jedem Fall verfügt die Tür über eine anerkannte einbruchsichere Dreifachverriegelung.

Rolladen

Sämtliche Fenster erhalten Kunststoffrolladen aus grauem Kunststoff.

Fensterbänke

Die Außenfensterbänke werden in Granit, Seriizzo, 3 cm dick, ausgeführt.
Alle Wohnraumfenster mit gemauerten Brüstungen erhalten Innenfensterbänke aus Granit, 2 cm dick mit ca. 4 cm Überstand über dem Innenputz.

Sanitärinstallation

Die Kalt- und die Warmwasserleitungen werden in Kupferrohr oder Kunststoffrohr ausgeführt. Die Wärmedämmung der Rohrleitungen erfolgt entsprechend der geltenden DIN-Vorschriften. Alle Sanitäreinrichtungsgegenstände werden je nach Wahl des Käufers in den Farben beige, capri, manhattan, sunset oder weiß ausgeführt. Gegen Aufpreis ist auch die Verwendung anderer Farben möglich.

Bad

Die Sanitärkeramikartikel stammen aus der Serie Y des Sanitärkeramikherstellers X. Beim WC handelt es sich um das Modell B, bei den Waschbecken um das Modell R, bei der Badewanne um das Modell A, bei der Duschwanne um das Modell S.

Küche

Die Warmwasserbereitung erfolgt durch ein Untertischgerät.

Elektroinstallation

Zentrale Einspeisung innerhalb des Hausanschlußraumes mit Installation des Panzerkastens, der Zählerhauptverteilung und der Sicherungselemente entsprechend der Vorschriften der Stadtwerke. Die Leitungsverlegung erfolgt unter Putz. Eingebaut wird das Schalterprogramm XY. Das Haus wird mit einer Hausklingel und einem Telefonleerrohr für den Anschluß des Telefons im Erdgeschoß und einer Antennenleerdose im Erdgeschoß ausgestattet.
Die Verteilung der Steckdosen ergibt sich aus dem beiliegenden Plan.

Heizung

Die Warmwasser-Zentralheizungsanlage wird entsprechend der Wärmebedarfsberechnung nach den geltenden gesetzlichen Vorschriften ausgeführt.

Es wird ein Niedertemperaturkessel mit einem Ecomatic-Regelgerät und einem tiefliegenden Wasserspeicher mit 100 l Inhalt eingebaut.

Die Rohrleitungen werden als Zweikreissystem aus geschweißtem Stahlrohr nach den geltenden DIN-Vorschriften mit der erforderlichen Isolierung ausgeführt.

Die Beheizung der Räume erfolgt über endlackierte Radiatoren aus Stahlblech oder Gußeisen in Gliederbauweise, Abmessungen nach DIN.

Die Heizungsanlage wird vor der Abnahme auf ihre Funktionsfähigkeit überprüft.

Estrich

Schwimmender Estrich auf Trittschalldämmatten entsprechend der geltenden DIN-Regeln.

Fliesen

Die Wandfliesen im Bad werden raumhoch auf Kalkzementputz geklebt. Zur Auswahl stehen die Fliesen des Produzenten X, Preisgruppe B. Die Bodenfliesen werden auf schwimmendem Estrich geklebt. Zur Auswahl stehen die Fliesen des Produzenten Y, Preisgruppe A.

In der Küche wird ein Fliesenspiegel entlang der Küchenwand auf Gipsputz geklebt. Zur Auswahl stehen die Fliesen des Produzenten Z, Preisgruppe A. Die Bodenfliesen werden auf schwimmendem Estrich geklebt. Zur Auswahl stehen die Fliesen des Produzenten R, Preisgruppe A.

Für einen Aufpreis sind auch andere Fliesen einbaubar.

Bodenbelag

Das Wohnzimmer, das Elternschlafzimmer, die Kinderzimmer und der Hobby-Raum werden mit Teppichboden ausgekleidet. Zur Verfügung stehen nach Wahl des Käufers die Gruppen X bis XX der Materialpreisgruppe bis 50 DM/m^2 inkl. MwSt.

Innentüren

Alle Zimmertüren sind als Röhrenspantüren mit Futter und Bekleidung in Buche dunkel vorgesehen. Beschläge sind von dem Hersteller G der Preisgruppe aaa vorgesehen.

Malerarbeiten

Sämtliche Wände und Decken werden mit Rauhfasertapete tapeziert und reinweiß gestrichen.

Treppen

Für die Treppe vom Erdgeschoß zum Obergeschoß ist eine freitragende Holztreppe aus Buche massiv mit Metallgeländer vorgesehen.

Hauszugangsweg

Für den Weg zum Haus ist eine Verlegung von Waschbetonplatten vorgesehen.

Sonstiges

Bei der vorstehend aufgeführten Ausstattung handelt es sich um die Regelausführung.
Zusatzvereinbarungen über die ausgeführte Ausstattung hinaus sind schriftlich zu fassen. Der durch die andere Ausstattung entstehende Mehrpreis wird dem Käufer in Rechnung gestellt. Änderungen der Ausstattung erfolgen auf Gefahr des Käufers.

Der Bauträger behält sich vor, die vorstehend genannte Ausstattung in bezug auf Hersteller oder Materialien zu ändern, wodurch sich aber keine Qualitätsänderungen zu Lasten der Käufer ergeben dürfen. Anpassungen an den technischen Fortschritt dürfen jederzeit vorgenommen werden.

d) Vereinbarung der Lastenfreiheit

Hat der Bauträger zugesagt, daß das Grundstück lastenfrei übergeben wird, sollte das unbedingt auch im notariellen Kaufvertrag niedergeschrieben sein. Lastenfrei bedeutet, das Grundstück ist weder mit Hypotheken oder Grundschulden noch mit Rentenschulden oder Dienstbarkeiten belastet.

e) Verpflichtung zur Auflassungsvormerkung

Der Vertrag sollte vorsehen, daß der Käufer zu einer Zahlung erst verpflichtet ist, wenn eine Auflassungsvormerkung zu seinen Gunsten im Grundbuch eingetragen ist. Zur Erinnerung: Eine Auflassungsvormerkung ist eine Eintragung im Grundbuch, die dem Käufer eine Vorstufe zum Eigentum einräumt.

Im Vertrag sollte außerdem vereinbart sein, daß der Käufer den Kaufpreis erst dann vollständig zahlen muß, wenn er im Grundbuch als Eigentümer eingetragen ist. Er sollte sich also eine Restzahlung für den Zeitpunkt, an dem sämtliche Mängel beseitigt wurden, vorbehalten. Ansonsten könnte nämlich der Bauträger die sogenannte Auflassung, also die Eigentumsübertragung, verweigern, solange der Käufer noch Geld zurückbehält – für den Käufer in den meisten Fällen die einzige Möglichkeit, den Bauträger zu bewegen, die vorhandenen Mängel zu beseitigen.

f) Verpflichtung zur Löschung von Lasten

Sollte das Grundstück mit Grundschulden oder Hypotheken zugunsten eines Dritten, also nicht allein zugunsten des Käufers, belastet sein, so muß der Verkäufer verpflichtet werden, diese Eintragung zu löschen, wenn das Grundstück lastenfrei verkauft werden soll.

g) Verpflichtung zur Festlegung des Baubeginns

Der Baubeginn sollte datumsmäßig festgelegt sein, denn der Käufer muß den Bau in der Regel durch einen Kredit finanzieren. Wird der Kredit nicht wie beabsichtigt und mit der Bank zuvor vereinbart abgerufen, dann fallen Bereitstellungszinsen an. Diese Kosten lassen sich von vornherein einsparen, wenn der Baubeginn vertraglich vereinbart ist. Sollte sich der Baubeginn verzögern, gerät der Bauträger in Verzug und hat den dadurch entstehenden Schaden zu tragen. Entstehen dabei zusätzliche Finanzierungskosten wie Bereitstellungszinsen, gehen diese zu Lasten des Bauträgers.

5. Festpreisgarantie

Der Vertrag mit den Lustigs sah einen Festpreis von 300.000 Euro vor. Doch Vorsicht: Das muß nicht bedeuten, daß nicht noch mehr Kosten auf die Lustigs zukommen. Der Käufer sollte deshalb genau prüfen, was in diesem „Festpreis" alles enthalten ist, um sich vor späteren Überraschungen zu schützen.

Häufig genug handelt es sich bei dem vereinbarten Festpreis nur um den nackten Bau- und Grundstückspreis. Hinzu kommen dann aber noch die gesamten Nebenkosten, wie zum Beispiel die Grundbuchgebühren, die Notarkosten sowie die mit dem Kredit verbundenen Finanzierungsnebenkosten wie Abschlußgebühren oder ein Disagio. Auch Versicherungskosten sind oft nicht inbegriffen.

a) Erschließungsbeiträge

Während dies im einzelnen aber eher Kleinbeträge sind, treten in der Praxis sehr viel mehr Streitigkeiten um die Höhe der Erschließungsbeiträge auf. Erschließungsbeiträge sind die Beiträge, die die Kommune für den Anschluß des Grundstücks an das öffentliche Straßen- sowie an das Zu- und Abwassernetz erhebt. Dabei können erhebliche Beträge zusammenkommen, mit denen der Bauherr nicht gerechnet hat.

WISO rät: Der Käufer sollte unbedingt darauf drängen, daß im Vertrag mit dem Bauträger genau geregelt ist, in welcher Höhe Erschließungskosten auf ihn zukommen beziehungsweise inwieweit sie im Kaufpreis bereits enthalten sind.

Bauträger halten die Frage gerne offen, welche Erschließungskosten vom Bauherrn zu übernehmen sind. Formulierungen, nach denen die genaue Höhe der Erschließungskosten erst festgelegt wird, wenn die endgültige Abrechnung mit der Gemeinde erfolgt ist, sollte der Bauherr aber keinesfalls akzeptieren. Es kann nämlich Jahre, manchmal sogar Jahrzehnte dauern, bis die Gemeinde die Erschließungskosten endgültig abrechnet. Das bedeutet, daß jahrelang die Drohung über dem Bauherrn schwebt, einen großen Betrag nachzahlen zu müssen. Eine Nachzahlung, die in vielen Fällen nicht im Finanzierungsplan eingebaut war und deshalb (zusätzlich) finanzielle Schwierigkeiten verursachen kann.

Sollte klar sein, daß die Erschließungskosten im Festpreis inbegriffen sind, dann muß sich der Bauherr dagegen absichern, daß die Gemeinde deswegen nochmals auf ihn zukommt. Wenn nämlich der Bauträger diese Gelder vom Bauherrn vereinnahmt, aber nicht an die Gemeinde weiterleitet und dann Konkurs macht, muß der Bauherr unter Umständen die Erschließungskosten noch einmal zahlen. Darum sollte der Bauherr folgendes beherzigen:

WISO rät: Hat die Gemeinde die Erschließung des Grundstücks übernommen, sollte sich der Bauherr nachweisen lassen, daß der Bauträger die Erschließungskosten bereits an die Gemeinde gezahlt oder daß er zumindest eine Sicherheit in ausreichender Höhe hierfür hinterlegt hat.

Hat der Bauträger mit der Gemeinde vereinbart, daß *er* die Erschließung für sie übernimmt (sogenannter „Erschließungsvertrag"), sollte eine Sicherheit hierfür vorliegen. Diese kann zum Beispiel in Form einer Bürgschaft bestehen, die die Hausbank dem Bauträger gewährt. Auch darüber kann der Bauherr eine Bestätigung vom Bauträger verlangen.

Muster Anfrage Erschließungsbeiträge:

Heinrich Mustermann
Musterstr. 11
12345 Musterstadt

An die
Bauträger GmbH

Trägerstr. 33
12345 Musterstadt

Musterstadt, den ......

Erschließungsbeiträge „Zur Schönen Aussicht 12"

Sehr geehrter Herr Windig,
sehr geehrte Damen und Herren,

wie Sie mir anläßlich unseres Gespräches am ...... versichert haben, beinhaltet
der von mir zu zahlende Festpreis auch die Erschließungsbeiträge für das Grundstück.

Daher bitte ich um Vorlage einer Bestätigung, daß Sie die erforderlichen Erschließungsbeiträge bereits an die Stadt Musterstadt gezahlt haben. Sollte dies nicht der Fall sein,
so bitte ich um Belegung einer Sicherheit für die Zahlung dieser Erschließungsbeiträge,
z.B. durch Vorlage einer Bürgschaft Ihrer Hausbank.

Als Termin für die Erledigung dieser Angelegenheit habe ich mir den ...... vorge-
merkt.

Mit freundlichen Grüßen

. . . .

Heinrich Mustermann
Musterstr. 11
12345 Musterstadt

An die
Bauträger GmbH

Trägerstr. 33
12345 Musterstadt

Musterstadt, den ......

Erschließungsbeiträge „Zur Schönen Aussicht 12"

Sehr geehrter Herr Windig,
sehr geehrte Damen und Herren,

mit Schreiben vom ...... hatte ich darum gebeten, mir eine Bestätigung über die Bezahlung der Erschließungsbeiträge vorzulegen oder einen Beleg über eine entsprechende Sicherheit zuzusenden.

Die Ihnen hierfür eingeräumte Frist ist abgelaufen, ohne daß Sie die erbetenen Unterlagen übersandt haben. Ich setze Sie deshalb hiermit in Kenntnis, daß ich von meinem Leistungsverweigerungsrecht Gebrauch mache. Das bedeutet, daß ich die nächste fällige Rate nicht bezahlen werde, bis mir die erbetene Bestätigung vorliegt.

Mit freundlichen Grüßen

....

Wenn der Bauträger diesen Nachweis nicht vorlegt, so hat der Bauherr ein sogenanntes „Leistungsverweigerungsrecht". Das bedeutet, er braucht so lange den Kaufpreis oder Teile des Kaufpreises nicht zu zahlen, bis der Bauträger diesen Nachweis erbracht hat (§ 273 BGB).

Muster Zurückbehaltungsrecht: (siehe vorhergehende Seite)

b) Preisgleitklauseln

Vorsicht vor Verträgen, in denen der Festpreis mit einer sogenannten „Preisgleitklausel" vereinbart wird. Ein Beispiel für Preisgleitklauseln:

„Der Kaufpreis beträgt 300.000 Euro. Dieser Festpreis kann nur bei Beibehaltung der zum Zeitpunkt des Vertragsschlusses geltenden Lohnhöhe gehalten werden. Sollten sich Mehrkosten in Folge von Lohnerhöhungen ergeben, so können diese dem Käufer zusätzlich in Rechnung gestellt werden."

Da Lohnerhöhungen an der Tagesordnung sind, kann es leicht zu einer empfindlichen Erhöhung des angeblichen Festpreises kommen. Solche Kosten sind häufig nicht in der Planung berücksichtigt, und das Budget ist schnell überschritten. Damit wird eine teure Nachfinanzierung fällig. Das beste ist deshalb, sich auf solche Verträge mit Preisgleitklauseln erst gar nicht einzulassen.

WISO rät: Falls doch, sollte der Käufer die angeforderten Mehrkosten nicht ohne nähere Prüfung bezahlen. Er sollte den Bauträger vielmehr auffordern, die erhöhten Kosten nachzuweisen. Nur wenn der Bauträger auch beweist, daß die Löhne gestiegen sind, kann er Nachforderungen erheben.

Muster Lohnkosten: (siehe nächste Seite)

Heinrich Mustermann
Musterstr. 11
12345 Musterstadt

An die
Bauträger GmbH

Trägerstr. 33
12345 Musterstadt

Musterstadt, den ......

Lohnkosten Reihenhaus „Zur Schönen Aussicht 12"

Sehr geehrter Herr Windig,
sehr geehrte Damen und Herren,

mit Schreiben vom ...... haben Sie mitgeteilt, daß die Baukosten für unser Haus
aufgrund einer Lohnsteigerung höher ausgefallen sind als bei Vertragsabschluß vereinbart. Aus diesem Grund verlangen Sie die Nachzahlung von 20.000 Euro.

Sicherlich haben Sie Verständnis dafür, daß ich zur Begleichung dieser Rechnung erst
bereit bin, nachdem ich mich von der Richtigkeit Ihrer Forderung überzeugt habe.

Aus diesem Grunde bitte ich um Vorlage entsprechender Belege, aus denen sich das
Lohnniveau zum Zeitpunkt des Vertragsabschlusses und zum Zeitpunkt der Bauarbeiten
ergibt. Ferner bitte ich um Aufschlüsselung, auf welche Weise sich eine mögliche Lohn-
erhöhung auf mein Vorhaben ausgewirkt haben soll.

Mit freundlichen Grüßen

....

6. Fertigstellungstermin

Der Fertigstellungstermin ist für den Bauherrn ausnehmend wichtig. Nur wenn feststeht, wann er sein neues Haus beziehen kann, weiß er nämlich, zu welchem Zeitpunkt er seine Mietwohnung kündigen oder seine alte Immobilie verkaufen kann. Er weiß außerdem, bis zu welchem Zeitpunkt die neuen Möbel lieferbar sein müssen und vieles mehr.

WISO rät: Der Bauherr sollte darauf drängen, daß im Vertrag ein realistischer, datumsmäßig exakt benannter Übergabetermin festgehalten wird.

Eine empfehlenswerte Formulierung lautet: *„Schlüsselfertige Übergabe des Hauses erfolgt am 30.9.2002."* Auf keinen Fall sollte sich der Käufer auf Formulierungen wie zum Beispiel *„Baubeginn 1 Monat nach Erteilung der Baugenehmigung"* oder *„Bauzeit 1/2 Jahr"* oder *„Fertigstellung innerhalb von 6 Monaten nach Erteilung der Baugenehmigung"* einlassen. Diese Formulierungen sind zu unbestimmt, als daß der Bauträger dann automatisch in Verzug gesetzt würde, wenn der danach vorgesehene Übergabetermin verstrichen ist.

Das vereinbarte Übergabedatum muß sich ohne Zuhilfenahme anderer Dokumente einfach aus dem Kalender ablesen lassen.

WISO rät: Beinhaltet der Vertrag ein zugesichertes Fertigstellungsdatum, gerät der Bauträger bei Ablauf dieses Termins automatisch in Verzug. In diesem Fall muß noch nicht einmal eine Mahnung ausgesprochen werden. Ansonsten kann der Bauträger nur durch eine Mahnung in Verzug gesetzt werden.

Muster Mahnung: (siehe nächste Seite)

WISO rät: Der Bauherr sollte eine Kopie des Mahnungsschreibens zu seinen eigenen Akten legen und das Original nur mit Einschreiben/Rückschein versenden. So kann er später nachweisen, daß er wirklich gemahnt hat.

Ob nun durch automatischen Verzug oder durch die Mahnung: Folge des Verzuges ist, daß der Bauträger den entstandenen Schaden zu ersetzen hat. Wenn etwa im Vertrag als Übergabetermin der 30.6.2002 vereinbart war und der Käufer seine alte Mietwohnung zu diesem Zeitpunkt kündigt, muß der Bauträger zum Beispiel die Hotelkosten zahlen, die entstehen, bis der Käufer das Haus beziehen kann. Auch mögliche Bereitstellungskosten für Finanzierungsdarlehen sind dann vom Bauträger zu erstatten.

Heinrich Mustermann
Musterstr. 11
12345 Musterstadt

Per Einschreiben/Rückschein

An die
Bauträger GmbH

Trägerstr. 33
12345 Musterstadt

Musterstadt, den ......

Fertigstellungstermin „Zur Schönen Aussicht 12"

Sehr geehrter Herr Windig,
sehr geehrte Damen und Herren,

nach § 4 unseres Vertrages ist der Bau sechs Monate nach Baubeginn fertigzustellen.
Mit dem Bau wurde am ...... begonnen. Die sechs Monate sind damit bereits verstrichen, ohne daß das Haus fertiggestellt ist.

Ich fordere Sie daher auf, das Haus „Zur Schönen Aussicht 12" spätestens bis zum
...... fertigzustellen. Ich weise Sie schon jetzt darauf hin, daß ich mir Schadenersatzansprüche vorbehalte, falls nicht fristgerecht fertiggestellt wird.

Mit freundlichen Grüßen

....

7. Mängelgewährleistung

Der Bauträger haftet für Baumängel grundsätzlich in der gleichen Weise wie der Handwerker beim „klassischen Bauvorhaben". Deshalb gilt für die Mängelgewährleistung das gleiche wie im Kapitel „Ärger mit den Handwerkern". Dann ist aber der Bauträger Ansprechpartner für den Bauherrn, wenn Mängel auftreten.

Wenn es darum geht, entstandene Mängel zu beheben, drücken sich die Bauträger gerne. Sie verweisen den Bauherrn auf das Handwerksunternehmen, das die fehlerhafte Arbeit geleistet hat. Darauf braucht sich der Bauherr aber nicht einzulassen. Im Gegenteil, es ist sogar sein gutes Recht, sich an den Bauträger zu halten. Denn einziger Vertragspartner ist der Bauträger – also hat der Bauherr den Nachbesserungs- oder Schadenersatzanspruch immer gegen diesen. Schließlich hat er ihm auch sein gutes Geld gezahlt.

WISO rät: Wenn Mängel auftreten, hat der Bauherr grundsätzlich das Recht, die Zahlung der nächsten Rate zumindest teilweise zu verweigern, und zwar so lange, bis der Fehler behoben ist.

Wurde im Vertrag nichts anderes vereinbart, kann der Bauherr Zahlungen in Höhe des Zwei- bis Dreifachen der Nachbesserungskosten zurückbehalten, um ein gewisses Druckmittel in der Hand zu haben. Allerdings schließen die Bauträger dieses Recht oft in ihren „Allgemeinen Geschäftsbedingungen" (AGB) aus, indem sie das Zurückbehaltungsrecht des Bauherrn der Höhe nach auf den Wert der tatsächlich noch ausstehenden Leistung oder Nachbesserung beschränken. Dann kann der Bauherr tatsächlich nur Zahlungen in der Höhe der Nachbesserungskosten von der Rechnung zurückbehalten.

WISO rät: Vor Unterzeichnung des Vertrages mit dem Bauträger sollte der Käufer sicherstellen, daß in den AGB sein Zurückbehaltungsrecht wegen Baumängeln nicht eingeschränkt wird.

8. Haftungsbeschränkungen

Gelegentlich versuchen die Bauträger, ihre Haftung für Baumängel drastisch einzuschränken. Da kann man in einigen „Allgemeinen Geschäftsbedingungen" lesen, daß der Bauträger für Mängel gar nicht haftet. Oder es wird versucht, die Haftung auf verschuldete Mängel zu beschränken. Gerne wird die Gewährleistung auf die Baumängel beschränkt, die im Abnahmeprotokoll festgehalten wurden. Dann hat der Bauherr erst einmal schlechte Karten, wenn er nach der Abnahme noch Fehler entdeckt.

Doch das sollte den Bauherrn nicht schrecken: Solche AGB halten einer rechtlichen Überprüfung nicht stand (vgl. auch BGH, BB 1985,2071). Spätestens wenn der Streit vor einem Richter ausgetragen wird, muß der Bauträger klein beigeben. Die §§ 305 ff. BGB bestimmen nämlich, daß dem Erwerber immer ein vom Verschulden unabhängiger Nachbesserungsanspruch erhalten bleiben muß. Das bedeutet: Der Bauherr kann sich grundsätzlich nicht damit herausreden, daß er den Mangel nicht verschuldet hat.

Ferner steht fest, daß der Bauträger nicht das Rücktritts- oder Kaufpreisminderungsrecht des Käufers ausschließen kann für den Fall, daß eine Nachbesserung mißlingt oder der Bauträger eine solche gar nicht erst versucht. Sollten Klauseln im Vertrag stehen, die vorsehen, daß der Käufer nicht berechtigt ist, den Kaufpreis herabzusetzen oder sich vom Vertrag zu lösen, sind diese unwirksam (§ 309 Ziffer 8b BGB). Ebenso unwirksam sind Klauseln, mit denen die Haftung nur auf die im Abnahmeprotokoll festgehaltenen Fehler beschränkt wird (BGH, BB 1985,2071).

Aber Achtung: Dies alles gilt nur, wenn der Haftungsausschluß in Allgemeinen Geschäftsbedingungen, also im Kleingedruckten geregelt wurde. Die §§ 305 ff. BGB gelten nämlich nur für vorformulierte Fälle. Hat der Erwerber der Immobilie lang und breit persönlich die verschiedenen Klauseln des Vertrages mit dem Bauträger ausgehandelt (was allerdings selten vorkommen wird), so gelten die §§ 305 ff. BGB nicht, die derartige Regelungen verbieten. Persönlich kann der Erwerber aushandeln, was er will – dann wird davon ausgegangen, daß er sich die Sache überlegt hat und bereit ist, die einkalkulierten Risiken zu übernehmen.

9. Abtretung der Gewährleistungsansprüche

Fall 2

Die Lustigs beginnen ihr Haus schließlich doch noch zu bauen – mit dem Bauträger Redlich. Der Bau schreitet rasch voran, und die Lustigs sind im großen und ganzen zufrieden. Endlich naht der große Tag: Das Haus wird abgenommen, und kurze Zeit später ziehen die Lustigs in ihr neues Heim ein.

Doch die Freude währt nicht lang. Schon im ersten Winter bemerken sie Feuchtigkeit im Kellergeschoß. Ein Sachverständigengutachten stellt schließlich fest, daß die Drainage unzureichend und der Feuchtigkeitsschutzmantel schadhaft ist. Sie wenden sich an den Bauträger Redlich und verlangen die Nachbesserung der Arbeiten. Redlich schüttelt den Kopf und verweist auf den Vertrag, den er mit den Lustigs geschlossen hatte. Dort war vereinbart worden:

„Bei der Übergabe findet eine gemeinsame Besichtigung des Hauses statt. Die festgestellten Mängel werden in einem Übergabeprotokoll festgehalten. Dort werden auch die noch auszuführenden Restarbeiten aufgeführt. Der Verkäufer ist verpflichtet, die in dem Protokoll vermerkten Mängel unverzüglich und auf seine Kosten beseitigen und die Restarbeiten erledigen zu lassen. Bei den im Übergabeprotokoll nicht vermerkten Mängeln tritt der Verkäufer seine vertraglichen und gesetzlichen Gewährleistungsansprüche gegen die am Bau Beteiligten (Architekt, Bauunternehmer, Handwerker, Lieferanten) mit der formellen Übergabe des Baus an den Käufer ab."

Redlich beruft sich darauf, daß die Fehler nicht im Übergabeprotokoll aufgeführt waren, und verweist die Lustigs an den Handwerker Meyer. Der habe die Undichtigkeit des Hauses zu vertreten.

Doch als die Lustigs den Meyer in einem Brief auffordern, ihr Haus zu besichtigen und den Fehler zu beseitigen, erleben sie ein böses Erwachen: Der Brief kommt als unzustellbar zurück. Schnell stellt sich heraus, daß Meyer Pleite gemacht hat. Das Insolvenzverfahren wurde mangels Masse nicht durchgeführt. Nun fragen sich die Lustigs, ob sie den Fehler wirklich auf eigene Kosten beheben lassen müssen.

Der Vorteil eines Hauskaufs vom Bauträger ist, daß man nur einen Ansprechpartner hat. Das ist der Bauträger. Herr und Frau Lustig mußten sich in der Bauphase weder mit dem Architekten oder den Behörden noch mit den Handwerkern auseinandersetzen. Sie haben den Vertrag mit dem Bauträger abgeschlossen. Folglich ist dieser grundsätzlich für alles, was in seinem Namen am Bau getan wird, gegenüber den Lustigs verantwortlich.

Das gilt vom Grundsatz her auch noch nach der Übergabe des Hauses. Der Bauträger ist verpflichtet, Fehler zu beseitigen, solange die Gewährleistungsansprüche nicht verjährt sind. Bei Arbeiten an Bauwerken ist dies erst nach fünf Jahren der Fall (vgl. Kapitel VIII).

Natürlich versuchen die Bauträger diese Haftung einzuschränken. Häufig machen sie es wie mit den Lustigs und treten ihre Gewährleistungsansprüche ab. Das bedeutet konkret folgendes:

Wie eben erwähnt hat nicht das Ehepaar Lustig mit den Handwerkern Verträge abgeschlossen, sondern der Bauträger. Deshalb kann auch nur der Bauträger vertragliche Ansprüche gegen die Handwerker stellen; die Lustigs haben keine rechtliche Handhabe, um sich direkt an die Handwerker wenden zu können. Das ändert sich, wenn der Bauträger seine Ansprüche an sie abtritt. Dann überträgt er nämlich den Käufern, also hier den Lustigs, alle Rechte, die er aus dem Vertrag mit den Handwerkern hat. Die Folge ist, daß nun die Lustigs direkt mit den Handwerkern verhandeln können und müssen. Sie sind jetzt die Rechtsinhaber – der Bauträger hat mit dem Bau nichts mehr zu tun.

Es stellt sich die Frage, ob dies zulässig ist. Besonders wichtig: Wer muß das Risiko tragen, wenn ein Handwerker in der Zwischenzeit pleite geht: der Bauträger oder der Käufer? Der Bundesgerichtshof hat entschieden, daß eine Abtretung der Gewährleistungsansprüche vom Bauträger auf den Käufer grundsätzlich zulässig ist. Allerdings gilt dies nur, wenn bestimmte Voraussetzungen vorliegen. Damit die Lustigs nämlich überhaupt Ansprüche gegen den für den Fehler verantwortlichen Handwerker durchsetzen können, müssen sie zunächst einmal wissen, welcher Handwerker welche Tätigkeiten (Gewerke) verrichtet hat. Die Abtretung der Gewährleistungsansprüche ist deshalb nur zulässig, falls der Bauträger dem Erwerber eine Liste übergibt, auf der alle am Bau Beteiligten mit Name und Adresse aufgeführt sind.

Das genügt aber nach dem Votum des Bundesgerichtshofes noch nicht. Denn damit alleine könnten die Lustigs noch keine Ansprüche gegen den betreffenden Handwerker durchsetzen. Sie benötigen vielmehr den zugrunde liegenden Vertrag mit dem Handwerker. Außerdem müssen sie den Zeitpunkt der Abnahme kennen, um die Verjährungsfrist berechnen zu können. Nur wenn der Bauträger dem Erwerber diese erforderlichen Angaben zur Verfügung stellt, ist die Abtretung der Gewährleistungsansprüche rechtmäßig (BGH, DB 1975, 682 f.).

Was aber, wenn der Bauträger sich weigert, dem Erwerber diese Auskünfte zu erteilen, oder wenn er auf ein entsprechendes Verlangen des Erwerbers einfach untätig bleibt und sich gar nicht meldet? Dann muß der Erwerber, also hier die Lustigs, nicht erst den Bauträger auf Auskunft verklagen, sondern der Bauträger selbst wird wieder für die Fehlerbeseitigung verantwortlich (§ 11 Nr. 10 a AGBG). Das bedeutet, daß die Lustigs die Firma Redlich gleich auffordern können, die Drainage und den Feuchtigkeitsschutzmantel zu reparieren. Sollte er der Fehlerbeseitigungspflicht nicht nachkommen, kann er deshalb verklagt werden.

Sollte der Anspruch wirksam abgetreten sein, kann sich der Kunde bei auftretenden Mängeln unmittelbar mit den Handwerkern in Verbindung setzen.

Welche Rechte der Bauherr gegenüber den Handwerkern geltend machen kann und worauf er achten muß, ist im Kapitel IX, „Ärger mit den Handwerkern", nachzulesen.

Was bedeutet es nun, wenn der Handwerker wie bei den Lustigs zwischenzeitlich gar nicht mehr arbeitet, sondern in Konkurs gegangen ist – an wen wendet sich der Erwerber dann? Diese Frage beantwortet der Bundesgerichtshof ganz eindeutig: Immer dann, wenn der Erwerber sich aus den abgetretenen Ansprüchen nicht schadlos halten kann, dann lebt die Haftung des Bauträgers wieder auf. Mit anderen Worten: Ist der Handwerker inzwischen in Konkurs gegangen oder ist der Anspruch gegen ihn inzwischen verjährt, so haftet grundsätzlich der Bauträger (BGH, NJW 1974, 1135). Voraussetzung hierfür ist aber, daß der Erwerber für die Erfolglosigkeit des Durchsetzungsversuchs nicht verantwortlich gemacht werden kann.

Aber Achtung: Diese Rechtsprechung gilt nur, wenn die Abtretung der Gewährleistungsansprüche formularmäßig in den Allgemeinen Geschäftsbedingungen des Bauträgers aufgeführt ist. Sollten wegen dieses Punktes ausdrücklich Verhandlungen zwischen dem Erwerber und dem Bauträger stattgefunden haben, dann handelt es sich um einen sogenannten „Individualvertrag". In diesem Fall kann der Bauträger seine Haftung für einen Zeitpunkt nach der Abnahme völlig ausschließen.

WISO rät: Wenn ein Individualvertrag ausgehandelt wird, sollte man sich auf keinen Fall darauf einlassen, daß die Haftung nach Übernahme auf den Erwerber abgetreten wird.

10. Insolvenz des Bauträgers

Wenn die Bauträgergesellschaft zahlungsunfähig zu werden droht oder es bereits ist, oder wenn sie überschuldet ist, dann kann sie selber, aber auch jeder ihrer Gläubiger den Antrag stellen, daß über das Vermögen des Bauträgers das Insolvenzverfahren eröffnet wird. In dem Fall muß der Bauträger seine Vermögenslage offenlegen. Sollte sich danach herausstellen, daß das Vermögen nicht einmal aureicht, um die Kosten des Insolvenzverfahrens davon zu bestreiten, dann weist das Insolvenzgericht den Antrag „mangels Masse" ab. In diesem Fall hat der Erwerber grundsätzlich keine Möglichkeit mehr, seine Ansprüche gegen den Bauträger zu verwirklichen.

Sollte das Insolvenzverfahren aber eröffnet werden, dann wird das Gericht einen Insolvenzverwalter bestellen. Bei dem muß der Erwerber dann seine Ansprüche gegen den Bauträger anmelden. Er wird deswegen in der Regel rechtzeitig vom Insolvenzverwalter angeschrieben und hierzu aufgefordert werden. Der Insolvenzverwalter stellt in einem Bericht die gesammelten Forderungen der Gläubiger dem Vermögen und den Außenständen gegenüber. Dieser Bericht wird der Gläubigerversammlung vorgelegt. Diese hat dann die Möglichkeit zu entscheiden, ob der Betrieb des Bauträgers zerschlagen oder vorläufig fortgeführt wird. Wird der Betrieb zerschlagen, werden alle Vermögenswerte liquidiert. Wenn der Erwerber zuvor seine Ansprüche angemeldet hat, erhält er davon einen prozentualen Anteil. Sollte sich die Gläubigerversammlung für eine Fortführung des Betriebes entscheiden, dann ist das selbstverständlich nur möglich, wenn die Gläubiger zuvor auf einen mehr oder weniger großen Teil ihrer Forderungen verzichten. Der Erwerber wird deshalb auch in dem Fall nur mit einer anteiligen Befriedigung rechnen können.

X.

ÄRGER MIT DEN MITEIGENTÜMERN

1. Fall

Simone Baumann ist glücklich. Endlich hat sie den begehrten Studienplatz für Gesang in Neustadt bekommen. Dort geht sie rechtzeitig vor Semesterbeginn zusammen mit ihren Eltern auf „Budensuche". Doch alle Mietwohnungen, die ihnen angeboten werden, sind dunkel und unverhältnismäßig teuer. Außerdem winken die Vermieter ohnehin dankend ab, wenn sie erfahren, daß Frau Baumann Gesang studieren und natürlich auch zu Hause üben will. Deshalb beschließen die Eltern, der Tochter eine Wohnung zu kaufen. Sie haben Glück: In einem schönen Vorort von Neustadt ist gerade ein Appartementhaus fertig geworden. Der Preis ist akzeptabel, also wird nicht lange gefackelt: Die Eltern kaufen die Wohnung für ihre Tochter.

Doch damit fängt der Ärger an. Kurz nach dem Einzug bemerkt Frau Baumann, daß es in den Keller hereinregnet. Außerdem wird das Treppenhaus nicht gestrichen. Schließlich verlangt der Verwalter die Zahlung einer nicht unerheblichen „Sonderumlage" für die Begleichung von „Rechtsverfolgungskosten". Dabei stellt sich heraus, daß sich die Miteigentümer des Wohnblocks in zwei Lager gespalten haben, die sich bekriegen. Ständig werden Streitigkeiten gerichtlich ausgefochten. Zu allem Überfluß beschließt die Eigentümerversammlung auch noch, Singen und Musizieren außerhalb der festgelegten Ruhezeiten nur noch in „nicht belästigender Weise und Lautstärke" zu gestatten. Dabei waren Frau Baumanns Eltern zu dieser Eigentümerversammlung nicht einmal eingeladen. Simone Baumann und ihre Eltern fragen sich, ob sie das alles so hinnehmen müssen.

2. Allgemeines

Die Rechte des Eigentümers einer Wohnung sind im Wohnungseigentumsgesetz (WEG) geregelt. Dieses Gesetz legt vor allem fest, wie das Eigentum an der Wohnung übertragen wird, welche Rechte die Wohnungseigentümer gegeneinander haben und welche Aufgaben der Verwalter hat.

3. Übertragung von Wohnungseigentum

In Deutschland gibt es grundsätzlich keine Möglichkeit, ein Haus ohne das Grundstück zu kaufen, auf dem es errichtet wurde. Hauskauf ist also immer auch Grundstückskauf. Das gleiche gilt für den Kauf einer Eigentumswohnung. Auch sie kann nicht ohne einen Teil des Grundstücks erworben werden, auf dem sie gebaut wurde. Deswegen muß auch jeder Kauf einer Eigentumswohnung notariell beglaubigt werden.

Die Übertragung von Wohnungseigentum kann auf zwei verschiedene Arten erfolgen:

Die weitaus verbreitetste Art ist die Teilungserklärung. Sie wird dann notwendig, wenn das Grundstück, auf dem das Haus mit den Wohnungen gebaut wurde, im Eigentum eines einzelnen steht. Meist ist das der Bauträger (oder eine Wohnungsbaugesellschaft), der das Grundstück kauft, darauf ein Gebäude errichtet und die Wohnungen darin an verschiedene Parteien verkauft.

In einem solchen Fall erklärt der Eigentümer gegenüber dem Grundbuchamt die Teilung des Grundstückes. Das Haus als Ganzes wird dann in verschiedene Teile aufgespalten. An diesen Teilen kann von den Käufern Eigentum erlangt werden.

Die andere Möglichkeit besteht darin, daß sich verschiedene Interessenten zusammenschließen, gemeinsam ein Grundstück mit Haus erwerben und sich dann gegenseitig das Eigentum an den einzelnen Wohnungen einräumen. Das geschieht per Einräumungsvertrag, der auch notariell beurkundet werden muß.

Beiden Möglichkeiten gemeinsam ist, daß dem einzelnen Käufer jeweils die konkrete Wohnung zugeteilt wird sowie eine entsprechend große Fläche des Gesamtgebäudes, das keine Wohnung ist. Im Sprachgebrauch der Juristen und im Kaufvertrag werden diese Teile als „Sondereigentum" und „Gemeinschaftseigentum" bezeichnet.

Sondereigentum ist das Eigentum an der konkreten Wohnung, die der Käufer erwerben will. Auch alle Versorgungseinrichtungen, die sich innerhalb dieser vier Wände befinden, gehören zum Sondereigentum. Wenn der Wohnung noch ein Keller oder eine bestimmte Garage zugeordnet ist, dann erwirbt der Käufer auch daran Sondereigentum.

Alles andere gehört zum Gemeinschaftseigentum: das Fundament, das Dach, die Kamine, die Stützmauern, die Zwischenböden, der Heizungskeller, die Heizungsanlage, das Treppenhaus, der Fahrstuhl usw. Kurz gesagt, alle Teile des Gebäudes, die für den Bestand oder die Sicherheit erforderlich sind, und die Anlagen und Einrichtungen, die dem gemeinschaftlichen Gebrauch der Wohnungseigentümer dienen. Letzteres gilt sogar dann, wenn sie sich im Bereich der im Sondereigentum stehenden Räume befinden.

Mit der Teilungserklärung wird das Gebäude in Tausendstel aufgeteilt. Dann wird die Größe jeder Wohnung (beziehungsweise der Rauminhalt des Sondereigentums) hierzu in ein Verhältnis gebracht. Jedem Käufer wird dann ein Miteigentumsanteil von x Tausendsteln angeboten, wobei die gesamte Immobilie und das Grundstück zusammen die Basisgröße bilden, also 1.000/1.000.

Rechenbeispiel: *Haus und Grundstück haben eine Gesamtnutzfläche von 1.250 Quadratmetern. Pro Quadratmeter Wohn- und Nutzfläche ergibt sich daraus ein Anteil von (1.000/1.250)/1.000 = 0,80/1.000. Hat man zum Beispiel eine 130 Quadratmeter große Wohnung, beträgt der Miteigentumsanteil 104/1.000.*

Nach dieser Aufteilung werden später auch die Betriebskosten des Gebäudes auf die einzelnen Wohnungen verteilt.

4. Kauf einer Eigentumswohnung

Anlage des Kaufvertrages ist in der Regel die Gemeinschaftsordnung. Diese Ordnung regelt die Rechte und Pflichten der einzelnen Wohnungseigentümer untereinander.

WISO rät: Bevor man eine Wohnung kauft, sollte man sich unbedingt die Gemeinschaftsordnung ansehen und genau prüfen, ob man mit den dort getroffenen Regelungen einverstanden ist. Wenn in der Ordnung zum Beispiel festgeschrieben ist, daß der Aufzug dem Ruhebedürfnis der Bewohner folgend während der Mittagsstunden und abends nach 22 Uhr nicht mehr benutzt werden kann, sollte man sich vorher überlegen, ob man damit leben kann.

Bevor eine solche Bestimmung in der Gemeinschaftsordnung geändert wird, kann nämlich viel passieren. Unter Umständen ist es dann nervenschonender, vom Kauf einer solchen Wohnung gleich Abstand zu nehmen.

Ebenfalls wichtig zu wissen ist auch, welche zusätzlichen Kosten zum Kaufpreis auf einen zukommen. Gerade bei älteren Wohnungen besteht jederzeit die Gefahr, daß bald teurere Instandhaltungsarbeiten vorgenommen werden müssen, deren Kosten die Eigentümer tragen.

WISO rät: Um Klarheit über die geplanten Instandsetzungsarbeiten zu bekommen, sollte man nicht nur den Verkäufer fragen, sondern sich die Protokolle der letzten Eigentümerversammlungen vorlegen lassen. Ist die Situation dann immer noch nicht eindeutig zu klären, ist es besser, auch die anderen Eigentümer und Bewohner des Hauses zu befragen.

Der Eigentümer einer Eigentumswohnung ist außerdem verpflichtet, die Kosten anteilig zu tragen, die der Eigentümergemeinschaft unter anderem für die Erhaltung der Wohnanlage entstehen. Er hat daher ein sogenanntes Haus- oder Wohngeld zu leisten. Vom Wohngeld werden folgende Kosten beglichen:

- Wasserversorgung,
- Heizungs- und Warmwasserkosten,
- Stromkosten für gemeinschaftliche Einrichtungen (zum Beispiel Treppenhaus, Kellerbeleuchtung),
- Schornsteinreinigung,
- Straßenreinigung und Müllabfuhr,
- Entwässerung beziehungsweise Abwasserkosten,
- Hausreinigung,
- gemeinschaftliche Versicherungen,
- Sonderumlagen,
- Verwalterhonorar und
- sonstige Verwaltungskosten.

WISO rät: Vor dem Kauf sollte man sich über die Höhe des Hausgeldes erkundigen, um unangenehmen Überraschungen vorzubeugen. Außerdem sollte man sich die Jahresabrechnungen der vergangenen Jahre und den laufenden Wirtschaftsplan vorlegen lassen, damit man einen umfassenden Eindruck von der finanziellen Situation der Wohnanlage beziehungsweise des Hauses bekommt. Dann wird zum Beispiel ersichtlich, ob bereits ausreichend Rücklagen für anstehende Instandhaltungsmaßnahmen gebildet worden sind.

Ansonsten gelten die gleichen Regeln wie vor dem Kauf eines Grundstücks (vgl. Kapitel IV). Auch der Käufer einer Eigentumswohnung sollte ins Grundbuch Einsicht nehmen, bevor er sich dazu entschließt, den Kaufvertrag zu unterzeichnen. Ist das gesamte Grundstück mit einer Grundschuld belastet, sollte sich der Kaufinteressent klar darüber sein, daß jeder Wohnungseigentümer mit seiner Wohnung für die Rückzahlung der Grundschuld haftet. Auch wenn man das kaum glauben will: Das gilt selbst für den, der seine Wohnung schon komplett bezahlt hat.

WISO rät: Beim Kaufpreis sollte im Vertrag klargestellt sein, daß der Preis die Erschließungskosten beinhaltet. Es ist möglich, daß die Gemeinde die Erschließungskosten erst nach mehreren Jahren fertig abrechnet. Dann haftet der Wohnungseigentümer auch für Kosten, die entstanden sind, lange bevor er die Wohnung erworben hat. Sollte der Eigentümer des Grundstücks schon eine Vorleistung auf die Erschließungskosten erbracht haben, muß außerdem geklärt sein, daß diese dem Wohnungskäufer zugute kommt.

5. Vorverträge

Der Wohnungsmarkt in Deutschland ist in einigen Segmenten – zur Zeit jedenfalls – gesättigt. Trotzdem oder vor allem deshalb versuchen viele Verkäufer den Eindruck zu erwecken, die Wohnungen würden ihnen aus den Händen gerissen. Dadurch wollen sie noch unentschlossene Kunden dazu bewegen, endlich abzuschließen. Sie wollen die Kunden binden, indem sie sie „Vorverträge" oder „Reservierungsvereinbarungen" unterschreiben lassen.

WISO rät: Es ist nicht weiter schlimm, wenn man einen Vorvertrag unterschrieben hat und es sich später anders überlegt. Solche Verträge sind nämlich nur wirksam, wenn sie auch notariell beurkundet wurden. Ohne Beurkundung ist selbst ein schriftlicher Vertrag unwirksam.

Auch sogenannte „Reservierungsvereinbarungen", mit denen sich der Interessent die Wohnung sichern soll, sind unter bestimmten Bedingungen ohne notarielle Mitwirkung unwirksam. Wann immer dem Kunden finanzielle Nachteile in einer gewissen Höhe entstehen, falls er abspringt, bedarf der Vertrag der notariellen Beurkundung: „Abstandszahlungen", „Provisonen" oder „Aufwandsentschädigungen" müssen nicht gezahlt werden, wenn sie mehr als 10% der üblichen Maklerprovision ausmachen und die Reservierungsvereinbarung nicht beurkundet wurde.

6. Wohnungseigentümerversammlung

Der Wohnungseigentümer ist Miteigentümer eines Teils des Gebäudes. Damit ist er Träger eines gemeinschaftlichen Rechts. Die Wohnungseigentümer sind durch dieses Recht dazu gezwungen, ihre gemeinschaftlichen Angelegenheiten gemeinsam zu regeln. Konkret passiert das in der Eigentümerversammlung. Dort werden Beschlüsse gefaßt, die das gemeinsame Eigentum betreffen – so wie die Eigentümer im oben genannten Fall beschlossen haben, daß Musizieren nur dann erlaubt ist, wenn es die Mitbewohner nicht in besonderer Weise und Lautstärke belästigt.

Die Eigentümerversammlung ist – wie der Name schon sagt – eine Versammlung aller Eigentümer. Sofern nichts anderes vereinbart wurde, muß sie mindestens einmal jährlich zusammentreten. Für die Einladung zur Eigentümerversammlung ist der Verwalter zuständig. Er darf aber nur Eigentümer einladen, die bereits im Grundbuch eingetragen sind. Das bedeutet, daß der Verkäufer einer Wohnung auch zur Eigentümerversammlung eingeladen werden muß, so lange nicht der Käufer als Eigentümer im Grundbuch eingetragen wurde. Es reicht also nicht aus, wenn zugunsten der Käufer eine Auflassungsvormerkung im Grundbuch steht.

Aus diesem Grunde war es zum Beispiel kein Fehler des Verwalters, daß er Frau Baumanns Eltern nicht eingeladen hat, wenn die Wohnung noch nicht auf sie übertragen war. Allerdings ist es sinnvoll und auch üblich, die Käufer zu laden, wenn sie bereits über die Wohnung verfügen und die Grundbucheintragung nur noch der einzige fehlende formale Akt ist. Häufig überträgt in solchen Fällen auch der Voreigentümer sein Stimmrecht auf die Neuerwerber.

In der Eigentümerversammlung wird über Fragen diskutiert, die das gemeinsame Haus betreffen. Vor allem aber wird die Jahresabrechnung beschlossen. Darin werden die Einnahmen und Ausgaben abgerechnet, die in der Wohnanlage im letzten Jahr angefallen sind. Außerdem wird der neue Wirtschaftsplan beschlossen. Der Wirtschaftsplan gilt als Haushaltsplan für das kommende Jahr. Bis ein neuer Wirtschaftsplan beschlossen ist, bleibt der letzte Rechtsgrundlage für die Haus- beziehungsweise Wohngeldzahlungen der Eigentümer.

a) Beschlüsse

An den zwischen den Eigentümern festgelegten Regelungen ändert sich nur etwas, wenn die Eigentümerversammlung etwas beschließt. Ärger bekommt man daher mit den Miteigentümern grundsätzlich nur, wenn in diesem Gremium neue Beschlüsse gefaßt werden – abgesehen natürlich von den Fällen, in denen die Miteigentümer das Haus selbst bewohnen und durch das Zusammenleben Ärger entsteht. Diese Probleme sind aber rechtlich nicht im Immobilienrecht beheimatet. Bei Problemen, die eher das Miteinander der Hausbewohner betreffen, hilft sicher ein Anwalt weiter (meistens auch kostengünstiger, als man glaubt).

Ist der Eigentümer der Auffassung, durch einen Beschluß in seinen Rechten verletzt worden zu sein, stellt sich die Frage, ob und wie er dagegen vorgehen kann.

Nichtige Beschlüsse

Am einfachsten ist es, wenn ein Beschluß nichtig ist. Nichtig sind Beschlüsse, die unter so schwerwiegenden Mängeln leiden, daß sie von vornherein unwirksam sind. Sie dürfen also nicht beachtet werden.

Solche Mängel sind dann anzunehmen, wenn etwas beschlossen wurde, was gegen ein gesetzliches Verbot oder gegen die guten Sitten verstößt. Wird zum Beispiel beschlossen, fällige Sanierungsarbeiten an einen Schwarzarbeiter zu vergeben, wird gegen das Verbot aus dem Schwarzarbeitergesetz verstoßen. Ein solcher Beschluß wäre nichtig.

Anderes Beispiel: Nach § 26 WEG darf der Verwalter auf höchstens fünf Jahre gewählt werden. Ein Beschluß, wonach der Verwalter auf längere Zeit gewählt würde, wäre also ebenfalls nichtig. Gegen die guten Sitten verstößt dagegen zum Beispiel ein Beschluß, wonach demjenigen, der das Hausgeld nicht rechtzeitig zahlt, ein Zins von 30% abverlangt wird.

Nichtig sind aber auch Beschlüsse, die die Eigentümerversammlung getroffen hat, ohne über die notwendige Beschlußkompetenz zu verfügen. Dies ist immer dann der Fall, wenn die Angelegenheit weder durch das Wohnungseigentumsgesetz noch durch die Vereinbarung dem Mehrheitsprinzip unterworfen ist (BGHZ 145, 158 ff.). Hat die Wohnungseigentümerversammlung also zum Beispiel entgegen der Teilungsvereinbarung ein Sondernutzungsrecht an dem Vorgartenbereich zugunsten eines einzelnen Eigentümers beschlossen, so ist ein solcher Beschluß nichtig. Die Nichtigkeit des Beschlusses kann ohne zeitliche Befristung, also noch Jahre nach der rechtswidrigen Beschlußfassung, geltend gemacht werden.

Anfechtbare Beschlüsse

Anders bei Beschlüssen, bei denen keine derart gravierenden Fehler aufgetreten sind. Sie müssen nur dann nicht beachtet werden, wenn sie durch Gerichtsentscheid für unwirksam erklärt wurden. Dafür muß beim Amtsgericht, in dessen Zuständigkeitsbereich sich die Wohnanlage oder das Haus befindet, ein gerichtliches Verfahren auf Ungültigkeitserklärung eingeleitet worden sein. Ist man sich unsicher, welches Gericht zuständig ist, gibt ein kurzer Anruf bei dem in Frage kommenden Gericht schnell Aufschluß.

WISO rät: Es reicht nicht aus, dem Verwalter zu schreiben, daß man der Ansicht ist, ein Beschluß sei mangelhaft. Wer einen Beschluß rügen will, muß einen Antrag bei Gericht stellen, ihn für ungültig erklären zu lassen (Anfechtung).

Dieser Antrag muß **innerhalb eines Monats** seit der Beschlußfassung beim Amtsgericht eingegangen sein. Dabei ist es völlig unerheblich, ob man überhaupt an der Eigentümerversammlung teilgenommen hat, in der der fragliche Beschluß gefaßt wurde. Ohne Bedeutung ist auch, ob das Protokoll dieser Eigentümerversammlung rechtzeitig angefertigt wurde. Wenn man aber gehindert war, den Antrag rechtzeitig (also innerhalb eines Monats) zu stellen, weil man zu spät von dem Beschluß erfuhr, kann man bei Gericht einen Antrag auf Wiedereinsetzung in den vorherigen Stand stellen. Wenn das Gericht diesem Antrag stattgibt, ist die Fristversäumnis geheilt.

Antrag auf Ungültigkeitserklärung: (siehe folgende Seiten)

Ein Beschluß kann immer dann wirksam angefochten werden, wenn er nicht ordnungsgemäß zustande gekommen oder wenn er inhaltlich nicht richtig ist. Ist man als Eigentümer also mit einem Beschluß der Eigentümerversammlung nicht zufrieden, sollte man prüfen, ob der Beschluß unter solchen Fehlern leidet oder ob er sogar nichtig ist.

b) Ladung

Ein Beschluß kommt nur dann ordnungsgemäß zustande, wenn richtig zur Eigentümerversammlung eingeladen wurde. Die gesetzlichen Vorschriften dazu finden sich in den §§ 23–25 des Wohnungseigentumsgesetzes (WEG). Allerdings können die Wohnungseigentümer auch davon Abweichendes beschließen. Grundsätzlich lädt der Verwalter zur Eigentümerversammlung ein.

Es ist aber auch möglich, daß eine „spontane Eigentümerversammlung" stattfindet. Das ist der Fall, wenn alle Wohnungseigentümer einer Anlage zusammenkommen und spontan beschließen, daß sie nun eine Eigentümerversammlung abhalten. Es hindert die Wirksamkeit der Beschlüsse nicht, daß der Verwalter bei der Beschlußfassung nicht anwesend war.

Ansonsten ist, wenn nichts anderes vereinbart wurde, der Verwalter verpflichtet, mindestens einmal im Jahr zur Eigentümerversammlung einzuladen. Außerdem muß er einladen, wenn dies mehr als ein Viertel der Eigentümer schriftlich verlangt. Das Viertel bezieht sich dabei auf die Köpfe der Wohnungseigentümer und nicht auf den Eigentumsanteil an der Wohnanlage, wenn in der Gemeinschaftsordnung nichts anderes vereinbart wurde. Die Eigentümer sollten den Grund angeben, warum die Versammlung einberufen wird. Die Angabe des betreffenden Tagesordnungspunktes genügt dazu.

WISO rät: Will man einen Beschluß der Eigentümerversammlung herbeiführen, kann man das Zusammenkommen dieses Gremiums erzwingen, wenn man sich mit mindestens einem Viertel der Eigentümer einig ist und gemeinsam den Verwalter auffordert, eine Einladung auszusprechen.

Johann und Sabine Schöne
Liebigplatz 2
12345 Musterstadt

An das
Amtsgericht Neustadt
— Abteilung für Wohnungseigentumssachen —

Musterstr. 40
12345 Musterstadt

Musterstadt, den . . . . . .

Antrag

in der Wohnungseigentumssache
Johann und Sabine Schöne, Liebigplatz 2, 12345 Musterstadt
— Antragsteller —

g e g e n

die Eigentümer der Wohnungseigentumsanlage
Liebigplatz 2 in 12345 Musterstadt
gemäß beiliegender Eigentümerliste
— Antragsgegner —

Verwalter der Wohnungseigentumsanlage: Herr Adolf Schmalke, Wielandstr. 88, 12345
Musterstadt

wegen: Ungültigkeit eines Beschlusses
vorläufiger Geschäftswert: . . . .

Hiermit beantragen wir,
1. uns wegen Versäumen der Anfechtungsfrist Wiedereinsetzung in den vorherigen Stand
zu gewähren,
2. den Beschluß der Eigentümerversammlung vom . . . . . . zu Tagesordnungspunkt
. . . . für ungültig zu erklären,
3. den Antragsgegnern die Verfahrenskosten aufzuerlegen.

Fortsetzung nächste Seite

Begründung:

Nach dem Protokoll der Eigentümerversammlung der Eigentumswohnanlage Liebigplatz 2 in 12345 Musterstadt vom ...... wurde dort unter dem Tagesordnungspunkt „Verschiedenes" folgender Beschluß gefaßt:

„Während der Ruhezeiten zwischen 12 und 14 Uhr sowie zwischen 20 und 8 Uhr ist das Singen und Musizieren nicht gestattet. Außerhalb dieser Ruhezeit ist Singen und Musizieren nur in nicht belästigender Weise und Lautstärke erlaubt."

Wir haben an diesem Beschluß nicht mitgewirkt, da wir bei der Eigentümerversammlung nicht anwesend waren. Von dem Beschluß haben wir erst durch das Protokoll erfahren, das uns allerdings erst am ......, mithin also vier Wochen nach der Eigentümerversammlung, zuging.

Zur Glaubhaftmachung versichern wir das Vorstehende an Eides statt. Dabei sind wir uns der Strafbarkeit der Abgabe einer falschen eidesstattlichen Versicherung bewußt.

Wir sind der Ansicht, daß der Beschluß unwirksam ist, weil es keinen sachlichen Grund gibt, das Singen und Musizieren stärker einzuschränken als das Betreiben von anderen Geräuschquellen, wie z.B. den Fernseher oder die Stereoanlage.

Außerdem ist der Beschluß zu unbestimmt, da unklar ist, wie man sich verhalten muß, um nicht dagegen zu verstoßen.

....
(Unterschriften)

Ladungsfrist

Zwischen dem Zugang der Ladung und dem Termin der Eigentümerversammlung sollte mindestens eine Woche liegen. Ein Schreiben gilt als zugegangen, wenn es so in den Bereich des Empfängers gelangt ist, daß dieser unter normalen Umständen die Möglichkeit hat, vom Inhalt Kenntnis zu nehmen. Da man unter normalen Umständen seinen Briefkasten abends nicht mehr leert, gilt deshalb ein Brief, der zum Beispiel um 18.00 Uhr in den Hausbriefkasten eingeworfen wurde, erst am darauffolgenden Tag als zugegangen.

WISO rät: Auch wenn man im Urlaub oder im Krankenhaus ist, gilt ein Schreiben als zugegangen, das in den Briefkasten eingeworfen wurde, denn Urlaub oder Krankheit sind keine „normalen Umstände".

Wurde die Ladungsfrist nicht gewahrt, führt dies allein nicht dazu, daß die in der Versammlung gefaßten Beschlüsse ungültig sind.

Schriftform

Schon aus praktischen Gründen sollte die Einladung schriftlich erfolgen. Wurde aber nur mündlich eingeladen, so ändert dies allein nichts an der Wirksamkeit der Beschlüsse.

Inhalt der Ladung

Der Verwalter muß in der Ladung Ort und Zeit der geplanten Versammlung angeben und die Tagesordnung beifügen. Sowohl Versammlungsort wie auch Versammlungszeit müssen für die Eigentümer zumutbar sein.

Unzumutbar für die Eigentümer einer Wohnungsanlage in München wäre zum Beispiel eine Versammlung, die in Passau abgehalten würde, nur weil der Verwalter dort wohnt. Unzumutbar wäre aber auch, wenn der Verwalter die Versammlung zu einem Zeitpunkt ansetzen würde, zu dem vorhersehbar ist, daß kaum jemand daran teilnehmen könnte. Würde er die Versammlung zum Beispiel an einem Werktagvormittag einberufen, so wäre das nicht akzeptabel (OLG Frankfurt, OLGZ 82, 418).

WISO rät: Wurde zu einer Versammlung unter Verletzung dieser Grundsätze geladen, sind die in der Eigentümerversammlung gefaßten Beschlüsse anfechtbar. Zu einer Aufhebung der Beschlüsse führt ein Ladungsfehler aber dann nicht, wenn sie bei ordnungsgemäßer Einberufung der Versammlung genauso gefaßt worden wären.

c) Tagesordnung

Jeder Ladung ist eine Tagesordnung beizufügen, denn die Eigentümer müssen ja wissen, was in der Versammlung diskutiert und beschlossen werden soll. Nur dann können sie entscheiden, ob es für sie interessant ist, teilzunehmen oder nicht.

Damit dies wirksam erfolgen kann, muß die Tagesordnung aussagekräftig sein. Eine schlagwortartige Bezeichnung reicht nur dann aus, wenn sich die dahinterstehende Problematik bereits aus den Schlagworten ergibt oder die damit verbundene Situation den Eigentümern hinreichend bekannt ist. So reicht es aus, in der Tagesordnung den Punkt „Beschlußfassung über Verwalterwechsel" aufzuführen, wenn in der Sitzung die Vergabe des Verwalteramtes an einen anderen zu neuen Konditionen beschlossen wird (BayObLG DWE 82, 137).

Wird in der Tagesordnung der Punkt „Straßenbau" angekündigt, dann reicht das aus, den Verwalter in der Versammlung zu ermächtigen, wegen des Straßenbaus geeignete Maßnahmen zu treffen, wenn der mangelhafte Straßenausbau durch die Gemeinde schon früher Gegenstand der Beratung war.

In keinem Fall ist es aber ausreichend, wenn wichtige Entscheidungen unter dem Tagesordnungspunkt „Verschiedenes" beschlossen werden. So kann unter diesem Punkt auf keinen Fall die Abberufung des Verwalters beschlossen werden (KG OLGZ 74, 399). Auch ist es nicht möglich, darunter zu beschließen, den gemeinschaftlichen Tischtennisraum in einen Geräteraum umzufunktionieren (BayObLG ZMR 85, 29). Nicht einmal der Standort eines Müllcontainers soll unter diesem Punkt beschlossen werden können (BayObLG WM 90, 321). Nach Ansicht des Amtsgerichts Hamburg soll unter diesem Tagesordnungspunkt sogar überhaupt kein Beschluß gefaßt werden (AG Hamburg, DWE 89, 78).

d) Personenkreis

Es sind alle Personen zu laden, die als Eigentümer im Grundbuch eingetragen sind. Wurde eine Wohnung verkauft, ist der Verkäufer so lange zu laden, wie er noch als Eigentümer im Grundbuch eingetragen ist. Es empfiehlt sich, daneben auch den Käufer zu laden, damit er informiert ist. Stimmrecht hat der Käufer allerdings dann nicht. Dagegen müssen Eigentümer eingeladen werden, auch wenn ihr Stimmrecht ruht (siehe unten im Abschnitt „Abstimmung"). Die Einladung nur eines Teils der Eigentümer ist erlaubt, wenn eine Angelegenheit beschlossen werden soll, die nur diesen einen Teil betrifft.

e) Beschlußfähigkeit

Grundsätzlich ist die Eigentümerversammlung beschlußfähig, wenn mehr als die Hälfte der Eigentümer anwesend ist. Dabei hat jeder Teileigentümer eine Stimme, falls die Wohnung mehreren Eigentümern gemeinsam gehört (zum Beispiel Eheleuten oder Erbengemeinschaften). In der Gemeinschaftsordnung kann jedoch auch Abweichendes festgeschrieben werden (BGHZ 49, 250). So kann zum Beispiel eine Versammlung erst beschlußfähig sein, wenn die Mehrheit der Miteigentumsanteile anwesend ist. Dann bemißt sich das Stimmrecht an der Größe des jeweiligen Miteigentumsanteils. Es ist aber auch möglich, festzulegen, daß jeder Wohneinheit genau eine Stimme zukommt.

Nicht ausreichend ist es, wenn die Beschlußfähigkeit nur bei Beginn der Versammlung besteht. Die Versammlung muß vielmehr bei jeder einzelnen Entscheidung beschlußfähig sein.

WISO rät: Verlassen Eigentümer die Versammlung, sollte beantragt werden, daß die Beschlußfähigkeit neu festgestellt wird. Sonst werden Beschlüsse unter Umständen anfechtbar.

Entscheidungen einer beschlußunfähigen Eigentümerversammlung sind zwar nicht automatisch nichtig, also nicht von sich heraus unwirksam. Sie können aber selbstverständlich angefochten werden. Geschieht dies nicht, sind sie allerdings verbindlich.

Zweitversammlung

Eine Versammlung, die nicht beschlußfähig ist, kann dadurch gerettet werden, daß eine Zweitversammlung stattfindet. Unter der Voraussetzung, daß dies in der Gemeinschaftsordnung so vereinbart wurde, kann der Verwalter bereits mit der ersten Ladung zu einer Zweitversammlung einladen. Die Zweitversammlung findet dann am gleichen Ort und am gleichen Tag wie die Erstversammlung statt. Lediglich der Zeitpunkt liegt eine halbe bis ganze Stunde nach der Erstversammlung. Bei der Zweitversammlung ist es unerheblich, ob die Versammlung beschlußfähig ist, sofern darauf schon in der Ladung zur Erstversammlung hingewiesen wurde.

WISO rät: Sollte die Gemeinschaftsordnung eine Zweitversammlung nicht vorsehen und wird sie trotzdem einberufen, dann sind dabei gefaßte Beschlüsse anfechtbar.

f) Öffentlichkeitsverbot

Die Wohnungseigentümerversammlung soll nicht öffentlich stattfinden, da jeglicher Fremdeinfluß ferngehalten und die Angelegenheiten der Eigentümer nicht unnötig in die Öffentlichkeit getragen werden sollen. Wer will zum Beispiel schon, daß es sich im ganzen Ort herumspricht, daß man Schwierigkeiten hat, das Hausgeld aufzubringen! Deshalb muß die Versammlung fern von fremden Ohren abgehalten werden. Findet die Eigentümerversammlung im offenen Raum einer Gaststätte statt, in der sich noch weitere Gäste aufhalten, dann sind die in dieser Öffentlichkeit gefaßten Beschlüsse anfechtbar. Das Öffentlichkeitsverbot ist aber noch nicht verletzt, wenn ein Miteigentümer seinen Ehegatten oder einen Berater hinzuzieht. Dann sollte die Versammlung aber zuvor ersucht werden, deren Anwesenheit zuzustimmen.

g) Abstimmung

Beschlüsse werden mit einfacher Mehrheit gefaßt. Das bedeutet, daß die Mehrheit der anwesenden Stimmen entscheidet. Wie bereits erwähnt, bestehen verschiedene Möglichkeiten der Gewichtung einer Stimme.

- Nach dem Kopfprinzip hat jeder Wohnungseigentümer unabhängig von der Größe seiner Wohnung eine Stimme. Bei Teileigentum (Ehegatten oder Erbengemeinschaft) hat jeder eine Stimme.
- Nach dem Realprinzip hat jede Wohnung unabhängig von der Größe eine Stimme.
- Beim Wertprinzip bemißt sich dagegen das Stimmrecht an der Größe des Miteigentumsanteils.

Welcher Abstimmungsmodus gilt, wird in der Gemeinschaftsordnung festgelegt. Ermittelt der Versammlungsvorsitzende das Abstimmungsergebnis nach dem falschen Modus, kann ein auf diese Art zustande gekommener Beschluß erfolgreich angefochten werden, sofern nach dem richtigen Abstimmungsmodus ein anderes Ergebnis zustande gekommen wäre (Bay ObLG WE 88, 205; OLG Schleswig DWE 89, 143).

Bei der Berechnung der Stimmenmehrheit zählen Stimmenthaltungen übrigens nicht mit (BGH NJW 89, 1090). Es dürfen also nur die Ja- und die Nein-Stimmen gegeneinander abgewogen werden. Entsteht eine Patt-Situation, waren also genauso viele der anwesenden Eigentümer für wie gegen den Vorschlag, dann ist er abgelehnt.

In manchen Fällen ist ein Eigentümer von der Abstimmung ausgeschlossen, sein Stimmrecht ruht. Dies wird immer dann sein, wenn ein Interessenkonflikt besteht, zum Beispiel weil er als Hausverwalter berufen werden soll oder weil gegen ihn ein Gerichtsverfahren eröffnet wird. Es kann aber auch in der Gemeinschaftsordnung vorgeschrieben sein, daß das Stimmrecht zum Beispiel ruht, wenn das Hausgeld nicht ordnungsgemäß gezahlt wurde. Stimmt ein Eigentümer mit ab, dessen Stimmrecht eigentlich ruht, kann der Beschluß erfolgreich angefochten werden, wenn es auf seine Stimme ankam (BayObLG ZMR 80,148).

Abgestimmt werden kann offen oder geheim, mündlich oder schriftlich.

h) Schriftliches Beschlußverfahren

Ausnahmsweise ist es möglich, daß ein Beschluß nicht in einer Eigentümerversammlung getroffen wird. Voraussetzung ist, daß die Zustimmung der Eigentümer im schriftlichen Umlaufverfahren eingeholt wird. Dazu muß jeder Eigentümer angeschrieben und um Zustimmung zu einem bestimmten Beschluß ersucht werden.

In diesem Fall gilt der Beschluß nur dann als gefaßt, wenn alle Eigentümer dem Vorschlag zugestimmt haben, wenn also eine einstimmige Entscheidung getroffen wurde.

i) Protokoll

Von jeder Eigentümerversammlung ist ein Protokoll anzufertigen. Das Protokoll muß mindestens die gefaßten Beschlüsse beinhalten. Besser ist es aber, wenn das Protokoll den Verlauf und die Diskussionen während der Sitzung wiedergibt. Manchmal lassen sich Beschlüsse nämlich nur verstehen, wenn einem auch die Diskussion um das Thema bekannt ist. Gerade wenn der Wortlaut des Beschlusses mehrdeutig ist, läßt sich später anhand des Verlaufsprotokolls einfacher klären, wie ein Beschluß zu verstehen ist.

Das Protokoll muß unverzüglich nach der Versammlung angefertigt werden. Die Anfechtung eines Beschlusses muß nämlich grundsätzlich innerhalb eines Monats nach der Beschlußfassung bei Gericht eingehen (siehe weiter oben). Das ist Eigentümern, die gar nicht an der Versammlung teilgenommen haben, natürlich nur schwer möglich, wenn sie das Protokoll nicht rechtzeitig zur Kenntnis nehmen können. Aber auch die Teilnehmer der Versammlung haben ein Anrecht darauf, das Protokoll rechtzeitig zu bekommen. Deshalb muß das Protokoll eine Woche vor Anfechtungsfristablauf, also spätestens drei Wochen nach der Versammlung, den Eigentümern zugänglich gemacht werden (BayObLG WM 90,322).

WISO rät: Der Verwalter ist gesetzlich nicht dazu verpflichtet, den Eigentümern das Protokoll zuzusenden. Es reicht aus, wenn er ihnen die Gelegenheit zur Kenntnisnahme gewährt. Daß dies für die Eigentümer unpraktisch ist, liegt auf der Hand. Denn die wenigsten wollen zum Verwalter fahren, nur um dort in ein Protokoll einzusehen. Deshalb sollte die Eigentümerversammlung den Verwalter durch einen Beschluß verpflichten, das Protokoll zu versenden.

j) Entscheidungskompetenz

Abgesehen von diesen Formalien kann die Wohnungseigentümerversammlung natürlich nur über Themen Beschlüsse fassen, die in ihrem Zuständigkeits- und Einflußbereich liegen. Nach dem WEG ist die Entscheidungszuständigkeit der Eigentümerversammlung auf die gemeinschaftlichen Angelegenheiten der Verwaltung und des ordnungsgemäßen Gebrauchs beschränkt. Der BGH läßt aber unter bestimmten Umständen auch rechtsgeschäftlich begründete Entscheidungszuständigkeiten zu (BGHZ 95, 137).

Die Entscheidungskompetenz kann zum Beispiel darauf ausgedehnt werden, Gemeinschaftseigentum baulich zu verändern. An sich fällt das nicht in die Zuständigkeit einer Eigentümerversammlung. Auch kann unter Umständen eine Zustimmung zu Veräußerungs- oder Nutzungsbeschränkungen, die an sich ein einzelner Eigentümer schuldet, durch Mehrheitsentscheidung der Versammlung ersetzt werden. Im einzelnen kann das ziemlich kompliziert werden. Ist man sich unsicher, wie zu verfahren ist, sollte man sich anwaltlich beraten lassen.

WISO rät: Faßt die Eigentümerversammlung einen Beschluß, der über ihre Entscheidungszuständigkeit hinausgeht, kann der betroffene Eigentümer diesen Beschluß anfechten (BGHZ 54, 65).

7. Jahresabrechnung

Zu Querelen mit den Miteigentümern und dem Verwalter kommt es auch immer wieder wegen der Jahresabrechnung, die eine der Hauptaufgaben des Verwalters ist.

Der Verwalter ist verpflichtet, einmal im Jahr abzurechnen und die Einnahmen und Ausgaben aufzuführen, die in der Wohnanlage angefallen sind. Wurde in der Teilungserklärung nichts anderes geregelt, ist die Abrechnungsperiode das Kalenderjahr. Es ist allerdings nicht gesetzlich vorgeschrieben, bis wann die Jahresabrechnung nach Ablauf der Abrechnungsperiode gefertigt und den Eigentümern vorgelegt werden muß.

WISO rät: Um spätere Streitereien über den Zeitpunkt der Jahresabrechnung zu vermeiden, sollte im Verwaltervertrag festgehalten werden, daß dies innerhalb von zwei Monaten nach Abschluß der Rechnungsperiode erfolgen muß.

Es gibt keine genauen gesetzlichen Grundlagen, wie die Jahresabrechnung aussehen muß. Sie hat sich aber an der Betriebskostenabrechnung zu orientieren. Danach muß sie geordnet, inhaltlich richtig und übersichtlich die Einnahmen und Ausgaben des Jahres aufführen. Sie muß von jedermann ohne Hilfeleistung eines Buchhalters oder sonstiger Fachleute inhaltlich und rechnerisch nachvollziehbar sein. Solleinnahmen oder Sollausgaben dürfen grundsätzlich nicht erscheinen. Nur die tatsächlichen Einnahmen und tatsächlichen Ausgaben sind aufzunehmen.

Außerdem sollten die Ausgaben aufgeführt sein, die das Sondereigentum einzelner oder auch aller Eigentümer betreffen. Daneben müßten dort angefallene Kosten bei Gerichtsverfahren in Wohnungseigentumsangelegenheiten ablesbar sein. Neben den Gesamtkosten sollten die zugrundegelegten Verteilerschlüssel angegeben werden, die Anteile der jeweiligen Wohnungseigentümer berechnet und deren Vorauszahlungen abgezogen sein.

Außerdem sollten Angaben gemacht werden
- zu den gebildeten Rücklagen, insbesondere zu den Instandhaltungsrücklagen;
- zu den Zinseinkünften aus dem Kapitalvermögen der Eigentümergesellschaft;
- zu sonstigen Einnahmen (wie zum Beispiel Einnahmen aus der Vermietung von Gemeinschaftsräumen oder Versicherungsleistungen aus Schadensfällen);
- zu offenen Forderungen gegen Eigentümer bezüglich des Hausgeldes und
- zu den Verbindlichkeiten der Eigentümergemeinschaft gegenüber Dritten.

Die Ausgaben sind jeweils in der Abrechnungsperiode zu buchen, in der sie anfallen. Unberücksichtigt bleibt, in welcher Periode die Gemeinschaft Nutzen aus der Ausgabe zieht. Wird in der Abrechnungsperiode des Kalenderjahres 2002 Heizöl gekauft, dann fällt die Rechnung in die Jahresabrechnung 2002, selbst wenn das Öl erst im Jahre 2003 zum Heizen benutzt wird.

WISO rät: Als Eigentümer sollte man unbedingt prüfen, ob der Verteilerschlüssel richtig angewendet wurde. Der Verwalter ist verpflichtet, in der Jahresabrechnung offenzulegen, wie er die jeweilige Quote ermittelt hat. Welcher Verteilerschlüssel maßgeblich ist, ergibt sich aus der Teilungsgenehmigung oder aus den Protokollen vergangener Eigentümerversammlungen.

Sind also die Betriebskosten nach Fläche der jeweiligen Wohnung aufgeteilt, muß nicht nur die jeweilige Flächengröße richtig angeben sein, sondern auch die Gesamtfläche der Wohnanlage. Wird nach Köpfen aufgeteilt, reicht es nicht aus, die auf die jeweilige Wohnung entfallenden Köpfe aufzuführen. Es muß auch die Gesamtzahl der Bewohner der Anlage benannt sein.

Wurde dies alles berücksichtigt und liegen auch sonst keine Bedenken vor, kann die Jahresabrechnung in der Eigentümerversammlung beschlossen werden. Ergibt sich aus der Jahresabrechnung die Erfordernis, Nachzahlungen zu leisten, sind diese ab dem Tag der Beschlußfassung fällig. Das gleiche gilt natürlich für Guthabenbeträge, die aus einer Überzahlung resultieren. Doch Vorsicht: Berechtigt und verpflichtet ist immer nur derjenige, der im Grundbuch als Eigentümer eingetragen ist, nicht der Käufer, wenn die Wohnung verkauft worden ist.

8. Verwaltungsbeirat

Vor allem in größeren Wohnanlagen wird zuweilen ein Verwaltungsbeirat eingesetzt. Er ist allerdings gesetzlich nicht vorgeschrieben. Seine Hauptaufgabe liegt darin, den Wirtschaftsplan und die Jahresabrechnung für die Eigentümer zu prüfen. Liegt die Stellungnahme des Verwaltungsbeirates zur Jahresabrechnung vor, wenn die Eigentümerversammlung einberufen wird, muß sie der Einladung beigefügt werden.

Dem Vorsitzenden des Verwaltungsbeirats obliegt es, die Eigentümerversammlung einzuberufen, wenn ein Verwalter fehlt oder sich der eingesetzte Verwalter weigert. Letzteres ist aber nur zulässig, falls die Beschlußfassung über eine bestimmte Angelegenheit nicht aufzuschieben ist. Sollte keine anderweitige Regelung getroffen sein, muß der Vorsitzende des Verwaltungsbeirates außerdem das Protokoll der Eigentümerversammlung mit unterzeichnen.

XI.

ÄRGER MIT DEM HAUSVERWALTER

1. Fall

Die Eigentümerversammlung der Wohnanlage „Am Sonnenhang 4" in Musterstadt hat beschlossen, als Verwalter Herrn Hammes zu bestellen. Im ersten Jahr geht auch alles gut, und Hammes erledigt die ihm übertragenen Aufgaben gewissenhaft. Doch im Laufe der Zeit spielt er sich immer mehr auf und vermittelt den Eindruck, als gehöre das Objekt ihm und nicht den Wohnungseigentümern. Als die Versammlung beschließt, das Dach neu decken zu lassen, paßt ihm das gar nicht, weil er der Ansicht ist, daß zuvor das Treppenhaus renoviert werden sollte. Deshalb weigert er sich trotz des eindeutigen Beschlusses, eine Firma mit den Dacharbeiten zu beauftragen. Es kommt, wie es kommen mußte: Im Herbst hält das marode Dach den heftigen Regenfällen nicht mehr stand. Bei Familie Jung, der die Dachwohnung gehört, regnet es hinein. Die Folge: Der Teppichboden im Wohn- und im Kinderzimmer muß ausgetauscht werden. Familie Jung und die Eigentümerversammlung fragen sich, was sie gegen Hammes tun können.

2. Allgemeines

Bei einer Wohnanlage aus Eigentumswohnungen mit verschiedenen Eigentümern muß es einen geben, der nach außen für die Eigentümer auftritt. Zum Beispiel um einen Maler mit dem Neuanstrich der Fassaden zu beauftragen oder Reinigungskräfte einzustellen, die das Treppenhaus sauber machen sollen: Das ist der Hausverwalter.

Häufig wird er mit dem Hauswart (Hausmeister) verwechselt, doch dessen Aufgaben liegen eher im praktisch-technischen Bereich. Während der Hausmeister zum Beispiel für die Reparatur der Treppenhausbeleuchtung zuständig ist, sollte sich der Hausverwalter eher darum kümmern, ihn dabei zu überwachen. Kurz gesagt liegen die Aufgaben des Hausverwalters eher im kaufmännisch-organisatorischen Bereich.

3. Aufgaben des Hausverwalters

Die Aufgaben des Hausverwalters sind in den §§ 27, 28 Wohnungseigentumsgesetz (WEG) beschrieben. Im einzelnen hat der Hausverwalter folgende Aufgaben:

a) Aufstellen eines Wirtschaftsplanes
   In jedem Wirtschaftsjahr, das mit dem Kalenderjahr übereinstimmt (wenn nichts anderes vereinbart wird), muß ein Plan aufgestellt werden, in dem die zukünftigen Einnahmen (Hausgeld) und Ausgaben aufgeführt sind.

b) Erstellen der Jahresabrechnung
   Mit der Jahresrechnung müssen die tatsächlichen Einnahmen den tatsächlichen Ausgaben gegenübergestellt werden.

c) Eigentümerversammlung
   Der Verwalter hat die Eigentümerversammlung mindestens einmal jährlich einzuberufen, sie abzuhalten und anschließend unverzüglich ein Protokoll zu fertigen.

d) Hausordnung
   Wenn nicht bereits schon erfolgt, obliegt es auch dem Verwalter, eine Hausordnung zu entwerfen, die von der Eigentümerversammlung beschlossen wird. Außerdem muß er die Einhaltung der Hausordnung überwachen.

e) Verträge für die Gemeinschaft
   Der Verwalter vertritt die Eigentümerversammlung nach außen. Daher überwacht er auch Wartungs-, Lieferanten-, Versicherungs- und Dienstleistungsverträge im Namen der Eigentümergemeinschaft.

f) Überwachung der Dienstkräfte
   Wurden Reinigungskräfte oder Hausmeister eingestellt, ist es Aufgabe des Hausverwalters, diese zu betreuen und zu überwachen.

g) Geldverwaltung
   Der Hausverwalter hat im Namen und im Auftrag der Eigentümergemeinschaft die Einnahmen und Ausgaben zu verwalten. Daher hat er ein auf die Gemeinschaft lautendes Konto einzurichten und zu führen.

h) Rechnungskontrolle
Auszahlungen darf er erst dann leisten, wenn er die Kauf-, Lieferanten-, Dienstleistungs- und Reparaturrechnungen zuvor auf ihre Rechtmäßigkeit überprüft hat.

i) Buchführung
Die Einnahmen und Ausgaben sind in einer ordnungsgemäß kaufmännisch geführten Buchhaltung zu buchen.

j) Bildung einer Rückstellung
Damit bei Bedarf auch größere Instandhaltungsmaßnahmen durchgeführt werden können, sollte der Verwalter eine Rückstellung bilden.

k) Technische Kontrollen am Gemeinschaftseigentum
Da ein Werterhalt des Gebäudes nur zu gewährleisten ist, wenn drohende Schäden frühzeitig erkannt werden, muß der Verwalter den Bau regelmäßig begehen.

l) Empfehlungen zur Auftragsvergabe
Größere Sanierungen sind von der Eigentümergemeinschaft zu beschließen. Der Verwalter hat die diesbezüglichen Vorschläge zu unterbreiten.

m) Auftragsvergabe
Kleinaufträge kann der Verwalter dagegen im Namen der Eigentümergemeinschaft selbst vergeben.

n) Auftragsüberwachung
Der Verwalter hat die Terminüberwachung bei Angeboten, Vergaben, Ausführungen und Schlußrechnungen zu übernehmen.

o) Sofortmaßnahmen
In dringenden Fällen, wie zum Beispiel Rohrbruch, Brand- oder Sturmschäden, hat der Verwalter unverzüglich Sofortmaßnahmen einzuleiten.

p) Allgemeine Verwaltung
Generell obliegt dem Verwalter der Schrift- und Telefonverkehr mit den Wohnungseigentümern, Behörden, Handwerkern und Dritten, soweit es die gemeinschaftlichen Belange betrifft.

4. Bestellung des Hausverwalters

Wer Hausverwalter wird, bestimmt die Eigentümerversammlung. Wie sich aus der obigen Auflistung ergibt, hat der Hausverwalter anspruchsvolle Aufgaben zu erledigen. Es empfiehlt sich deshalb, das Amt des Verwalters an jemanden zu vergeben, der über entsprechende Erfahrungen und Kenntnisse verfügt.

Der Hausverwalter kann von der Eigentümerversammlung für maximal fünf Jahre bestellt werden.

WISO rät: Das bedeutet nicht, daß man sich nach fünf Jahren einen neuen Verwalter suchen muß. Das wäre auch unsinnig, wenn der Verwalter seine Aufgabe zufriedenstellend erfüllt hat. Deshalb kann er nach Ablauf der fünf Jahre erneut – allerdings immer nur für maximal weitere fünf Jahre – beauftragt werden.

Die Fünf-Jahres-Frist beginnt ab dem Zeitpunkt, zu dem die Eigentümer beschlossen haben, jemanden zum Hausverwalter einzusetzen, also nicht ab dem Zeitpunkt, zu dem der Verwalter den Vertrag unterzeichnet.

5. Haftung des Hausverwalters

Juristisch gesehen handelt es sich beim Hausverwaltervertrag um einen sogenannten „Geschäftsbesorgungsvertrag". Der Verwalter ist verpflichtet, die ihm durch den Verwaltervertrag übertragenen Pflichten gewissenhaft auszuüben und die Beschlüsse der Eigentümerversammlung auszuführen, selbst wenn er sie für falsch hält. Herr Hammes hat sich deswegen grob vertragswidrig verhalten, als er den Beschluß der Eigentümerversammlung nicht unverzüglich ausgeführt und eine Firma mit der Dachabdichtung beauftragt hat.

Für diese schuldhafte Vertragsverletzung muß der Verwalter haften. Er muß den dadurch entstandenen Schaden ersetzen. Im obigen Fall bedeutet das, daß Hammes die Kosten des Teppichbodens und der Verlegearbeiten übernehmen muß. Denn es hätte nicht bei Familie Jung hereingeregnet, wenn Hammes rechtzeitig gehandelt hätte.

6. Abberufung des Hausverwalters

Wenn der Verwalter seine Pflichten nicht ordnungsgemäß erfüllt, wenn sich Fehler häufen oder wenn er, wie in dem eingangs beschriebenen Fall, sogar den Willen der Eigentümer mißachtet, kann die Eigentümerversammlung den Vertrag mit dem Verwalter vorzeitig kündigen und ihn abberufen (BayObLG, DWE 91,31). Welche Mehrheiten für einen solchen Beschluß nötig sind, ergibt sich in der Regel aus der Teilungserklärung.

Muster Abberufung des Verwalters:

Eigentümergemeinschaft
Am Sonnenhang 4
12345 Musterstadt

Per Einschreiben/Rückschein
Herrn
Elmar Hammes

Goldgasse 12
12345 Musterstadt

Musterstadt, den . . . .

Abberufung als Verwalter

Sehr geehrter Herr Hammes,

in der vergangenen Zeit haben Sie in zunehmendem Maße gegen Ihre Verwalterpflichten verstoßen. Wie Ihnen bekannt ist, mußten Sie Ihre Jahresabrechnung mehrfach nachbessern, weil Ihnen dabei Fehler unterlaufen sind.

Außerdem haben Sie den eindeutigen Willen der Eigentümergesellschaft mißachtet, indem Sie den Beschluß, das Dach zu sanieren, nicht umsetzten.

Die Eigentümergemeinschaft ist nicht mehr bereit, dieses Verhalten hinzunehmen. Aus diesem Grunde hat sie in ihrer Versammlung am . . . . beschlossen, Sie als Verwalter abzuberufen.

Wir kündigen daher Ihren Verwaltervertrag hiermit fristlos.

Die Ihnen erteilte Vollmacht wird hiermit widerrufen.

Wir fordern Sie auf, unverzüglich, spätestens aber bis zum . . . ., die Originalverwaltungsunterlagen sowie die Ihnen übergebenen Schlüssel an uns bzw. stellvertretend an Herrn Jung herauszugeben. Bis zum . . . . erwarten wir eine ordnungsgemäße Rechnungslegung.

Hochachtungsvoll

. . . .

(Unterschriften)

ANHANG*

* Die folgenden Vertragsmuster sollen einen Eindruck verschaffen, wie die Verträge typischerweise aussehen. Sie sollen jedoch nicht als Empfehlungen verstanden werden.

245

Muster
Darlehensvertrag

. . . .

– im folgenden Darlehensnehmer genannt –

und

. . . .

– im folgenden Bank genannt –

schließen den folgenden Vertrag:

§ I Darlehen
Die Bank gewährt dem Darlehensnehmer ein Darlehen in Höhe von . . . . Euro.

§ 2 Konditionen
Der Auszahlungsbetrag beträgt . . . . % des Darlehensbetrages. Das Disagio beträgt somit . . . . %.
Zinssatz: . . . . % jährlich ab Auszahlung
Tilgung: . . . . % jährlich zuzüglich ersparter Zinsen ab . . . .
Zahlungsweise: in monatlichen/vierteljährlichen gleichen Raten. Die Raten sind am letzten Tag eines jeden
Kalendermonats/Quartals fällig.
Ratenhöhe: . . . . Euro.

§ 3 Kosten der Bank
Die vom Darlehensnehmer zu tragenden Bearbeitungskosten betragen . . . . % des Darlehensbetrages.
Ab dem . . . . fallen monatlich Bereitstellungszinsen in Höhe von . . . . % des nicht ausgezahlten
Darlehensbetrages an.
Außerdem ist der Darlehensnehmer verpflichtet, folgende Kosten zu tragen:

. . . .

§ 4 Kosten Dritter
Der Darlehensnehmer verpflichtet sich außerdem, die bei Vertragsschluß der Bank noch nicht bekannten Kosten
zu übernehmen (Grundstücksschätzkosten, Kosten für Versicherungen, Notar- und Grundbuchkosten usw.).

§ 5 Anfänglicher effektiver Jahreszins
Der anfängliche effektive Jahreszins beträgt . . . . %. Dabei sind das Disagio und die Bearbeitungskosten auf
die Festschreibungszeit verrechnet.

§ 6 Auszahlung
(1) Das Darlehen wird ausgezahlt, wenn folgende Voraussetzungen vorliegen:
. . . .

(2) Der Darlehensnehmer ist verpflichtet, diese Voraussetzungen innerhalb eines Jahres zu schaffen und das
Darlehen abzunehmen.
(3) Auszahlungsbetrag
. . . . Euro

Vom Darlehensbetrag werden einbehalten:

Disagio	. . . . Euro
Bearbeitungskosten	. . . . Euro
Kosten	. . . . Euro
Summe	. . . . Euro

Ferner werden — soweit diese Beträge anfallen — einbehalten: Bereitstellungszinsen, bei Teilauszahlungen die fälligen Zins- und Tilgungsleistungen sowie vom Darlehensnehmer zu tragende Kosten.

(4) Die Abtretung oder Verpfändung des Auszahlungsanspruchs ist nur mit Zustimmung der Bank möglich.

§ 7 Zins und Tilgung

Der ab Tilgungsbeginn in jeder Rate enthaltene Tilgungsanteil wird wie folgt ermittelt: Aus jeder Rate werden zunächst die Zinsen für den laufenden Kalendermonat/für das laufende Quartal abgedeckt. Der verbleibende Teil wird zur Tilgung verwendet. Der in den Raten enthaltene Tilgungsanteil erhöht sich also von Monat zu Monat/von Quartal zu Quartal in dem Maße, in dem sich der Zinsanteil durch die fortschreitende Tilgung des Darlehens ermäßigt (ersparte Zinsen).

Über die vereinbarte Tilgung hinausgehende Tilgungsleistungen sind zulässig/während der Festschreibungszeit nicht zulässig.

§ 8 Sicherheiten

(1) Grundschuld

Der Bank ist eine jederzeit fällige und gegen den jeweiligen Eigentümer sofort vollstreckbare Grundschuld in Höhe des Darlehensbetrages zuzüglich . . . . % jährlicher Zinsen an dem Beleihungsobjekt zu verschaffen. Der Grundschuld dürfen mit Ausnahme der Rechte in Abteilung II und Abteilung III des Grundbuches . . . . keine Rechte vorgehen oder gleichstehen.

(2) Vollstreckbares abstraktes Schuldversprechen

Der Darlehensnehmer hat für die Zahlung eines Geldbetrages in Höhe der Grundschuld die persönliche Haftung zu übernehmen und sich der sofortigen Zwangsvollstreckung in sein gesamtes Vermögen zu unterwerfen.

(3) Sonstige Sicherheiten

. . . .

(4) Sicherungserklärung

Die Grundschuld, das Schuldversprechen und die sonstigen Sicherheiten dienen der Sicherung aller Ansprüche der Bank aus diesem Darlehensverhältnis.

(5) Weitere Bestimmungen

Sämtliche Zahlungen werden auf die persönliche Forderung und nicht auf die Sicherheiten oder das Schuldversprechen angerechnet.

Ansprüche auf Rückgewähr der Sicherheiten können nur mit Zustimmung der Bank abgetreten werden.

§ 9 Konditionenanpassung

Die Konditionen werden für neue Festschreibungszeiten neu vereinbart. Die Bank wird dem Darlehensnehmer spätestens einen Monat vor Ablauf der Festschreibungszeit neue, für Darlehen dieser Art bei ihr dann übliche Konditionen anbieten. Wird eine Vereinbarung getroffen, besteht dieser Darlehensvertrag im übrigen fort. Wird keine Vereinbarung getroffen, ist das Darlehen zum Ablauf der Festschreibungszeit zurückzuzahlen. Bei Mitteilung des Konditionenangebots wird die Bank den Darlehensnehmer auf die Folgen einer fehlenden Vereinbarung hinweisen.

§ 10 Weitere Verpflichtungen des Darlehensnehmers

Der Darlehensnehmer ist verpflichtet,
- das Gebäude samt Zubehör zum vollen Neuwert gegen Feuer-, Leitungswasser- und Sturmschäden versichert zu halten,
- der Bank auf Verlangen Auskünfte und Nachweise über die Grundstücksverhältnisse sowie über seine wirtschaftlichen Verhältnisse zu geben und Jahresabschlüsse, zu deren Aufstellung er gesetzlich verpflichtet ist, unverzüglich vorzulegen.

§ 11 Kündigungsrecht des Darlehensnehmers

Der Darlehensnehmer kann das Darlehen ganz oder teilweise unter Einhaltung einer Kündigungsfrist von einem Monat zum Ende der jeweiligen Festschreibungszeit kündigen, solange keine neue Vereinbarung über den Zinssatz getroffen ist. Das gesetzliche Kündigungsrecht des Darlehensnehmers nach Ablauf von zehn Jahren bleibt unberührt.

§ 12 Kündigungsrecht der Bank

Die Bank kann das Darlehen kündigen, wenn
- der Darlehensnehmer mit zwei aufeinanderfolgenden, für dieses Darlehen fälligen Zahlungen in Höhe von mindestens zwei vollständigen Raten nach Mahnung unter Hinweis auf das Kündigungsrecht länger als einen Monat in Verzug bleibt,
- die vereinbarte Grundschuld oder eine sonstige Sicherheit auch nach Fristsetzung unter Hinweis auf das Kündigungsrecht nicht verschafft worden ist.

Die Bank kann das Darlehen im übrigen nur aus wichtigen, im Verhalten des Darlehensnehmers liegenden Gründen kündigen.

§ 13 Entschädigung

(1) Wird das Darlehen vom Darlehensnehmer entgegen seiner vertraglichen Verpflichtungen nicht abgenommen, hat der Darlehensnehmer der Bank neben den angefallenen Bereitstellungszinsen den durch die Nichtabnahme entstandenen Schaden zu ersetzen.

(2) Werden fällige Beträge nicht rechtzeitig bezahlt, hat der Darlehensnehmer der Bank den dadurch entstandenen Schaden zu ersetzen.

(3) Wird das Darlehen vor Ablauf einer Festschreibungszeit durch Kündigung seitens der Bank fällig, hat der Darlehensnehmer den durch die vorzeitige Rückzahlung entstehenden Schaden zu ersetzen.

§ 14 Mehrere Darlehensnehmer

Mehrere Darlehensnehmer haften als Gesamtschuldner.

. . . .

Ort, Datum   Ort, Datum

. . . .

Darlehensnehmer   Bank

Muster
Maklerauftrag

Herr Alfons Meyer, Blumenstr. 12, 12345 Musterstadt
— im folgenden Auftraggeber genannt —

erteilt dem Maklerbüro

Krümmel GmbH, Steltergasse 14, 12345 Musterstadt
— im folgenden Auftragnehmer genannt —

den Auftrag, bezüglich des Einfamilienhauses in der Göbenstr. 50, 12345 Musterstadt,
den Abschluß eines Kaufvertrages nachzuweisen und/oder zu vermitteln.

1. Die Vertragsdauer bestimmt sich vom .... bis .... Die Wirksamkeit des Vertrages verlängert sich jeweils um einen Monat, falls er nicht mit vier Wochen Frist zum Monatsende schriftlich gekündigt wird. Die Gesamtlaufzeit beträgt maximal 1 Jahr; eine weitergehende Verlängerung bedarf einer schriftlichen Vertragserneuerung.

2. Der Auftragnehmer verpflichtet sich, den Auftrag mit besonderer Intensität zu bearbeiten und das Objekt angemessen zu bewerben.

3. Zur Durchführung des Auftrags wird der Auftraggeber dem Auftragnehmer die erforderlichen Unterlagen bezüglich des Objektes übergeben und diesbezügliche Auskünfte zeitnah und kostenfrei erteilen.

4. Der Auftraggeber zahlt an den Auftragnehmer eine Provision von 4% des Kaufpreises zuzügl. MwSt. Die Provision ist verdient und fällig bei Abschluß des Kaufvertrages.

oder

5. Der Auftraggeber ist zur Zahlung einer Provision nicht verpflichtet. Er wird den Auftragnehmer jedoch in jeder Hinsicht bei der Durchsetzung eines Provisionsanspruchs gegen den Käufer unterstützen.

6. Der Auftragnehmer verpflichtet sich, Kosten für Werbemaßnahmen, Insertionen etc. zu tragen. Dies soll auch für den Fall gelten, daß der Auftragnehmer keinen Kaufabschluß vermitteln kann.

7. Aufhebung, Änderung und Ergänzung dieses Vertrages bedürfen der Schriftform. Mündliche Vereinbarungen, einschließlich solcher über die Schriftform, sind unwirksam.

Musterstadt, den ....

....
Auftraggeber

....
Auftragnehmer

Muster
Architektenvertrag

zwischen

. . . .

— nachfolgend Auftraggeber genannt —

und

. . . .

— nachfolgend Auftragnehmer genannt —

§ 1 Vertragsgegenstand

Gegenstand dieses Vertrages sind alle Leistungen der Objektplanung für Gebäude im Zusammenhang mit der Errichtung eines Einfamilienhauses mit ca. 180 qm Wohnfläche auf dem Grundstück . . . . in

. . . .

§ 2 Vertragsgrundlagen

Für die Durchführung der Vertragsleistungen gelten in nachstehender Reihenfolge

a) die Bestimmungen dieses Architektenvertrages,

b) die technischen Vorschriften in der jeweils neuesten Ausgabe

c) die HOAI in der Fassung der Bekanntmachung vom 22.08.1995,

d) das Bürgerliche Gesetzbuch.

§ 3 Stufenweise Beauftragung

Neben den in § 4 Abs. 1 fest beauftragten Leistungsphasen hat der Auftraggeber das Recht, weitere in § 4 genannte Leistungen ganz oder teilweise zu beauftragen. Der Auftragnehmer ist verpflichtet, diese Leistungen auszuführen, sofern sie ihm binnen . . . . Wochen nach Fertigstellung der vorausgegangenen Leistungen und der schriftlichen Mitteilung der Fertigstellung bzw. ab Vorlage der beantragten Baugenehmigung in Auftrag gegeben werden. Ein Rechtsanspruch auf die Beauftragung weiterer Leistungen besteht nicht.

Die stufenweise Beauftragung weiterer Planungsphasen steht einem einheitlichen Vertragsverhältnis nicht entgegen.

§ 4 Leistungsumfang

Der Auftragnehmer schuldet alle für die Realisierung des Objekts erforderlich werdenden Leistungen, auch wenn sie nachfolgend nicht ausdrücklich erwähnt sind.

1. Vorplanung

   Geschuldet werden vom Auftragnehmer insbesondere die Grundleistungen der Leistungsphasen 1 und 2 des § 15 Abs. 2 HOAI.

2. Genehmigungsplanung

   Geschuldet werden vom Auftragnehmer insbesondere die Grundleistungen der Leistungsphasen 3 und 4 des § 15 Abs. 2 HOAI. Die Kostenberechnung ist nach DIN 276, Fassung Juni 1993, zu erstellen und bis mindestens in die zweite Ebene zu untergliedern.

3. Ausführungsplanung

   Geschuldet werden vom Auftragnehmer insbesondere die Grundleistungen der Leistungsphasen 5 bis 7 des § 15 Abs. 2 HOAI. Anstelle der Zusammenstellung der Mengen und der Aufstellung von Leistungsverzeichnissen schuldet der Auftragnehmer die Aufstellung von Leistungsbeschreibungen mit Leistungsprogramm sowie die Erstellung eines Raumbuches. Der Auftragnehmer ist insbesondere verpflichtet,

- nur technische Bedingungen für die Verdingungsunterlagen aufzustellen und im übrigen die besonderen Vertragsbedingungen des Auftraggebers zu verwenden,
- vor Versendung der Verdingungsunterlagen einen kompletten Satz dem Auftraggeber zur Überprüfung vorzulegen,
- die Anzahl und Auswahl der anzuschreibenden Unternehmer mit dem Bauherrn zuvor abzustimmen,
- im Rahmen des Kostenanschlags nach DIN 276 (Fassung 1993) darzulegen, ob und gegebenenfalls warum nicht die Ansätze aus der Kostenberechnung eingehalten werden.

4. Objektüberwachung und Objektbetreuung

Geschuldet werden vom Auftragnehmer insbesondere die Leistungsphasen 8 und 9 des § 15 Abs. 2 HOAI. Hierbei hat er insbesondere folgende Leistungen zu erbringen:

a) Alle Zeichnungen, Pläne und sonstige Angaben sind so rechtzeitig an die ausführenden Unternehmen mitzuteilen, daß keine Behinderung im Bauablauf eintritt. Zu diesem Zweck hat der Auftragnehmer die erforderliche Vorlaufzeit mit den einzelnen Unternehmen vor Baubeginn zu klären.

b) Kostenkontrolle

Der Auftragnehmer ist verpflichtet, den Auftraggeber unverzüglich zu informieren, wenn sich – ohne Änderungen am Objekt – die voraussichtlichen Kosten ändern werden. Kommt es zu Änderungen am Objekt, ist unverzüglich eine detaillierte Kostenberechnung hierfür vorzulegen.

Im Zusammenhang mit der Kostenfeststellung ist gegebenenfalls darzulegen, weshalb sich Abweichungen vom Kostenanschlag ergeben haben.

c) Nachtragsmanagement

Nachtragsangebote der ausführenden Unternehmen sind wie folgt zu überprüfen:

- Ist die Leistung bereits vom Auftrag erfaßt?
- Wirtschaftliche Optimierung?
- Entspricht die Kalkulation dem ursprünglichen Angebot?

d) Terminkontrolle

Muß der Auftragnehmer erkennen, daß der Terminplan nicht eingehalten werden kann, so ist unter Hinweis darauf, wer nach Auffassung des Auftragnehmers für die Verzögerung verantwortlich ist, unverzüglich der Auftraggeber zu unterrichten.

Der Terminplan ist erforderlichenfalls anzupassen.

e) Der Auftragnehmer ist verpflichtet, die Unterlagen zum Objekt bis zum Ablauf der Gewährleistungsfrist des jeweiligen Unternehmers aufzubewahren. Dabei ist ihm gestattet, Unterlagen auf Datenträgern zu speichern.

f) Der Auftragnehmer führt regelmäßig Baubesprechungen durch. Der Auftraggeber ist zwecks Teilnahmemöglichkeit rechtzeitig vorher zu unterrichten. Der Auftragnehmer führt ein Besprechungsprotokoll, in dem der wesentliche Inhalt der Besprechung und das Ergebnis festgehalten werden. Es ist dem Auftraggeber binnen einer Woche nach der Besprechung nebst Anwesenheitsliste zu übersenden.

g) Aufmaß

Der Auftragnehmer hat rechtzeitig mit den ausführenden Unternehmen ein gemeinsames Aufmaß zu nehmen.

h) Rechnungsprüfung

Die Rechnungsprüfung ist so zeitig durchzuführen, daß eventuell vom Bauunternehmer eingeräumte Skontofristen eingehalten werden können.

Die überprüften Rechnungen sind mit folgender Bescheinigung zu versehen:

„In allen Teilen geprüft, mit den Mengenberechnungen (Abrechnungszeichnungen) auf Übereinstimmung verglichen und mit den aus der Rechnung ersichtlichen Änderungen für richtig befunden."

(Ort) . . . .   (Datum) . . . .

(Unterschrift) . . . .

i) Soweit der Auftragnehmer die Bauausführung nicht selbst überwacht, müssen die von ihm (auch vertretungsweise) beauftragten Mitarbeiter grundsätzlich über eine abgeschlossene Fachausbildung (Dipl.-Ing., Ing.-grad.) und eine angemessene Baustellenpraxis verfügen. Der Vertreter des Auftragnehmers auf der Baustelle ist dem Auftraggeber rechtzeitig vor Beginn der Arbeiten schriftlich zu benennen.

j) Der Auftragnehmer ist verpflichtet, dem Auftraggeber nach Abschluß der Bauarbeiten einen Satz Ausführungszeichnungen zu übermitteln, der den tatsächlichen Bauzustand festhält. An die betreffenden Unternehmer (beispielsweise Elektriker, Installateur) sind solche Pläne zwecks Fertigung der jeweiligen Bestandspläne zu übergeben.

5. Besondere Leistungen

Der Auftragnehmer ist verpflichtet, eine Bauvoranfrage zur Klärung des Bauplanungsrechts zu stellen.

§ 5 Wirtschaftliche Pflichten

Der Auftragnehmer ist verpflichtet, so zu planen, daß das Objekt mit ca. . . . . m^2 umbautem Raum bei ca. . . . . m^2 Nettonutzfläche für . . . . Euro inkl. Mehrwertsteuer errichtet werden kann. Hierbei sind die Kostengruppen 210 (ohne 213), 230, 300, 400, 500, 730, 770 der DIN 276 (Fassung 1993) erfaßt.

§ 6 Allgemeine Pflichten

1. Werden gemäß § 3 S. 2 weitere Leistungen beauftragt, so hat der Auftragnehmer bei Beginn einer jeden neuen Leistungsstufe die bisherigen Ergebnisse auf Fehlerfreiheit zu überprüfen.

2. Der Auftragnehmer ist Sachwalter des Auftraggebers. Er darf von sonstigen an der Bauausführung Beteiligten weder mittelbar noch unmittelbar Leistungen entgegennehmen.

3. Der Auftragnehmer ist nicht berechtigt, ohne schriftliche Zustimmung des Auftraggebers vertraglich übernommene Leistungen an Dritte weiterzugeben.

4. Der Auftragnehmer ist zur vertrauensvollen Zusammenarbeit mit den sonstigen Planern verpflichtet.

5. Muß der Auftragnehmer erkennen, daß für eine bestimmte Aufgabe Sonderfachleute herangezogen werden sollten, so ist er verpflichtet, den Auftraggeber hierauf unverzüglich hinzuweisen.

6. Von sämtlicher Korrespondenz erhält der Auftraggeber eine Durchschrift.

7. Entstehen während der Planung oder Ausführung Meinungsverschiedenheiten zwischen dem Auftragnehmer und anderen fachlich Beteiligten, so hat er den Auftraggeber unverzüglich zu benachrichtigen und dessen Entscheidung herbeizuführen.

§ 7 Vergütung

1. Die Vergütung richtet sich nach den anrechenbaren Kosten gemäß § 10 HOAI, den Punktwerten nach § 15 HOAI, der Tabelle zu § 16 HOAI und der Honorarzone . . . .

2. Ändert sich vor Abruf weiterer Leistungen gemäß § 3 S. 2 dieses Vertrages die HOAI, so ist für die noch abzurufenden Leistungen die neue Honorartabelle zugrundezulegen.

3. Die Nebenkosten werden

mit pauschal . . . . % der Honorarsumme abgerechnet,

auf Nachweis vergütet.

4. Die besondere Leistung gemäß § 4 Nr. 5 wird mit pauschal . . . . Euro vergütet.

5. Auf alle Positionen ist die gesetzliche Mehrwertsteuer zusätzlich zu berechnen.

§ 8 Rechnungslegung

1. Abschlagsrechnungen für erbrachte Leistungen müssen prüffähig sein.

2. Abweichend von § 8 HOAI

a) wird das Honorar für die Leistungsphasen 3 und 4 nach Eingang der beantragten Baugenehmigung fällig,

b) kann nach Abschluß der Leistungsphase 8 eine Teilschlußrechnung erstellt werden.

§ 9 Honorarkürzung

Erbringt der Auftragnehmer einzelne wesentliche Grundleistungen nicht, erfolgt — sofern dem Auftraggeber kein weitergehender Schaden entstanden ist — eine angemessene Reduzierung des Honorars.

§ 10 Teilabnahme

Die bis zur Leistungsphase 8 erbrachten Leistungen sind auf Verlangen des Auftragnehmers nach vollständiger Erbringung aller zu dieser Phase gehörenden Leistungen abzunehmen. Die Abnahme erfolgt durch schriftliche Abnahmeanzeige des Architekten, sofern ihr nicht binnen 4 Wochen ab Zugang ebenfalls schriftlich widersprochen wird.

§ 11 Vertretungsbefugnis

Der Auftragnehmer ist nicht berechtigt, im Namen des Auftraggebers gegenüber sonstigen an der Ausführung Beteiligten rechtsgeschäftliche Erklärungen abzugeben, insbesondere dürfen keine Zusatzaufträge erteilt werden. Das Recht zur Geschäftsführung ohne Auftrag bleibt unberührt.

§ 12 Urheberrecht

1. Der Auftragnehmer überträgt dem Auftraggeber das Erstverwertungsrecht und das Recht zum Nachbau im Falle der Zerstörung des Gebäudes mit Erbringung der Leistungsphase 2. Dies gilt auch dann, wenn weitere Leistungen nicht beauftragt werden.

2. Der Auftragnehmer hat nicht das Recht, am Objekt selbst seinen Namen anzubringen.

3. Der Auftraggeber ist berechtigt, Änderungen am urheberrechtlich geschützten Werk vorzunehmen. Der Auftraggeber wird allerdings dem Auftragnehmer bei wesentlichen Änderungen zuvor Gelegenheit zur Äußerung geben.

§ 13 Versicherung

1. Der Auftragnehmer ist verpflichtet, eine angemessene Berufshaftpflichtversicherung nachzuweisen und während der gesamten Ausführung der Leistung zu unterhalten. Angemessen ist eine Versicherung mit folgenden Haftungssummen:

Personenschäden . . . . Euro

sonstige Schäden . . . . Euro.

2. Der Nachweis der Versicherung ist unaufgefordert binnen zwei Wochen ab Vertragsschluß zu übersenden. Bis zum Zeitpunkt des Nachweises werden A-conto-Rechnungen des Auftragnehmers nicht fällig. Von einer Schlußrechnung darf ein Sicherheitseinbehalt in Höhe von 10 % vorgenommen werden. Der Betrag ist auf ein gemeinsames Sperrkonto zu zahlen. Zinsen gelten ebenfalls als Sicherheit und stehen bei Ablauf der Gewährleistungsfrist dem Auftragnehmer zu.

3. Der Auftraggeber kann statt dessen unter Setzung einer angemessenen Nachfrist von zwei Wochen den Vertrag aus wichtigem Grund kündigen, wenn bis dahin der Versicherungsnachweis nicht vorgelegt wird.

4. Ergeben sich während der Ausführung des Vertrages nachteilige Veränderungen der Versicherung, so ist der Auftraggeber unverzüglich zu unterrichten.

§ 14 Kündigung

Steht dem Auftraggeber für die Kündigung kein wichtiger Grund zu oder kündigt der Auftragnehmer aus wichtigem Grund, so steht dem Auftragnehmer auch Anspruch auf das Honorar für die noch nicht ausgeführten Leistungen der beauftragten Planungsphasen abzüglich der ersparten Aufwendungen zu. Die ersparten Aufwendungen werden mit . . . . % vereinbart.

§ 15 Zurückbehaltungsrecht

Ein Zurückbehaltungsrecht darf der Auftragnehmer nur geltend machen, wenn er zuvor dem Auftraggeber Gelegenheit gegeben hat, das Zurückbehaltungsrecht durch Sicherheitsleistung auszuräumen. Die Sicherheitsleistung erfolgt durch Bürgschaft einer deutschen Bank oder Sparkasse.

§ 16 Vertragsänderungen

Änderungen dieses Vertrages bedürfen der Schriftform. Insbesondere bedarf eine Abänderung dieser Klausel der Schriftform.

. . . ., den . . . ., den . . . .

. . . .

Auftraggeber   Auftragnehmer

Muster
Werkvertrag

zwischen

....

— Auftraggeber —
und

....

— Auftragnehmer —

§ 1 Vertragsgegenstand
Der Auftraggeber überträgt dem Auftragnehmer folgende Arbeiten auf seinem Grundstück
.... in ....

_____

_____
_____ (z. B. Innenanstrich der Räume).

Dem Vertragsverhältnis liegen zugrunde:
• das Angebot des Auftragnehmers vom . . . . . .,
• die VOB/B und VOB/C.

§ 2 Vergütung
Der Auftragnehmer erhält für seine Leistung eine Vergütung in Höhe von
. . . . Euro (vorläufig, da Einheitspreisvertrag).
. . . . Euro pauschal.

§ 3 Durchführung des Vertrages
Mit den Arbeiten ist
am . . . . zu beginnen. Sie sind bis zum . . . . fertigzustellen (Abnahmetermin).
oder
. . . . Tage nach Abruf zu beginnen. Sie sind innerhalb von . . . . Werktagen
nach Arbeitsbeginn fertigzustellen (Abnahme).

§ 4 Vertragsänderungen
Zu Vertragsänderungen ist ausschließlich der Auftraggeber, nicht der Architekt berechtigt. Vertragsänderungen bedürfen der Schriftform.

§ 5 Gewährleistung
Abweichend von § 13 Nr. 4 VOB/B beträgt die Gewährleistungsfrist . . . . Jahre.

.............., den ....

....
Auftraggeber   Auftragnehmer

Muster
Hausverwaltervertrag

zwischen

der Eigentümergemeinschaft des Objekts: ....

mit ..../tausendstel Miteigentumsanteilen, gem. Teilungserklärung des Notars ....
vom ...., Urk.-Rolle ....
— im folgenden „Eigentümergemeinschaft" genannt —
und
der Firma ...., vertreten durch

Herrn/Frau ....
— im folgenden „Verwalter" genannt —

wird folgender Vertrag geschlossen:

§ 1 Gegenstand des Vertrages
Die Eigentümergemeinschaft überträgt dem Verwalter die Verwaltung der Wohnanlage
.... (Anschrift). Der Verwalter verpflichtet sich, diese Aufgabe gewissenhaft
auszuführen und alles zu tun, was zu einer ordnungsgemäßen Verwaltung notwendig ist. Er wird dabei die
Interessen der Eigentümergemeinschaft bestmöglichst wahren und vertreten.

§ 2 Vertragsdauer
Der Vertrag beginnt am .... Er endet am ....

§ 3 Kündigung
Der Vertrag kann von jeder Partei vorzeitig und ohne Einhaltung der Frist gekündigt werden, wenn ein
wichtiger Grund dafür vorliegt.

§ 4 Aufgaben des Verwalters
Der Verwalter hat vornehmlich die folgenden Aufgaben:
1. Beschlüsse der Wohnungseigentümer durchzuführen,
2. für die Durchführung der Hausordnung zu sorgen,
3. die für die ordnungsgemäße Instandhaltung und Instandsetzung des gemeinschaftlichen Eigentums
   erforderlichen Maßnahmen zu treffen,
4. in dringenden Fällen sonstige zur Erhaltung des gemeinschaftlichen Eigentums erforderliche Maßnahmen zu
   treffen,
5. gemeinschaftliche Gelder zu verwalten,
6. Verträge abzuschließen, zu ändern und zu kündigen, die der Verwaltung des Grundstückes dienen, z. B.
   Einkauf von Energiematerialien, Vergabe von Handwerker- und Reparaturaufträgen. Verträge über die
   Vermietung von Grundstücks- und Gebäudeteilen sind nur über einen entsprechenden Beschluß der
   Eigentümergemeinschaft zulässig.
7. Zahlungen zu bewirken und entgegenzunehmen, soweit diese mit der üblichen Verwaltertätigkeit des
   Gemeinschaftseigentums zusammenhängen,

8. das Hausgeld einzufordern,

9. Rechtsstreitigkeiten für die Eigentümergemeinschaft gerichtlich und außergerichtlich durchzuführen, um Ansprüche durchzusetzen oder abzuwehren. Dabei kann er auch im eigenen Namen für Rechnung der Gemeinschaft handeln. Er ist auch berechtigt, die Wahrnehmung der Interessen einem Anwalt zu übertragen,

10. für jedes Kalender- oder Wirtschaftsjahr eine Jahresabrechnung und einen Wirtschaftsplan zu erstellen, der mit dem Verwaltungsbeirat abzustimmen ist, bevor die Eigentümergemeinschaft darüber beschließt,

11. einmal jährlich eine Eigentümerversammlung einzuberufen Sofern er es für nötig hält oder mehr als ein Viertel der Eigentümer oder der gesamte Verwaltungsbeirat eine außerordentliche Eigentümerversammlung wünschen, so hat der Verwalter diese ebenfalls durchzuführen,

12. ein Protokoll von jeder Versammlung zu erstellen, das von ihm, dem Vorsitzenden des Verwaltungsbeirates und einem weiteren Eigentümer zu unterzeichnen ist. Die automatische Versendung an alle Eigentümer gegen eine Gebühr muß beschlossen werden. Sofern die Gemeinschaft nichts anderes beschließt, leitet der Verwalter auch die Eigentümerversammlungen.

13. Sofern eine Zustimmung des Verwalters für die Wirksamkeit eines Kaufvertrages über eine Eigentumswohnung erforderlich ist, ist er verpflichtet, diese nach den gesetzlichen Bestimmungen zu erteilen. Für die Tätigkeit erhält er vom Erwerber der Wohnung, bzw. des entsprechenden Teileigentums eine Vergütung, über deren Höhe von der Eigentümerversammlung zu beschließen ist.

14. Der Verwalter ist verpflichtet, ab Bestelldatum (Übernahme der Verwaltung) und Vorlage aller Verwaltungsunterlagen für eine ordnungsgemäße Abrechnung der Hausgelder und Kosten zu sorgen. Soweit aus der Vorzeit Abrechnungen vom Verwalter nicht oder nicht korrekt oder unvollständig erstellt worden sind, hat der neue Verwalter diese Abrechnungen zu erstellen, jedoch gegen eine gesonderte Vergütung, deren Höhe von der Eigentümerversammlung zu beschließen ist.

15. Der Verwalter muß Auskünfte über die Verwaltung und Einblick in die Verwaltungsunterlagen geben. Die Einsichtnahme ist rechtzeitig anzukündigen und hat in den Büroräumen des Verwalters zu erfolgen Der Verwaltungsbeirat hat das Recht jederzeit, die übrigen Eigentümer bei berechtigtem Interesse die Einsichtnahme zu verlangen.

16. Wichtige und außerordentliche Verwaltungsangelegenheiten soll der Verwalter mit dem Verwaltungsbeirat abstimmen. Dazu zählen insbesondere die Aufstellung der Tagesordnung für eine Versammlung, die Vergabe von größeren Reparaturaufträgen, die Änderung von Teilen der Wohnungseigentumsanlage sowie die Vorbereitung des Jahresabschlusses und des Wirtschaftsplanes vor der Beschlußfassung durch die Eigentümerversammlung.

17. Der Verwalter hat im Rahmen normaler Instandsetzungsmaßnahmen diese zu überwachen und abzunehmen. Außergewöhnliche Baumaßnahmen liegen nicht im Aufgabenbereich des Verwalters. Letztere müssen hinsichtlich Planung, Durchführung, Bauüberwachung, Bauabnahme und Kosten von der Eigentümerversammlung beschlossen werden.

18. Der Verwalter hat die Interessen der Eigentümergemeinschaft wahrzunehmen und alle gesetzlichen Vorschriften, die jeweilige Gemeinschafts-/Miteigentumsordnung sowie die Beschlüsse der Gemeinschaft zu beachten. Er ist verpflichtet, die Verwaltung mit der Sorgfalt eines ordentlichen Kaufmanns durchzuführen.

19. Der Verwalter ist verpflichtet, Gelder der Eigentümergemeinschaft von seinem Vermögen und dem Vermögen Dritter gesondert zu halten und den Bestand der Eigentumsanlage durch entsprechende Instandhaltungsmaßnahmen sicherzustellen. Auf Beschluß der Eigentümergemeinschaft kann die Verfügung über ein extra einzurichtendes Konto für die Instandhaltungsrücklage gemeinschaftlich vom Verwalter mit dem jeweiligen Vorsitzenden des Verwaltungsbeirates festgelegt werden.

§ 5 Bevollmächtigung

Der Verwalter ist bevollmächtigt, im Rahmen der ihm übertragenen Aufgaben im Namen der Eigentümergemeinschaft zu handeln und rechtsgeschäftliche Erklärungen mit Wirkung für und gegen die Eigentümergemeinschaft abzugeben.

§ 6 Aufgaben der Eigentümergemeinschaft

1. Die Eigentümergemeinschaft übergibt dem Verwalter zu Beginn seiner Tätigkeit alle Verwaltungsunterlagen, insbesondere Abschriften oder Kopien der bisherigen Beschlüsse, Vereinbarungen, die Teilungserklärung mit der Gemeinschafts-Miteigentumsordnung.
2. Soweit für den jeweiligen Verwalter eine Sicherungshypothek in den einzelnen Grundbüchern eingetragen ist, ist es Sache der Eigentümergemeinschaft, dafür zu sorgen, daß die Verpflichtung auf den neuen Verwalter übertragen wird. Die Eigentümer sind verpflichtet, den Verwalter unverzüglich auf bestehende und auftretende Mängel hinzuweisen.
3. Die Eigentümergemeinschaft vergütet dem Verwalter monatlich:

    Je Wohnung   Euro . . . . zuzügl. gesetzl. MwSt.
    Je Garage   Euro . . . . zuzügl. gesetzl. MwSt.
    Je Stellplatz   Euro . . . . zuzügl. gesetzl. MwSt.
    Je gewerbl. Einh. Euro . . . . zuzügl. gesetzl. MwSt.
    als Verwalterhonorar.

Der Verwalter ist berechtigt, unter Befreiung vom § 181 BGB monatl. im voraus 1/12 des Jahreshonorars vom Gemeinschaftskonto zu entnehmen.

§ 7 Abwicklung des Vertrages

Mit Beendigung des Verwaltervertrages gibt der Verwalter alle Verwaltungsunterlagen einschl. seiner Verwaltervollmacht an die Eigentümergemeinschaft, vertreten durch den Verwaltungsbeiratsvorsitzenden, zurück.

§ 8 Vertragsänderungen und Salvatorische Klausel

1. Änderungen dieses Vertrages sind nur wirksam, wenn sie schriftlich abgefaßt und von beiden Vertragsparteien unterzeichnet sind.
2. Sollten einzelne Bestimmungen dieses Vertrages unwirksam sein, so wird dadurch die Wirksamkeit des Vertrages im übrigen nicht berührt.

. . . ., den . . . .

. . . .
Unterschrift der Eigentümer   Unterschrift des Verwalters
oder des/der Bevollmächtigen

Anlage: Verwaltervollmacht

Auszug aus dem Bürgerlichen Gesetzbuch (BGB)

§ 631 Vertragstypische Pflichten beim Werkvertrag
(1) Durch den Werkvertrag wird der Unternehmer zur Herstellung des versprochenen Werkes, der Besteller zur Entrichtung der vereinbarten Vergütung verpflichtet.
(2) Gegenstand des Werkvertrags kann sowohl die Herstellung oder Veränderung einer Sache als auch ein anderer durch Arbeit oder Dienstleistung herbeizuführender Erfolg sein.

§ 632 Vergütung
(1) Eine Vergütung gilt als stillschweigend vereinbart, wenn die Herstellung des Werkes den Umständen nach nur gegen eine Vergütung zu erwarten ist.
(2) Ist die Höhe der Vergütung nicht bestimmt, so ist bei dem Bestehen einer Taxe die taxmäßige Vergütung, in Ermangelung einer Taxe die übliche Vergütung als vereinbart anzusehen.
(3) Ein Kostenanschlag ist im Zweifel nicht zu vergüten.

§ 632a Abschlagszahlungen
Der Unternehmer kann von dem Besteller für in sich abgeschlossene Teile des Werkes Abschlagszahlungen für die erbrachten vertragsmäßigen Leistungen verlangen. Dies gilt auch für erforderliche Stoffe oder Bauteile, die eigens angefertigt oder angeliefert sind. Der Anspruch besteht nur, wenn dem Besteller Eigentum an den Teilen des Werkes, an den Stoffen oder Bauteilen übertragen oder Sicherheit hierfür geleistet wird.

§ 633 Sach- und Rechtsmangel
(1) Der Unternehmer hat dem Besteller das Werk frei von Sach- und Rechtsmängeln zu verschaffen.
(2) Das Werk ist frei von Sachmängeln, wenn es die vereinbarte Beschaffenheit hat. Soweit die Beschaffenheit nicht vereinbart ist, ist das Werk frei von Sachmängeln,
    1. wenn es sich für die nach dem Vertrag vorausgesetzte, sonst
    2. für die gewöhnliche Verwendung eignet und eine Beschaffenheit aufweist, die bei Werken der gleichen Art üblich ist und die der Besteller nach der Art des Werkes erwarten kann.
Einem Sachmangel steht es gleich, wenn der Unternehmer ein anderes als das bestellte Werk oder das Werk in zu geringer Menge herstellt.
(3) Das Werk ist frei von Rechtsmängeln, wenn Dritte in Bezug auf das Werk keine oder nur die im Vertrag übernommenen Rechte gegen den Besteller geltend machen können.

§ 634 Rechte des Bestellers bei Mängeln
Ist das Werk mangelhaft, kann der Besteller, wenn die Voraussetzungen der folgenden Vorschriften vorliegen und soweit nicht ein anderes bestimmt ist,
    1. nach § 635 Nacherfüllung verlangen,
    2. nach § 637 den Mangel selbst beseitigen und Ersatz der erforderlichen Anwendungen verlangen,

3. nach den §§ 636, 323 und 326 Abs. 5 von dem Vertrag zurücktreten oder nach § 638 die Vergütung mindern und

4. nach den §§ 636, 280, 281, 283 und 311a Schadensersatz oder nach § 284 Ersatz vergeblicher Aufwendungen verlangen.

§ 634a Verjährung der Mängelansprüche

(1) Die in § 634 Nr. 1, 2 und 4 bezeichneten Ansprüche verjähren

1. vorbehaltlich der Nummer 2 in zwei Jahren bei einem Werk, dessen Erfolg in der Herstellung, Wartung oder Veränderung einer Sache oder in der Erbringung von Planungs- oder Überwachungsleistungen hierfür besteht,

2. in fünf Jahren bei einem Bauwerk und einem Werk, dessen Erfolg in der Erbringung von Planungs- oder Überwachungsleistungen hierfür besteht, und

3. im Übrigen in der regelmäßigen Verjährungsfrist.

(2) Die Verjährung beginnt in den Fällen des Absatzes 1 Nr. 1 und 2 mit der Abnahme.

(3) Abweichend von Absatz 1 Nr. 1 und 2 und Absatz 2 verjähren die Ansprüche in der regelmäßigen Verjährungsfrist, wenn der Unternehmer den Mangel arglistig verschwiegen hat. Im Falle des Absatzes 1 Nr. 2 tritt die Verjährung jedoch nicht vor Ablauf der dort bestimmten Frist ein.

(4) Für das in § 634 bezeichnete Rücktrittsrecht gilt § 218. Der Besteller kann trotz einer Unwirksamkeit des Rücktritts nach § 218 Abs. 1 die Zahlung der Vergütung insoweit verweigern, als er auf Grund des Rücktritts dazu berechtigt sein würde. Macht er von diesem Recht Gebrauch, kann der Unternehmer vom Vertrag zurücktreten.

(5) Auf das in § 634 bezeichnete Minderungsrecht finden § 218 und Absatz 4 Satz 2 entsprechende Anwendung.

§ 635 Nacherfüllung

(1) Verlangt der Besteller Nacherfüllung, so kann der Unternehmer nach seiner Wahl den Mangel beseitigen oder ein neues Werk herstellen.

(2) Der Unternehmer hat die zum Zwecke der Nacherfüllung erforderlichen Aufwendungen, insbesondere Transport-, Wege-, Arbeits- und Materialkosten zu tragen.

(3) Der Unternehmer kann die Nacherfüllung unbeschadet des § 275 Abs. 2 und 3 verweigern, wenn sie nur mit unverhältnismäßigen Kosten möglich ist.

(4) Stellt der Unternehmer ein neues Werk her, so kann er vom Besteller Rückgewähr des mangelhaften Werkes nach Maßgabe der §§ 346 bis 348 verlangen.

§ 636
Besondere Bestimmungen für Rücktritt und Schadensersatz

Außer in den Fällen der §§ 281 Abs. 2 und 323 Abs. 2 bedarf es der Fristsetzung auch dann nicht, wenn der Unternehmer die Nacherfüllung gemäß § 635 Abs. 3 verweigert oder wenn die Nacherfüllung fehlgeschlagen oder dem Besteller unzumutbar ist.

§ 637 Selbstvornahme

(1) Der Besteller kann wegen eines Mangels des Werkes nach erfolglosem Ablauf einer von ihm zur Nacherfüllung bestimmten angemessenen Frist den Mangel selbst beseiti-

gen und Ersatz der erforderlichen Aufwendungen verlangen, wenn nicht der Unternehmer die Nacherfüllung zu Recht verweigert.

(2) § 323 Abs. 2 findet entsprechende Anwendung. Der Bestimmung einer Frist bedarf es auch dann nicht, wenn die Nacherfüllung fehlgeschlagen oder dem Besteller unzumutbar ist.

(3) Der Besteller kann von dem Unternehmer für die zur Beseitigung des Mangels erforderlichen Aufwendungen Vorschuss verlangen.

§ 638 Minderung

(1) Statt zurückzutreten, kann der Besteller die Vergütung durch Erklärung gegenüber dem Unternehmer mindern. Der Ausschlussgrund des § 323 Abs. 5 Satz 2 findet keine Anwendung.

(2) Sind auf der Seite des Bestellers oder auf der Seite des Unternehmers mehrere beteiligt, so kann die Minderung nur von allen oder gegen alle erklärt werden.

(3) Bei der Minderung ist die Vergütung in dem Verhältnis herabzusetzen, in welchem zur Zeit des Vertragsschlusses der Wert des Werkes in mangelfreiem Zustand zu dem wirklichen Wert gestanden haben würde. Die Minderung ist, soweit erforderlich, durch Schätzung zu ermitteln.

(4) Hat der Besteller mehr als die geminderte Vergütung gezahlt, so ist der Mehrbetrag vom Unternehmer zu erstatten. § 346 Abs. 1 und § 347 Abs. 1 finden entsprechende Anwendung.

§ 639 Haftungsausschluss

Auf eine Vereinbarung, durch welche die Rechte des Bestellers wegen eines Mangels ausgeschlossen oder beschränkt werden, kann sich der Unternehmer nicht berufen, wenn er den Mangel arglistig verschwiegen oder eine Garantie für die Beschaffenheit des Werkes übernommen hat.

§ 640 Abnahme

(1) Der Besteller ist verpflichtet, das vertragsmäßig hergestellte Werk abzunehmen, sofern nicht nach der Beschaffenheit des Werkes die Abnahme ausgeschlossen ist. Wegen unwesentlicher Mängel kann die Abnahme nicht verweigert werden. Der Abnahme steht es gleich, wenn der Besteller das Werk nicht innerhalb einer ihm vom Unternehmer bestimmten angemessenen Frist abnimmt, obwohl er dazu verpflichtet ist.

(2) Nimmt der Besteller ein mangelhaftes Werk gemäß Absatz 1 Satz 1 ab, obschon er den Mangel kennt, so stehen ihm die in § 634 Nr. 1 bis 3 bezeichneten Rechte nur zu, wenn er sich seine Rechte wegen des Mangels bei der Abnahme vorbehält.

§ 641 Fälligkeit der Vergütung

(1) Die Vergütung ist bei der Abnahme des Werkes zu entrichten. Ist das Werk in Teilen abzunehmen und die Vergütung für die einzelnen Teile bestimmt, so ist die Vergütung für jeden Teil bei dessen Abnahme zu entrichten.

(2) Die Vergütung des Unternehmers für ein Werk, dessen Herstellung der Besteller einem Dritten versprochen hat, wird spätestens fällig, wenn und soweit der Besteller von

dem Dritten für das versprochene Werk wegen dessen Herstellung seine Vergütung oder Teile davon erhalten hat. Hat der Besteller dem Dritten wegen möglicher Mängel des Werkes Sicherheit geleistet, gilt dies nur, wenn der Unternehmer dem Besteller Sicherheit in entsprechender Höhe leistet.

(3) Kann der Besteller die Beseitigung eines Mangels verlangen, so kann er nach der Abnahme die Zahlung eines angemessenen Teils der Vergütung verweigern, mindestens in Höhe des Dreifachen der für die Beseitigung des Mangels erforderlichen Kosten.

(4) Eine in Geld festgesetzte Vergütung hat der Besteller von der Abnahme des Werkes an zu verzinsen, sofern nicht die Vergütung gestundet ist.

§ 641a Fertigstellungsbescheinigung

(1) Der Abnahme steht es gleich, wenn dem Unternehmer von einem Gutachter eine Bescheinigung darüber erteilt wird, dass

1. das versprochene Werk, im Falle des § 641 Abs. 1 Satz 2 auch ein Teil desselben, hergestellt ist und

2. das Werk frei von Mängeln ist, die der Besteller gegenüber dem Gutachter behauptet hat oder die für den Gutachter bei einer Besichtigung feststellbar sind, (Fertigstellungsbescheinigung). Das gilt nicht, wenn das Verfahren nach den Absätzen 2 bis 4 nicht eingehalten worden ist oder wenn die Voraussetzungen des § 640 Abs. 1 Satz 1 und 2 nicht gegeben waren; im Streitfall hat dies der Besteller zu beweisen. § 640 Abs. 2 ist nicht anzuwenden. Es wird vermutet, dass ein Aufmaß oder eine Stundenlohnabrechnung, die der Unternehmer seiner Rechnung zugrunde legt, zutreffen, wenn der Gutachter dies in der Fertigstellungsbescheinigung bestätigt.

(2) Gutachter kann sein

1. ein Sachverständiger, auf den sich Unternehmer und Besteller verständigt haben, oder

2. ein auf Antrag des Unternehmens durch eine Industrie- und Handelskammer, eine Handwerkskammer, eine Architektenkammer oder eine Ingenieurkammer bestimmter öffentlich bestellter und vereidigter Sachverständiger.

Der Gutachter wird vom Unternehmer beauftragt. Er ist diesem und dem Besteller des zu begutachtenden Werkes gegenüber verpflichtet, die Bescheinigung unparteiisch und nach bestem Wissen und Gewissen zu erteilen.

(3) Der Gutachter muss mindestens einen Besichtigungstermin abhalten; eine Einladung hierzu unter Angabe des Anlasses muss dem Besteller mindestens zwei Wochen vorher zugehen. Ob das Werk frei von Mängeln ist, beurteilt der Gutachter nach einem schriftlichen Vertrag, den ihm der Unternehmer vorzulegen hat. Änderungen dieses Vertrags sind dabei nur zu berücksichtigen, wenn sie schriftlich vereinbart sind oder von den Vertragsteilen übereinstimmend gegenüber dem Gutachter vorgebracht werden. Wenn der Vertrag entsprechende Angaben nicht enthält, sind die allgemein anerkannten Regeln der Technik zugrunde zu legen. Vom Besteller geltend gemachte Mängel bleiben bei der Erteilung der Bescheinigung unberücksichtigt, wenn sie nach Abschluss der Besichtigung vorgebracht werden.

(4) Der Besteller ist verpflichtet, eine Untersuchung des Werkes oder von Teilen dessel-

ben durch den Gutachter zu gestatten. Verweigert er die Untersuchung, wird vermutet, dass das zu untersuchende Werk vertragsgemäß hergestellt worden ist; die Bescheinigung nach Absatz 1 ist zu erteilen.

(5) Dem Besteller ist vom Gutachter eine Abschrift der Bescheinigung zu erteilen. In Ansehung von Fristen, Zinsen und Gefahrübergang treten die Wirkungen der Bescheinigung erst mit ihrem Zugang beim Besteller ein.

§ 642 Mitwirkung des Bestellers

(1) Ist bei der Herstellung des Werkes eine Handlung des Bestellers erforderlich, so kann der Unternehmer, wenn der Besteller durch das Unterlassen der Handlung in Verzug der Annahme kommt, eine angemessene Entschädigung verlangen.

(2) Die Höhe der Entschädigung bestimmt sich einerseits nach der Dauer des Verzugs und der Höhe der vereinbarten Vergütung, andererseits nach demjenigen, was der Unternehmer infolge des Verzugs an Aufwendungen erspart oder durch anderweitige Verwendung seiner Arbeitskraft erwerben kann.

§ 643 Kündigung bei unterlassener Mitwirkung

Der Unternehmer ist im Falle des § 642 berechtigt, dem Besteller zur Nachholung der Handlung eine angemessene Frist mit der Erklärung zu bestimmen, dass er den Vertrag kündige, wenn die Handlung nicht bis zum Ablauf der Frist vorgenommen werde. Der Vertrag gilt als aufgehoben, wenn nicht die Nachholung bis zum Ablauf der Frist erfolgt.

§ 644 Gefahrtragung

(1) Der Unternehmer trägt die Gefahr bis zur Abnahme des Werkes. Kommt der Besteller in Verzug der Annahme, so geht die Gefahr auf ihn über. Für den zufälligen Untergang und eine zufällige Verschlechterung des von dem Besteller gelieferten Stoffes ist der Unternehmer nicht verantwortlich.

(2) Versendet der Unternehmer das Werk auf Verlangen des Bestellers nach einem anderen Ort als dem Erfüllungsort, so findet die für den Kauf geltende Vorschrift des § 447 entsprechende Anwendung.

§ 645 Verantwortlichkeit des Bestellers

(1) Ist das Werk vor der Abnahme infolge eines Mangels des von dem Besteller gelieferten Stoffes oder infolge einer von dem Besteller für die Ausführung erteilten Anweisung untergegangen, verschlechtert oder unausführbar geworden, ohne dass ein Umstand mitgewirkt hat, den der Unternehmer zu vertreten hat, so kann der Unternehmer einen der geleisteten Arbeit entsprechenden Teil der Vergütung und Ersatz der in der Vergütung nicht inbegriffenen Auslagen verlangen. Das Gleiche gilt, wenn der Vertrag in Gemäßheit des § 643 aufgehoben wird.

(2) Eine weitergehende Haftung des Bestellers wegen Verschuldens bleibt unberührt.

§ 646 Vollendung statt Abnahme

Ist nach der Beschaffenheit des Werkes die Abnahme ausgeschlossen, so tritt in den Fällen des § 634a Abs. 2 und der §§ 641, 644 und 645 an die Stelle der Abnahme die Vollendung des Werkes.

§ 647 Unternehmerpfandrecht

Der Unternehmer hat für seine Forderungen aus dem Vertrag ein Pfandrecht an den von ihm hergestellten oder ausgebesserten beweglichen Sachen des Bestellers, wenn sie bei der Herstellung oder zum Zwecke der Ausbesserung in seinen Besitz gelangt sind.

§ 648 Sicherungshypothek des Bauunternehmers

(1) Der Unternehmer eines Bauwerks oder eines einzelnen Teiles eines Bauwerks kann für seine Forderungen aus dem Vertrag die Einräumung einer Sicherungshypothek an dem Baugrundstück des Bestellers verlangen. Ist das Werk noch nicht vollendet, so kann er die Einräumung der Sicherungshypothek für einen der geleisteten Arbeit entsprechenden Teil der Vergütung und für die in der Vergütung nicht inbegriffenen Auslagen verlangen.

(2) Der Inhaber einer Schiffswerft kann für seine Forderungen aus dem Bau oder der Ausbesserung eines Schiffes die Einräumung einer Schiffshypothek an dem Schiffsbauwerk oder dem Schiff des Bestellers verlangen; Absatz 1 Satz 2 gilt sinngemäß. § 647 findet keine Anwendung.

§ 648a Bauhandwerkersicherung

(1) Der Unternehmer eines Bauwerks, einer Außenanlage oder eines Teils davon kann vom Besteller Sicherheit für die von ihm zu erbringenden Vorleistungen einschließlich dazugehöriger Nebenforderungen in der Weise verlangen, dass er dem Besteller zur Leistung der Sicherheit eine angemessene Frist mit der Erklärung bestimmt, dass er nach dem Ablauf der Frist seine Leistung verweigere. Sicherheit kann bis zur Höhe des voraussichtlichen Vergütungsanspruchs, wie er sich aus dem Vertrag oder einem nachträglichen Zusatzauftrag ergibt, sowie wegen Nebenforderungen verlangt werden; die Nebenforderungen sind mit 10 vom Hundert des zu sichernden Vergütungsanspruchs anzusetzen. Sie ist auch dann als ausreichend anzusehen, wenn sich der Sicherungsgeber das Recht vorbehält, sein Versprechen im Falle einer wesentlichen Verschlechterung der Vermögensverhältnisse des Bestellers mit Wirkung für Vergütungsansprüche aus Bauleistungen zu widerrufen, die der Unternehmer bei Zugang der Widerrufserklärung noch nicht erbracht hat.

(2) Die Sicherheit kann auch durch eine Garantie oder ein sonstiges Zahlungsversprechen eines im Geltungsbereich dieses Gesetzes zum Geschäftsbetrieb befugten Kreditinstituts oder Kreditversicherers geleistet werden. Das Kreditinstitut oder der Kreditversicherer darf Zahlungen an den Unternehmer nur leisten, soweit der Besteller den Vergütungsanspruch des Unternehmers anerkennt oder durch vorläufig vollstreckbares Urteil zur Zahlung der Vergütung verurteilt worden ist und die Voraussetzungen vorliegen, unter denen die Zwangsvollstreckung begonnen werden darf.

(3) Der Unternehmer hat dem Besteller die üblichen Kosten der Sicherheitsleistung bis zu einem Höchstsatz von 2 vom Hundert für das Jahr zu erstatten. Dies gilt nicht, soweit eine Sicherheit wegen Einwendungen des Bestellers gegen den Vergütungsanspruch des Unternehmers aufrechterhalten werden muss und die Einwendungen sich als unbegründet erweisen.

(4) Soweit der Unternehmer für seinen Vergütungsanspruch eine Sicherheit nach den Absätzen 1 oder 2 erlangt hat, ist der Anspruch auf Einräumung einer Sicherungshypothek nach § 648 Abs. 1 ausgeschlossen.

(5) Leistet der Besteller die Sicherheit nicht fristgemäß, so bestimmen sich die Rechte des Unternehmers nach den §§ 643 und 645 Abs. 1. Gilt der Vertrag danach als aufgehoben, kann der Unternehmer auch Ersatz des Schadens verlangen, den er dadurch erleidet, dass er auf die Gültigkeit des Vertrags vertraut hat. Dasselbe gilt, wenn der Besteller in zeitlichem Zusammenhang mit dem Sicherheitsverlangen gemäß Absatz 1 kündigt, es sei denn, die Kündigung ist nicht erfolgt, um der Stellung der Sicherheit zu entgehen. Es wird vermutet, dass der Schaden 5 Prozent der Vergütung beträgt.

(6) Die Vorschriften der Absätze 1 bis 5 finden keine Anwendung, wenn der Besteller

1. eine juristische Person des öffentlichen Rechts oder ein öffentlich-rechtliches Sondervermögen ist oder

2. eine natürliche Person ist und die Bauarbeiten zur Herstellung oder Instandsetzung eines Einfamilienhauses mit oder ohne Einliegerwohnung ausführen lässt; dies gilt nicht bei Betreuung des Bauvorhabens durch einen zur Verfügung über die Finanzierungsmittel des Bestellers ermächtigten Baubetreuer.

(7) Eine von den Vorschriften der Absätze 1 bis 5 abweichende Vereinbarung ist unwirksam.

§ 649 Kündigungsrecht des Bestellers

Der Besteller kann bis zur Vollendung des Werkes jederzeit den Vertrag kündigen. Kündigt der Besteller, so ist der Unternehmer berechtigt, die vereinbarte Vergütung zu verlangen; er muss sich jedoch dasjenige anrechnen lassen, was er infolge der Aufhebung des Vertrags an Aufwendungen erspart oder durch anderweitige Verwendung seiner Arbeitskraft erwirbt oder zu erwerben böswillig unterlässt.

§ 650 Kostenanschlag

(1) Ist dem Vertrag ein Kostenanschlag zugrunde gelegt worden, ohne dass der Unternehmer die Gewähr für die Richtigkeit des Anschlags übernommen hat, und ergibt sich, dass das Werk nicht ohne eine wesentliche Überschreitung des Anschlags ausführbar ist, so steht dem Unternehmer, wenn der Besteller den Vertrag aus diesem Grund kündigt, nur der im § 645 Abs. 1 bestimmte Anspruch zu.

(2) Ist eine solche Überschreitung des Anschlags zu erwarten, so hat der Unternehmer dem Besteller unverzüglich Anzeige zu machen.

§ 651 Anwendung des Kaufrechts

Auf einen Vertrag, der die Lieferung herzustellender oder zu erzeugender beweglicher Sachen zum Gegenstand hat, finden die Vorschriften über den Kauf Anwendung. § 442 Abs. 1 Satz 1 findet bei diesen Verträgen auch Anwendung, wenn der Mangel auf den vom Besteller gelieferten Stoff zurückzuführen ist. Soweit es sich bei den herzustellenden oder zu erzeugenden beweglichen Sachen um nicht vertretbare Sachen handelt, sind auch die §§ 642, 643, 645, 649 und 650 mit der Maßgabe anzuwenden, dass an die Stelle der Abnahme der nach den §§ 446 und 447 maßgebliche Zeitpunkt tritt.

Auszug aus der Verdingungsordnung für Bauleistungen (VOB)

§ 1 Art und Umfang der Leistung

1. Die auszuführende Leistung wird nach Art und Umfang durch den Vertrag bestimmt. Als Bestandteil des Vertrages gelten auch die Allgemeinen Technischen Vertragsbedingungen für Bauleistungen.

2. Bei Widersprüchen im Vertrag gelten nacheinander:
a) die Leistungsbeschreibung,
b) die Besonderen Vertragsbedingungen,
c) etwaige Zusätzliche Vertragsbedingungen,
d) etwaige Zusätzliche Technische Vertragsbedingungen,
e) die Allgemeinen Technischen Vertragsbedingungen für Bauleistungen,
f) die Allgemeinen Vertragsbedingungen für die Ausführungen Bauleistungen.

3. Änderungen des Bauentwurfs anzuordnen, bleibt dem Auftraggeber vorbehalten.

4. Nicht vereinbarte Leistungen, die zur Ausführung der vertraglichen Leistung erforderlich werden, hat der Auftragnehmer auf Verlangen des Auftraggebers mit auszuführen, außer wenn sein Betrieb auf derartige Leistungen nicht eingerichtet ist. Andere Leistungen können dem Auftragnehmer nur mit seiner Zustimmung übertragen werden.

§ 2 Vergütung

1. Durch die vereinbarten Preise werden alle Leistungen abgegolten, die nach der Leistungsbeschreibung, den Besonderen Vertragsbedingungen, den Zusätzlichen Vertragsbedingungen, den Zusätzlichen Technischen Vertragsbedingungen, den Allgemeinen Technischen Vertragsbedingungen für Bauleistungen und der gewerblichen Verkehrssitte zur vertraglichen Leistung gehören.

2. Die Vergütung wird nach den vertraglichen Einheitspreisen und den tatsächlich ausgeführten Leistungen berechnet, wenn keine andere Berechnungsart (z.B. durch Pauschalsumme, nach Stundenlohnsätzen, nach Selbstkosten) vereinbart ist.

3. (1) Weicht die ausgeführte Menge der unter einem Einheitspreis erfaßten Leistung oder Teilleistung um nicht mehr als 10 v. H. von dem im Vertrag vorgesehenen Umfang ab, so gilt der vertragliche Einheitspreis.
(2) Für die über 10 v. H. hinausgehende Überschreitung des Mengenansatzes ist auf Verlangen ein neuer Preis unter Berücksichtigung der Mehr- oder Minderkosten zu vereinbaren.
(3) Bei einer über 10 v. H. hinausgehenden Unterschreitung des Mengenansatzes ist auf Verlangen der Einheitspreis für die tatsächlich ausgeführte Menge der Leistung oder Teilleistung zu erhöhen, soweit der Auftragnehmer nicht durch Erhöhung der Mengen bei anderen Ordnungszahlen (Positionen) oder in anderer Weise einen Ausgleich erhält. Die Erhöhung des Einheitspreises soll im wesentlichen dem Mehrbetrag

entsprechen, der sich durch Verteilung der Baustelleneinrichtungs- und Baustellenge-meinkosten und der Allgemeinen Geschäftskosten auf die verringerte Menge ergibt. Die Umsatzsteuer wird entsprechend dem neuen Preis vergütet.

(4) Sind von der unter einem Einheitspreis erfaßten Leistung oder Teilleistung andere Leistungen abhängig, für die eine Pauschalsumme vereinbart ist, so kann mit der Änderung des Einheitspreises auch eine angemessene Änderung der Pauschalsumme gefordert werden.

4. Werden im Vertrag ausbedungene Leistungen des Auftragnehmers vom Auftraggeber selbst übernommen (z.B. Lieferung von Bau-, Bauhilfs- und Betriebsstoffen), so gilt, wenn nichts anderes vereinbart wird, § 8 Nr. 1 Abs. 2 entsprechend.

5. Werden durch Änderung des Bauentwurfs oder andere Anordnungen des Auftraggebers die Grundlagen des Preises für eine im Vertrag vorgesehene Leistung geändert, so ist ein neuer Preis unter Berücksichtigung der Mehr- oder Minderkosten zu vereinbaren. Die Vereinbarung soll vor der Ausführung getroffen werden.

6. (1) Wird eine im Vertrag nicht vorgesehene Leistung gefordert, so hat der Auftragnehmer Anspruch auf besondere Vergütung. Er muß jedoch den Anspruch dem Auftraggeber ankündigen, bevor er mit der Ausführung der Leistung beginnt.

(2) Die Vergütung bestimmt sich nach den Grundlagen der Preisermittlung für die vertragliche Leistung und den besonderen Kosten der geforderten Leistung. Sie ist möglichst vor Beginn der Ausführung zu vereinbaren.

7. (1) Ist als Vergütung der Leistung eine Pauschalsumme vereinbart, so bleibt die Vergütung unverändert. Weicht jedoch die ausgeführte Leistung von der vertraglich vorgesehenen Leistung so erheblich ab, daß ein Festhalten an der Pauschalsumme nicht zumutbar ist (§ 242 BGB), so ist auf Verlangen ein Ausgleich unter Berücksichtigung der Mehr- oder Minderkosten zu gewähren. Für die Bemessung des Ausgleichs ist von den Grundlagen der Preisermittlung auszugehen. Nr. 4, 5 und 6 bleiben unberührt.

(2) Wenn nichts anderes vereinbart ist, gilt Absatz 1 auch für Pauschalsummen, die für Teile der Leistung vereinbart sind; Nr. 3 Abs. 4 bleibt unberührt.

8. (1) Leistungen, die der Auftragnehmer ohne Auftrag oder unter eigenmächtiger Abweichung vom Vertrag ausführt, werden nicht vergütet. Der Auftragnehmer hat sie auf Verlangen innerhalb einer angemessenen Frist zu beseitigen; sonst kann es auf seine Kosten geschehen. Er haftet außerdem für andere Schäden, die dem Auftraggeber hieraus entstehen.

(2) Eine Vergütung steht dem Auftragnehmer jedoch zu, wenn der Auftraggeber solche Leistungen nachträglich anerkennt. Eine Vergütung steht ihm auch zu, wenn die Leistungen für die Erfüllung des Vertrags notwendig waren, dem mutmaßlichen Willen des Auftraggebers entsprachen und ihm unverzüglich angezeigt wurden.

(3) Die Vorschriften des BGB über die Geschäftsführung ohne Auftrag (§§ 677 ff) bleiben unberührt.

9. (1) Verlangt der Auftraggeber Zeichnungen, Berechnungen oder andere Unterlagen, die der Auftragnehmer nach dem Vertrag, besonders den Technischen Vertragsbedingungen oder der gewerblichen Verkehrssitte, nicht zu beschaffen hat, so hat er sie zu vergüten.
(2) Läßt er vom Auftragnehmer nicht aufgestellte technische Berechnungen durch den Auftragnehmer nachprüfen, so hat er die Kosten zu tragen.

10. Stundenlohnarbeiten werden nur vergütet, wenn sie als solche vor ihrem Beginn ausdrücklich vereinbart worden sind (§ 15).

§ 3 Ausführungsunterlagen
1. Die für die Ausführung nötigen Unterlagen sind dem Auftragnehmer unentgeltlich und rechtzeitig zu übergeben.

2. Das Abstecken der Hauptachsen der baulichen Anlagen, ebenso der Grenzen des Geländes, das dem Auftragnehmer zur Verfügung gestellt wird, und das Schaffen der notwendigen Höhenfestpunkte in unmittelbarer Nähe der baulichen Anlagen sind Sache des Auftraggebers.

3. Die vom Auftraggeber zur Verfügung gestellten Geländeaufnahmen und Absteckungen und die übrigen für die Ausführung übergebenen Unterlagen sind für den Auftragnehmer maßgebend. Jedoch hat er sie, soweit es zur ordnungsgemäßen Vertragserfüllung gehört, auf etwaige Unstimmigkeiten zu überprüfen und den Auftraggeber auf entdeckte oder vermutete Mängel hinzuweisen.

4. Vor Beginn der Arbeiten ist, soweit notwendig, der Zustand der Straßen und Geländeoberfläche, der Vorfluter und Vorflutleitungen, ferner der baulichen Anlagen im Baubereich in einer Niederschrift festzuhalten, die vom Auftraggeber und Auftragnehmer anzuerkennen ist.

5. Zeichnungen, Berechnungen, Nachprüfungen von Berechnungen oder andere Unterlagen, die der Auftragnehmer nach dem Vertrag, besonders den Technischen Vertragsbedingungen, oder der gewerblichen Verkehrssitte oder auf besonderes Verlangen des Auftraggebers (§ 2 Nr. 9) zu beschaffen hat, sind dem Auftraggeber nach Aufforderung rechtzeitig vorzulegen.

6. (1) Die in Nr. 5 genannten Unterlagen dürfen ohne Genehmigung ihres Urhebers nicht veröffentlicht, vervielfältigt, geändert oder für einen anderen als den vereinbarten Zweck benutzt werden.
(2) An DV-Programmen hat der Auftraggeber das Recht zur Nutzung mit den vereinbarten Leistungsmerkmalen in unveränderter Form auf den festgelegten Geräten. Der Auftraggeber darf zum Zwecke der Datensicherung zwei Kopien herstellen. Diese müssen alle Identifikationsmerkmale enthalten. Der Verbleib der Kopien ist auf Verlangen nachzuweisen.
(3) Der Auftragnehmer bleibt unbeschadet des Nutzungsrechts des Auftraggebers zur Nutzung der Unterlagen und der DV-Programme berechtigt.

§ 4 Ausführung

1. (1) Der Auftraggeber hat für die Aufrechterhaltung der allgemeinen Ordnung auf der Baustelle zu sorgen und das Zusammenwirken der verschiedenen Unternehmer zu regeln. Er hat die erforderlichen öffentlich-rechtlichen Genehmigungen und Erlaubnisse – z.B. nach dem Baurecht, dem Straßenverkehrsrecht, dem Wasserrecht, dem Gewerberecht – herbeizuführen.

(2) Der Auftraggeber hat das Recht, die vertragsgemäße Ausführung der Leistung zu überwachen. Hierzu hat er Zutritt zu den Arbeitsplätzen, Werkstätten und Lagerräumen, wo die vertragliche Leistung oder Teile von ihr hergestellt oder die hierfür bestimmten Stoffe und Bauteile gelagert werden. Auf Verlangen sind ihm die Werkzeichnungen oder andere Ausführungsunterlagen sowie die Ergebnisse von Güteprüfungen zur Einsicht vorzulegen und die erforderlichen Auskünfte zu erteilen, wenn hierdurch keine Geschäftsgeheimnisse preisgegeben werden. Als Geschäftsgeheimnis bezeichnete Auskünfte und Unterlagen hat er vertraulich zu behandeln.

(3) Der Auftraggeber ist befugt, unter Wahrung der dem Auftragnehmer zustehenden Leistung (Nr. 2) Anordnungen zu treffen, die zur vertragsgemäßen Ausführung der Leistung notwendig sind. Die Anordnungen sind grundsätzlich nur dem Auftragnehmer oder seinem für die Leitung der Ausführung bestellten Vertreter zu erteilen, außer wenn Gefahr im Verzug ist. Dem Auftraggeber ist mitzuteilen, wer jeweils als Vertreter des Auftragnehmers für die Leitung der Ausführung bestellt ist.

(4) Hält der Auftragnehmer die Anordnungen des Auftraggebers für unberechtigt oder unzweckmäßig, so hat er seine Bedenken geltend zu machen, die Anordnungen jedoch auf Verlangen auszuführen, wenn nicht gesetzliche oder behördliche Bestimmungen entgegenstehen. Wenn dadurch eine ungerechtfertigte Erschwerung verursacht wird, hat der Auftraggeber die Mehrkosten zu tragen.

2. (1) Der Auftragnehmer hat die Leistung unter eigener Verantwortung nach dem Vertrag auszuführen. Dabei hat er die anerkannten Regeln der Technik und die gesetzlichen und behördlichen Bestimmungen zu beachten. Es ist seine Sache, die Ausführung seiner vertraglichen Leistung zu leiten und für Ordnung auf seiner Arbeitsstelle zu sorgen.

(2) Er ist für die Erfüllung der gesetzlichen, behördlichen und berufsgenossenschaftlichen Verpflichtungen gegenüber seinen Arbeitnehmern allein verantwortlich. Es ist ausschließlich seine Aufgabe, die Vereinbarungen und Maßnahmen zu treffen, die sein Verhältnis zu den Arbeitnehmern regeln.

3. Hat der Auftragnehmer Bedenken gegen die vorgesehene Art der Ausführung (auch wegen der Sicherung gegen Unfallgefahren), gegen die Güte der vom Auftraggeber gelieferten Stoffe oder Bauteile oder gegen die Leistungen anderer Unternehmer, so hat er sie dem Auftraggeber unverzüglich – möglichst schon vor Beginn der Arbeiten – schriftlich mitzuteilen; der Auftraggeber bleibt jedoch für seine Angaben, Anordnungen oder Lieferungen verantwortlich.

4. Der Auftraggeber hat, wenn nichts anderes vereinbart ist, dem Auftragnehmer unentgeltlich zur Benutzung oder Mitbenutzung zu überlassen:

a) die notwendigen Lager- und Arbeitsplätze auf der Baustelle,

b) vorhandene Zufahrtswege und Anschlußgleise,

c) vorhandene Anschlüsse für Wasser und Energie. Die Kosten für den Verbrauch und den Messer oder Zähler trägt der Auftragnehmer, mehrere Auftragnehmer tragen sie anteilig.

5. Der Auftragnehmer hat die von ihm ausgeführten Leistungen und die ihm für die Ausführung übergebenen Gegenstände bis zur Abnahme vor Beschädigung und Diebstahl zu schützen. Auf Verlangen des Auftraggebers hat er sie vor Winterschäden und Grundwasser zu schützen, ferner Schnee und Eis zu beseitigen. Obliegt ihm die Verpflichtung nach Satz 2 nicht schon nach dem Vertrag, so regelt sich die Vergütung nach § 2 Nr. 6.

6. Stoffe oder Bauteile, die dem Vertrag oder den Proben nicht entsprechen, sind auf Anordnung des Auftraggebers innerhalb einer von ihm bestimmten Frist von der Baustelle zu entfernen. Geschieht es nicht, so können sie auf Kosten des Auftragnehmers entfernt oder für seine Rechnung veräußert werden.

7. Leistungen, die schon während der Ausführung als mangelhaft oder vertragswidrig erkannt werden, hat der Auftragnehmer auf eigene Kosten durch mangelfreie zu ersetzen. Hat der Auftragnehmer den Mangel oder die Vertragswidrigkeit zu vertreten, so hat er auch den daraus entstehenden Schaden zu ersetzen. Kommt der Auftragnehmer der Pflicht zur Beseitigung des Mangels nicht nach, so kann ihm der Auftraggeber eine angemessene Frist zur Beseitigung des Mangels setzen und erklären, daß er ihm nach fruchtlosem Ablauf der Frist den Auftrag entziehe (§ 8 Nr. 3).

8. (1) Der Auftragnehmer hat die Leistung im eigenen Betrieb auszuführen. Mit schriftlicher Zustimmung des Auftraggebers darf er sie an Nachunternehmer übertragen. Die Zustimmung ist nicht notwendig bei Leistungen, auf die der Betrieb des Auftragnehmers nicht eingerichtet ist.

(2) Der Auftragnehmer hat bei der Weitervergabe von Bauleistungen an Nachunternehmer die Verdingungsordnung für Bauleistungen zugrunde zu legen.

(3) Der Auftragnehmer hat die Nachunternehmer dem Auftraggeber auf Verlangen bekanntzugeben.

9. Werden bei Ausführung der Leistung auf einem Grundstück Gegenstände von Altertums-, Kunst- oder wissenschaftlichem Wert entdeckt, so hat der Auftragnehmer vor jedem weiteren Aufdecken oder Ändern dem Auftraggeber den Fund anzuzeigen und ihm die Gegenstände nach näherer Weisung abzuliefern. Die Vergütung etwaiger Mehrkosten regelt sich nach § 2 Nr. 6. Die Rechte des Entdeckers (§ 984 BGB) hat der Auftraggeber.

§ 5 Ausführungsfristen

1. Die Ausführung ist nach den verbindlichen Fristen (Vertragsfristen) zu beginnen, angemessen zu fördern und zu vollenden. In einem Bauzeitenplan enthaltene Einzelfristen

gelten nur dann als Vertragsfristen, wenn dies im Vertrag ausdrücklich vereinbart ist.

2. Ist für den Beginn der Ausführung keine Frist vereinbart, so hat der Auftraggeber dem Auftragnehmer auf Verlangen Auskunft über den voraussichtlichen Beginn zu erteilen. Der Auftragnehmer hat innerhalb von 12 Werktagen nach Aufforderung zu beginnen. Der Beginn der Ausführung ist dem Auftraggeber anzuzeigen.

3. Wenn Arbeitskräfte, Geräte, Gerüste, Stoffe oder Bauteile so unzureichend sind, daß die Ausführungsfristen offenbar nicht eingehalten werden können, muß der Auftragnehmer auf Verlangen unverzüglich Abhilfe schaffen.

4. Verzögert der Auftragnehmer den Beginn der Ausführung, gerät er mit der Vollendung in Verzug oder kommt er der in Nr. 3 erwähnten Verpflichtung nicht nach, so kann der Auftraggeber bei Aufrechterhaltung des Vertrages Schadenersatz nach § 6 Nr. 6 verlangen oder dem Auftragnehmer eine angemessene Frist zur Vertragserfüllung setzen und erklären, daß er ihm nach fruchtlosem Ablauf der Frist den Auftrag entziehe (§ 8 Nr. 3).

§ 6 Behinderung und Unterbrechung der Ausführung

1. Glaubt sich der Auftragnehmer in der ordnungsgemäßen Ausführung der Leistung behindert, so hat er es dem Auftraggeber unverzüglich schriftlich anzuzeigen. Unterläßt er die Anzeige, so hat er nur dann Anspruch auf Berücksichtigung der hindernden Umstände, wenn dem Auftraggeber offenkundig die Tatsache und deren hindernde Wirkung bekannt waren.

2. (1) Ausführungsfristen werden verlängert, soweit die Behinderung verursacht ist:
a)   durch einen vom Auftraggeber zu vertretenden Umstand,
b)   durch Streik oder eine von der Berufsvertretung der Arbeitgeber angeordnete Aussperrung im Betrieb des Auftragnehmers oder in einem unmittelbar für ihn arbeitenden Betrieb,
c)   durch höhere Gewalt oder andere für den Auftragnehmer unabwendbare Umstände.
(2) Witterungseinflüsse während der Ausführungszeit, mit denen bei Abgabe des Angebots normalerweise gerechnet werden mußte, gelten nicht als Behinderung.

3. Der Auftragnehmer hat alles zu tun, was ihm billigerweise zugemutet werden kann, um die Weiterführung der Arbeiten zu ermöglichen. Sobald die hindernden Umstände wegfallen, hat er ohne weiteres und unverzüglich die Arbeiten wiederaufzunehmen und den Auftraggeber davon zu benachrichtigen.

4. Die Fristverlängerung wird berechnet nach der Dauer der Behinderung mit einem Zuschlag für die Wiederaufnahme der Arbeiten und die etwaige Verschiebung in eine ungünstigere Jahreszeit.

5. Wird die Ausführung für voraussichtlich längere Dauer unterbrochen, ohne daß die Leistung dauernd unmöglich wird, so sind die ausgeführten Leistungen nach den Vertragspreisen abzurechnen und außerdem die Kosten zu vergüten, die dem Auftragneh-

mer bereits entstanden und in den Vertragspreisen des nicht ausgeführten Teils der Leistung enthalten sind.

6. Sind die hindernden Umstände von einem Vertragsteil zu vertreten, so hat der andere Teil Anspruch auf Ersatz des nachweislich entstandenen Schadens, des entgangenen Gewinns aber nur bei Vorsatz oder grober Fahrlässigkeit.

7. Dauert eine Unterbrechung länger als 3 Monate, so kann jeder Teil nach Ablauf dieser Zeit den Vertrag schriftlich kündigen. Die Abrechnung regelt sich nach Nr. 5 und 6; wenn der Auftragnehmer die Unterbrechung nicht zu vertreten hat, sind auch die Kosten der Baustellenräumung zu vergüten, soweit sie nicht in der Vergütung für die bereits ausgeführten Leistungen enthalten sind.

§ 7 Verteilung der Gefahr
1. Wird die ganz oder teilweise ausgeführte Leistung vor der Abnahme durch höhere Gewalt, Krieg, Aufruhr oder andere unabwendbare, vom Auftragnehmer nicht zu vertretende Umstände beschädigt oder zerstört, so hat dieser für die ausgeführten Teile der Leistung die Ansprüche nach § 6 Nr. 5; für andere Schäden besteht keine gegenseitige Ersatzpflicht.

2. Zu der ganz oder teilweise ausgeführten Leistung gehören alle mit der baulichen Anlage unmittelbar verbundenen, in ihre Substanz eingegangenen Leistungen, unabhängig von deren Fertigstellungsgrad.

3. Zu der ganz oder teilweise ausgeführten Leistung gehören nicht die noch nicht eingebauten Stoffe und Bauteile sowie die Baustelleneinrichtung und Absteckungen. Zu der ganz oder teilweise ausgeführten Leistung gehören ebenfalls nicht Baubehelfe, z.B. Gerüste, auch wenn diese als besondere Leistung oder selbständig vergeben sind.

§ 8 Kündigung durch den Auftraggeber
1. (1) Der Auftraggeber kann bis zur Vollendung der Leistung jederzeit den Vertrag kündigen.
(2) Dem Auftragnehmer steht die vereinbarte Vergütung zu. Er muß sich jedoch anrechnen lassen, was er infolge der Aufhebung des Vertrags an Kosten erspart oder durch anderweitige Verwendung seiner Arbeitskraft und seines Betriebs erwirbt oder zu erwerben böswillig unterläßt (§ 649 BGB).

2. (1) Der Auftraggeber kann den Vertrag kündigen, wenn der Auftragnehmer seine Zahlungen einstellt, das Vergleichsverfahren beantragt oder in Konkurs gerät.
(2) Die ausgeführten Leistungen sind nach § 6 Nr. 5 abzurechnen. Der Auftraggeber kann Schadenersatz wegen Nichterfüllung des Restes verlangen.

3. (1) Der Auftraggeber kann den Vertrag kündigen, wenn in den Fällen des § 4 Nr. 7 und des § 5 Nr. 4 die gesetzte Frist fruchtlos abgelaufen ist (Entziehung des Auftrags). Die Entziehung des Auftrags kann auf einen in sich abgeschlossenen Teil der vertraglichen Leistung beschränkt werden.

(2) Nach der Entziehung des Auftrags ist der Auftraggeber berechtigt, den noch nicht vollendeten Teil der Leistung zu Lasten des Auftragnehmers durch einen Dritten ausführen zu lassen, doch bleiben seine Ansprüche auf Ersatz des etwa entstehenden weiteren Schadens bestehen. Er ist auch berechtigt, auf die weitere Ausführung zu verzichten und Schadenersatz wegen Nichterfüllung zu verlangen, wenn die Ausführung aus den Gründen, die zur Entziehung des Auftrags geführt haben, für ihn kein Interesse mehr hat.

(3) Für die Weiterführung der Arbeiten kann der Auftraggeber Geräte, Gerüste, auf der Baustelle vorhandene andere Einrichtungen und angelieferte Stoffe und Bauteile gegen angemessene Vergütung in Anspruch nehmen.

(4) Der Auftraggeber hat dem Auftragnehmer eine Aufstellung über die entstandenen Mehrkosten und über seine anderen Ansprüche spätestens binnen 12 Werktagen nach Abrechnung mit dem Dritten zuzusenden.

4. Der Auftraggeber kann den Auftrag entziehen, wenn der Auftragnehmer aus Anlaß der Vergabe eine Abrede getroffen hatte, die eine unzulässige Wettbewerbsbeschränkung darstellt. Die Kündigung ist innerhalb von 12 Werktagen nach Bekanntwerden des Kündigungsgrundes auszusprechen. Die Nr. 3 gilt entsprechend.

5. Die Kündigung ist schriftlich zu erklären.

6. Der Auftragnehmer kann Aufmaß und Abnahme der von ihm ausgeführten Leistungen alsbald nach der Kündigung verlangen; er hat unverzüglich eine prüfbare Rechnung über die ausgeführten Leistungen vorzulegen.

7. Eine wegen Verzugs verwirkte, nach Zeit bemessene Vertragsstrafe kann nur für die Zeit bis zum Tag der Kündigung des Vertrags gefordert werden.

§ 9 Kündigung durch den Auftragnehmer

1. Der Auftragnehmer kann den Vertrag kündigen:
a) wenn der Auftraggeber eine ihm obliegende Handlung unterläßt und dadurch den Auftragnehmer außerstande setzt, die Leistung auszuführen (Annahmeverzug nach §§ 293 ff. BGB).
b) wenn der Auftraggeber eine fällige Zahlung nicht leistet oder sonst in Schuldnerverzug gerät.

2. Die Kündigung ist schriftlich zu erklären. Sie ist erst zulässig, wenn der Auftragnehmer dem Auftraggeber ohne Erfolg eine angemessene Frist zur Vertragserfüllung gesetzt und erklärt hat, daß er nach fruchtlosem Ablauf der Frist den Vertrag kündigen werde.

3. Die bisherigen Leistungen sind nach den Vertragspreisen abzurechnen. Außerdem hat der Auftragnehmer Anspruch auf angemessene Entschädigung nach § 642 BGB; etwaige weitergehende Ansprüche des Auftragnehmers bleiben unberührt.

§ 10 Haftung der Vertragsparteien

1. Die Vertragsparteien haften einander für eigenes Verschulden sowie für das Verschulden ihrer gesetzlichen Vertreter und der Personen, deren sie sich zur Erfüllung ihrer Verbindlichkeiten bedienen (§§ 276, 278 BGB).

2. (1) Entsteht einem Dritten im Zusammenhang mit der Leistung ein Schaden, für den auf Grund gesetzlicher Haftpflichtbestimmungen beide Vertragsparteien haften, so gelten für den Ausgleich zwischen den Vertragsparteien die allgemeinen gesetzlichen Bestimmungen, soweit im Einzelfall nichts anderes vereinbart ist. Soweit der Schaden des Dritten nur die Folge einer Maßnahme ist, die der Auftraggeber in dieser Form angeordnet hat, trägt er den Schaden allein, wenn ihn der Auftragnehmer auf die mit der angeordneten Ausführung verbundene Gefahr nach § 4 Nr. 3 hingewiesen hat.
(2) Der Auftragnehmer trägt den Schaden allein, soweit er ihn durch Versicherung seiner gesetzlichen Haftpflicht gedeckt hat oder innerhalb der von der Versicherungsaufsichtsbehörde genehmigten Allgemeinen Versicherungsbedingungen zu tarifmäßigen, nicht auf außergewöhnliche Verhältnisse abgestellten Prämien und Prämienzuschlägen bei einem im Inland zum Geschäftsbetrieb zugelassenen Versicherer hätte decken können.

3. Ist der Auftragnehmer einem Dritten nach §§ 823 ff. BGB zu Schadenersatz verpflichtet wegen unbefugten Betretens oder Beschädigung angrenzender Grundstücke, wegen Entnahme oder Auflagerung von Boden oder anderen Gegenständen außerhalb der vom Auftraggeber dazu angewiesenen Flächen oder wegen der Folgen eigenmächtiger Versperrung von Wegen oder Wasserläufen, so trägt er im Verhältnis zum Auftraggeber den Schaden allein.

4. Für die Verletzung gewerblicher Schutzrechte haftet im Verhältnis der Vertragsparteien zueinander der Auftragnehmer allein, wenn er selbst das geschützte Verfahren oder die Verwendung geschützter Gegenstände angeboten oder wenn der Auftraggeber die Verwendung vorgeschrieben und auf das Schutzrecht hingewiesen hat.

5. Ist eine Vertragspartei gegenüber der anderen nach Nr. 2, 3 oder 4 von der Ausgleichspflicht befreit, so gilt diese Befreiung auch zugunsten ihrer gesetzlichen Vertreter und Erfüllungsgehilfen, wenn sie nicht vorsätzlich oder grob fahrlässig gehandelt haben.

6. Soweit eine Vertragspartei von dem Dritten für einen Schaden in Anspruch genommen wird, den nach Nr. 2, 3 oder 4 die andere Vertragspartei zu tragen hat, kann sie verlangen, daß ihre Vertragspartei sie von der Verbindlichkeit gegenüber dem Dritten befreit. Sie darf den Anspruch des Dritten nicht anerkennen oder befriedigen, ohne der anderen Vertragspartei vorher Gelegenheit zur Äußerung gegeben zu haben.

§ 11 Vertragsstrafe

1. Wenn Vertragsstrafen vereinbart sind, gelten die §§ 339 bis 345 BGB.

2. Ist die Vertragsstrafe für den Fall vereinbart, daß der Auftragnehmer nicht in der vorgesehenen Frist erfüllt, so wird sie fällig, wenn der Auftragnehmer in Verzug gerät.

3. Ist die Vertragsstrafe nach Tagen bemessen, so zählen nur Werktage; ist sie nach Wochen bemessen, so wird jeder Werktag angefangener Wochen als 1/6 Woche gerechnet.

4. Hat der Auftraggeber die Leistung abgenommen, so kann er die Strafe nur verlangen, wenn er dies bei der Abnahme vorbehalten hat.

§ 12 Abnahme

1. Verlangt der Auftragnehmer nach der Fertigstellung – gegebenenfalls auch vor Ablauf der vereinbarten Ausführungsfrist – die Abnahme der Leistung, so hat sie der Auftraggeber binnen 12 Werktagen durchzuführen; eine andere Frist kann vereinbart werden.

2. Besonders abzunehmen sind auf Verlangen:
a)   in sich abgeschlossene Teile der Leistung,
b)   andere Teile der Leistung, wenn sie durch die weitere Ausführung der Prüfung und Feststellung entzogen werden.

3. Wegen wesentlicher Mängel kann die Abnahme bis zur Beseitigung verweigert werden.

4. (1) Eine förmliche Abnahme hat stattzufinden, wenn eine Vertragspartei es verlangt. Jede Partei kann auf ihre Kosten einen Sachverständigen zuziehen. Der Befund ist in gemeinsamer Verhandlung schriftlich niederzulegen. In die Niederschrift sind etwaige Vorbehalte wegen bekannter Mängel und wegen Vertragsstrafen aufzunehmen, ebenso etwaige Einwendungen des Auftragnehmers. Jede Partei erhält eine Ausfertigung.
(2) Die förmliche Abnahme kann in Abwesenheit des Auftragnehmers stattfinden, wenn der Termin vereinbart war oder der Auftraggeber mit genügender Frist dazu eingeladen hatte. Das Ergebnis der Abnahme ist dem Auftragnehmer alsbald mitzuteilen.

5. (1) Wird keine Abnahme verlangt, so gilt die Leistung als abgenommen mit Ablauf von 12 Werktagen nach schriftlicher Mitteilung über die Fertigstellung der Leistung.
(2) Hat der Auftraggeber die Leistung oder einen Teil der Leistung in Benutzung genommen, so gilt die Abnahme nach Ablauf von 6 Werktagen nach Beginn der Benutzung als erfolgt, wenn nichts anderes vereinbart ist. Die Benutzung von Teilen einer baulichen Anlage zur Weiterführung der Arbeiten gilt nicht als Abnahme.
(3) Vorbehalte wegen bekannter Mängel oder wegen Vertragsstrafen hat der Auftraggeber spätestens zu den in den Absätzen 1 und 2 bezeichneten Zeitpunkten geltend zu machen.

6. Mit der Abnahme geht die Gefahr auf den Auftraggeber über, soweit er sie nicht schon nach § 7 trägt.

§ 13 Gewährleistung

1. Der Auftragnehmer übernimmt die Gewähr, daß seine Leistung zur Zeit der Abnahme die vertraglich zugesicherten Eigenschaften hat, den anerkannten Regeln der Technik entspricht und nicht mit Fehlern behaftet ist, die den Wert oder die Tauglichkeit zu

dem gewöhnlichen oder dem nach dem Vertrag vorausgesetzten Gebrauch aufheben oder mindern.

2. Bei Leistungen nach Probe gelten die Eigenschaften der Probe als zugesichert, soweit nicht Abweichungen nach der Verkehrssitte als bedeutungslos anzusehen sind. Dies gilt auch für Proben, die erst nach Vertragsabschluß als solche anerkannt sind.

3. Ist ein Mangel zurückzuführen auf die Leistungsbeschreibung oder auf Anordnungen des Auftraggebers, auf die von diesem gelieferten oder vorgeschriebenen Stoffe oder Bauteile, oder die Beschaffenheit der Vorleistung eines anderen Unternehmers, so ist der Auftragnehmer von der Gewährleistung für diese Mängel frei, außer wenn er die ihm nach § 4 Nr. 3 obliegende Mitteilung über die zu befürchtenden Mängel unterlassen hat.

4. (1) Ist für die Gewährleistung keine Verjährungsfrist im Vertrag vereinbart, so beträgt sie für Bauwerke und für Holzerkrankungen 2 Jahre, für Arbeiten an einem Grundstück und für die vom Feuer berührten Teile von Feuerungsanlagen ein Jahr.
(2) Bei maschinellen und elektrotechnischen/elektronischen Anlagen oder Teilen davon, bei denen die Wartung Einfluß auf die Sicherheit und Funktionsfähigkeit hat, beträgt die Verjährungsfrist für die Gewährleistungsansprüche abweichend von Abs. 1 ein Jahr, wenn der Auftraggeber sich dafür entschieden hat, dem Auftragnehmer die Wartung für die Dauer der Verjährungsfrist nicht zu übertragen.
(3) Die Frist beginnt mit der Abnahme der gesamten Leistung; nur für in sich abgeschlossene Teile der Leistung beginnt sie mit der Teilabnahme (§ 12 Nr. 2 a).

5. (1) Der Auftragnehmer ist verpflichtet, alle während der Verjährungsfrist hervortretenden Mängel, die auf vertragswidrige Leistung zurückzuführen sind, auf seine Kosten zu beseitigen, wenn es der Auftraggeber vor Ablauf der Frist schriftlich verlangt. Der Anspruch auf Beseitigung der gerügten Mängel verjährt mit Ablauf der Regelfristen der Nr. 4, gerechnet vom Zugang des schriftlichen Verlangens an, jedoch nicht vor Ablauf der vereinbarten Frist. Nach Abnahme der Mängelbeseitigungsleistung beginnen für diese Leistung die Regelfristen der Nr. 4, wenn nichts anderes vereinbart ist.
(2) Kommt der Auftragnehmer der Aufforderung zur Mängelbeseitigung in einer vom Auftraggeber gesetzten angemessenen Frist nicht nach, so kann der Auftraggeber die Mängel auf Kosten des Auftragnehmers beseitigen lassen.

6. Ist die Beseitigung des Mangels unmöglich oder würde sie einen unverhältnismäßig hohen Aufwand erfordern und wird sie deshalb vom Auftragnehmer verweigert, so kann der Auftraggeber Minderung der Vergütung verlangen (§ 634 Abs. 4, § 472 BGB). Der Auftraggeber kann ausnahmsweise auch dann Minderung der Vergütung verlangen, wenn die Beseitigung des Mangels für ihn unzumutbar ist.

7. (1) Ist ein wesentlicher Mangel, der die Gebrauchsfähigkeit erheblich beeinträchtigt, auf ein Verschulden des Auftragnehmers oder seiner Erfüllungsgehilfen zurückzuführen, so ist der Auftragnehmer außerdem verpflichtet, dem Auftraggeber den Schaden an

der baulichen Anlage zu ersetzen, zu deren Herstellung, Instandhaltung oder Änderung die Leistung dient.

(2) Den darüber hinausgehenden Schaden hat er nur dann zu ersetzen:

a) wenn der Mangel auf Vorsatz oder grober Fahrlässigkeit beruht,

b) wenn der Mangel auf einem Verstoß gegen die anerkannten Regeln der Technik beruht

c) wenn der Mangel in dem Fehlen einer vertraglich zugesicherten Eigenschaft besteht oder

d) soweit der Auftragnehmer den Schaden durch Versicherung seiner gesetzlichen Haftpflicht gedeckt hat oder innerhalb der von der Versicherungsaufsichtsbehörde genehmigten Allgemeinen Versicherungsbedingungen zu tarifmäßigen, nicht auf außergewöhnliche Verhältnisse abgestellten Prämien und Prämienzuschlägen bei einem im Inland zum Geschäftsbetrieb zugelassenen Versicherer hätte decken können.

(3) Abweichend von Nr. 4 gelten die gesetzlichen Verjährungsfristen, soweit sich der Auftragnehmer nach Absatz 2 durch Versicherung geschützt hat oder hätte schützen können oder soweit ein besonderer Versicherungsschutz vereinbart ist.

(4) Eine Einschränkung oder Erweiterung der Haftung kann in begründeten Sonderfällen vereinbart werden.

§ 14 Abrechnung

1. Der Auftragnehmer hat seine Leistungen prüfbar abzurechnen. Er hat die Rechnungen übersichtlich aufzustellen und dabei die Reihenfolge der Posten einzuhalten und die in den Vertragsbestandteilen enthaltenen Bezeichnungen zu verwenden. Die zum Nachweis von Art und Umfang der Leistung erforderlichen Mengenberechnungen, Zeichnungen und andere Belege sind beizufügen. Änderungen und Ergänzungen des Vertrags sind in der Rechnung besonders kenntlich zu machen; sie sind auf Verlangen getrennt abzurechnen.

2. Die für die Abrechnung notwendigen Feststellungen sind dem Fortgang der Leistung entsprechend möglichst gemeinsam vorzunehmen. Die Abrechnungsbestimmungen in den Technischen Vertragsbedingungen und den anderen Vertragsunterlagen sind zu beachten. Für Leistungen, die bei Weiterführung der Arbeiten nur schwer feststellbar sind, hat der Auftragnehmer rechtzeitig gemeinsame Feststellungen zu beantragen.

3. Die Schlußrechnung muß bei Leistungen mit einer vertraglichen Ausführungsfrist von höchstens 3 Monaten spätestens 12 Werktage nach Fertigstellung eingereicht werden, wenn nichts anderes vereinbart ist; diese Frist wird um je 6 Werktage für je weitere 3 Monate Ausführungsfrist verlängert.

4. Reicht der Auftragnehmer eine prüfbare Rechnung nicht ein, obwohl ihm der Auftraggeber dafür eine angemessene Frist gesetzt hat, so kann sie der Auftraggeber selbst auf Kosten des Auftragnehmers aufstellen.

§ 15 Stundenlohnarbeiten

1. (1) Stundenlohnarbeiten werden nach den vertraglichen Vereinbarungen abgerechnet.

(2) Soweit für die Vergütung keine Vereinbarungen getroffen worden sind, gilt die ortsübliche Vergütung. Ist diese nicht zu ermitteln, so werden die Aufwendungen des Auftragnehmers für:

Lohn- und Gehaltskosten der Baustelle, Lohn- und Gehaltsnebenkosten der Baustelle, Stoffkosten der Baustelle, Kosten der Einrichtungen, Geräte, Maschinen und maschinellen Anlagen der Baustelle, Fracht-, Fuhr- und Ladekosten, Sozialkassenbeiträge und Sonderkosten, die bei wirtschaftlicher Betriebsführung entstehen, mit angemessenen Zuschlägen für Gemeinkosten und Gewinn (einschließlich allgemeinem Unternehmerwagnis) zuzüglich Umsatzsteuer vergütet.

2. Verlangt der Auftraggeber, daß die Stundenlohnarbeiten durch einen Polier oder eine andere Aufsichtsperson beaufsichtigt werden, oder ist die Aufsicht nach den einschlägigen Unfallverhütungsvorschriften notwendig, so gilt Nr. 1 entsprechend.

3. Dem Auftraggeber ist die Ausführung von Stundenlohnarbeiten vor Beginn anzuzeigen. Über die geleisteten Arbeitsstunden und den dabei erforderlichen, besonders zu vergütenden Aufwand für den Verbrauch von Stoffen, für Vorhaltung von Einrichtungen, Geräten, Maschinen und maschinellen Anlagen, für Frachten, Fuhr- und Ladeleistungen sowie etwaige Sonderkosten sind, wenn nichts anderes vereinbart ist, je nach der Verkehrssitte werktäglich oder wöchentlich Listen (Stundenlohnzettel) einzureichen. Der Auftraggeber hat die von ihm bescheinigten Stundenlohnzettel unverzüglich, spätestens jedoch innerhalb von 6 Werktagen nach Zugang, zurückzugeben. Dabei kann er Einwendungen auf den Stundenlohnzetteln oder gesondert schriftlich erheben. Nicht fristgemäß zurückgegebene Stundenlohnzettel gelten als anerkannt.

4. Stundenlohnrechnungen sind alsbald nach Abschluß der Stundenlohnarbeiten, längstens jedoch in Abständen von 4 Wochen, einzureichen. Für die Zahlung gilt § 16.

5. Wenn Stundenlohnarbeiten zwar vereinbart waren, über den Umfang der Stundenlohnleistungen aber mangels rechtzeitiger Vorlage der Stundenlohnzettel Zweifel bestehen, so kann der Auftraggeber verlangen, daß für die nachweisbar ausgeführten Leistungen eine Vergütung vereinbart wird, die nach Maßgabe von Nr. 1 Absatz 2 für einen wirtschaftlich vertretbaren Aufwand an Arbeitszeit und Verbrauch von Stoffen, für Vorhaltung von Einrichtungen, Geräten, Maschinen und maschinellen Anlagen, für Frachten, Fuhr- und Ladeleistungen sowie etwaige Sonderkosten ermittelt wird.

§ 16 Zahlung

1. (1) Abschlagszahlungen sind auf Antrag in Höhe des Wertes der jeweils nachgewiesenen vertragsgemäßen Leistungen einschließlich des ausgewiesenen, darauf entfallenden Umsatzsteuerbetrags in möglichst kurzen Zeitabständen zu gewähren. Die Leistungen sind durch eine prüfbare Aufstellung nachzuweisen, die eine rasche und sichere Beurteilung der Leistungen ermöglichen muß. Als Leistungen gelten hierbei auch die für die ge-

forderte Leistung eigens angefertigten und bereitgestellten Bauteile sowie die auf der Baustelle angelieferten Stoffe und Bauteile, wenn dem Auftraggeber nach seiner Wahl das Eigentum an ihnen übertragen ist oder entsprechende Sicherheit gegeben wird.

(2) Gegenforderungen können einbehalten werden. Andere Einbehalte sind nur in den im Vertrag und in den gesetzlichen Bestimmungen vorgesehenen Fällen zulässig.

(3) Abschlagszahlungen sind binnen 18 Werktagen nach Zugang der Aufstellung zu leisten.

(4) Die Abschlagszahlungen sind ohne Einfluß auf die Haftung und Gewährleistung des Auftragnehmers; sie gelten nicht als Abnahme von Teilen der Leistung.

2. (1) Vorauszahlungen können auch nach Vertragsabschluß vereinbart werden; hierfür ist auf Verlangen des Auftraggebers ausreichende Sicherheit zu leisten. Diese Vorauszahlungen sind, sofern nichts anderes vereinbart wird, mit 1 v. H. über dem Lombardsatz der Deutschen Bundesbank zu verzinsen.

(2) Vorauszahlungen sind auf die nächstfälligen Zahlungen anzurechnen, soweit damit Leistungen abzugelten sind, für welche die Vorauszahlungen gewährt worden sind.

3. (1) Die Schlußzahlung ist alsbald nach Prüfung und Feststellung der vom Auftragnehmer vorgelegten Schlußrechnung zu leisten, spätestens innerhalb von 2 Monaten nach Zugang. Die Prüfung der Schlußrechnung ist nach Möglichkeit zu beschleunigen. Verzögert sie sich, so ist das unbestrittene Guthaben als Abschlagszahlung sofort zu zahlen.

(2) Die vorbehaltlose Annahme der Schlußzahlung schließt Nachforderungen aus, wenn der Auftragnehmer über die Schlußzahlung schriftlich unterrichtet und auf die Ausschlußwirkung hingewiesen wurde.

(3) Einer Schlußzahlung steht es gleich, wenn der Auftraggeber unter Hinweis auf geleistete Zahlungen weitere Zahlungen endgültig und schriftlich ablehnt.

(4) Auch früher gestellte, aber unerledigte Forderungen werden ausgeschlossen, wenn sie nicht nochmals vorbehalten werden.

(5) Ein Vorbehalt ist innerhalb von 24 Werktagen nach Zugang der Mitteilung nach Absätzen 2 und 3 über die Schlußzahlung zu erklären. Er wird hinfällig, wenn nicht innerhalb von weiteren 24 Werktagen eine prüfbare Rechnung über die vorbehaltenen Forderungen eingereicht oder, wenn das nicht möglich ist, der Vorbehalt eingehend begründet wird.

(6) Die Ausschlußfristen gelten nicht für ein Verlangen nach Richtigstellung der Schlußrechnung und -zahlung wegen Aufmaß-, Rechen- und Übertragungsfehlern.

4. In sich abgeschlossene Teile der Leistung können nach Teilabnahme ohne Rücksicht auf die Vollendung der übrigen Leistungen endgültig festgestellt und bezahlt werden.

5. (1) Alle Zahlungen sind aufs äußerste zu beschleunigen.

(2) Nicht vereinbarte Skontoabzüge sind unzulässig.

(3) Zahlt der Auftraggeber bei Fälligkeit nicht, so kann ihm der Auftragnehmer eine angemessene Nachfrist setzen. Zahlt er auch innerhalb der Nachfrist nicht, so hat der

Auftragnehmer vom Ende der Nachfrist an Anspruch auf Zinsen in Höhe von 1 v. H. über dem Lombardsatz der Deutschen Bundesbank, wenn er nicht einen höheren Verzugsschaden nachweist. Außerdem darf er die Arbeiten bis zur Zahlung einstellen.

6. Der Auftraggeber ist berechtigt, zur Erfüllung seiner Verpflichtungen aus Nr. 1 bis 5 Zahlungen an Gläubiger des Auftragnehmers zu leisten, soweit sie an der Ausführung der vertraglichen Leistung des Auftragnehmers aufgrund eines mit diesem abgeschlossenen Dienst- oder Werkvertrags beteiligt sind und der Auftragnehmer in Zahlungsverzug gekommen ist. Der Auftragnehmer ist verpflichtet, sich auf Verlangen des Auftraggebers innerhalb einer von diesem gesetzten Frist darüber zu erklären, ob und inwieweit er die Forderungen seiner Gläubiger anerkennt; wird diese Erklärung nicht rechtzeitig abgegeben, so gelten die Forderungen als anerkannt und der Zahlungsverzug als bestätigt.

§ 17 Sicherheitsleistung

1. (1) Wenn Sicherheitsleistung vereinbart ist, gelten die §§ 232 bis 240 BGB, soweit sich aus den nachstehenden Bestimmungen nichts anderes ergibt.
(2) Die Sicherheit dient dazu, die vertragsgemäße Ausführung der Leistung und die Gewährleistung sicherzustellen.

2. Wenn im Vertrag nichts anderes vereinbart ist, kann Sicherheit durch Einbehalt oder Hinterlegung von Geld oder durch Bürgschaft eines in den Europäischen Gemeinschaften zugelassenen Kreditinstituts oder Kreditversicherers geleistet werden.

3. Der Auftragnehmer hat die Wahl unter den verschiedenen Arten der Sicherheit; er kann eine Sicherheit durch eine andere ersetzen.

4. Bei Sicherheitsleistung durch Bürgschaft ist Voraussetzung, daß der Auftraggeber den Bürgen als tauglich anerkannt hat. Die Bürgschaftserklärung ist schriftlich unter Verzicht auf die Einrede der Vorausklage abzugeben (§ 771 BGB); sie darf nicht auf bestimmte Zeit begrenzt und muß nach Vorschrift des Auftraggebers ausgestellt sein.

5. Wird Sicherheit durch Hinterlegung von Geld geleistet, so hat der Auftragnehmer den Betrag bei einem zu vereinbarenden Geldinstitut auf ein Sperrkonto einzuzahlen, über das beide Parteien nur gemeinsam verfügen können. Etwaige Zinsen stehen dem Auftragnehmer zu.

6. (1) Soll der Auftraggeber vereinbarungsgemäß die Sicherheit in Teilbeträgen von seinen Zahlungen einbehalten, so darf er jeweils die Zahlung um höchstens 10 v. H. kürzen, bis die vereinbarte Sicherheitssumme erreicht ist. Den jeweils einbehaltenen Betrag hat er dem Auftragnehmer mitzuteilen und binnen 18 Werktagen nach dieser Mitteilung auf Sperrkonto bei dem vereinbarten Geldinstitut einzuzahlen. Gleichzeitig muß er veranlassen, daß dieses Geldinstitut den Auftragnehmer von der Einzahlung des Sicherheitsbetrags benachrichtigt. Nr. 5 gilt entsprechend.
(2) Bei kleineren oder kurzfristigen Aufträgen ist es zulässig, daß der Auftraggeber den einbehaltenen Sicherheitsbetrag erst bei der Schlußzahlung auf Sperrkonto einbezahlt.

(3) Zahlt der Auftraggeber den einbehaltenen Betrag nicht rechtzeitig ein, so kann ihm der Auftragnehmer hierfür eine angemessene Nachfrist setzen. Läßt der Auftraggeber auch diese verstreichen, so kann der Auftragnehmer die sofortige Auszahlung des einbehaltenen Betrags verlangen und braucht dann keine Sicherheit mehr zu leisten.

(4) Öffentliche Auftraggeber sind berechtigt, den als Sicherheit einbehaltenen Betrag auf eigenes Verwahrgeldkonto zu nehmen; der Betrag wird nicht verzinst.

7. Der Auftragnehmer hat die Sicherheit binnen 18 Werktagen nach Vertragsabschluß zu leisten, wenn nichts anderes vereinbart ist. Soweit er diese Verpflichtung nicht erfüllt hat, ist der Auftraggeber berechtigt, vom Guthaben des Auftragnehmers einen Betrag in Höhe der vereinbarten Sicherheit einzubehalten. Im übrigen gelten Nr. 5 und 6 außer Absatz 1 Satz 1 entsprechend.

8. Der Auftraggeber hat eine nicht verwertete Sicherheit zum vereinbarten Zeitpunkt, spätestens nach Ablauf der Verjährungsfrist für die Gewährleistung, zurückzugeben. Soweit jedoch zu dieser Zeit seine Ansprüche noch nicht erfüllt sind, darf er einen entsprechenden Teil der Sicherheit zurückhalten.

§ 18 Streitigkeiten

1. Liegen die Voraussetzungen für eine Gerichtsstandvereinbarung nach § 38 Zivilprozeßordnung vor, richtet sich der Gerichtsstand für Streitigkeiten aus dem Vertrag nach dem Sitz der für die Prozeßvertretung des Auftraggebers zuständigen Stelle, wenn nichts anderes vereinbart ist. Sie ist dem Auftragnehmer auf Verlangen mitzuteilen.

2. Entstehen bei Verträgen mit Behörden Meinungsverschiedenheiten, so soll der Auftragnehmer zunächst die der auftraggebenden Stelle unmittelbar vorgesetzte Stelle anrufen. Diese soll dem Auftragnehmer Gelegenheit zur mündlichen Aussprache geben und ihn möglichst innerhalb von 2 Monaten nach der Anrufung schriftlich bescheiden und dabei auf die Rechtsfolgen des Satzes 3 hinweisen. Die Entscheidung gilt als anerkannt, wenn der Auftragnehmer nicht innerhalb von 2 Monaten nach Eingang des Bescheides schriftlich Einspruch beim Auftraggeber erhebt und dieser ihn auf die Ausschlußfrist hingewiesen hat.

3. Bei Meinungsverschiedenheiten über die Eigenschaft von Stoffen und Bauteilen, für die allgemeingültige Prüfungsverfahren bestehen, und über die Zulässigkeit oder Zuverlässigkeit der bei der Prüfung verwendeten Maschinen oder angewendeten Prüfungsverfahren kann jede Vertragspartei nach vorheriger Benachrichtigung der anderen Vertragspartei die materialtechnische Untersuchung durch eine staatliche oder staatlich anerkannte Materialprüfungsstelle vornehmen lassen; deren Feststellungen sind verbindlich. Die Kosten trägt der unterliegende Teil.

4. Streitfälle berechtigen den Auftragnehmer nicht, die Arbeiten einzustellen.

Auszug aus der Honorarordnung für Architekten und Ingenieure (1996)

§ 1 Anwendungsbereich

Die Bestimmungen dieser Verordnung gelten für die Berechnung der Entgelte für Leistungen der Architekten und der Ingenieure (Auftragnehmer), soweit sie durch Leistungsbilder oder andere Bestimmungen dieser Verordnung erfaßt werden.

§ 2 Leistungen

(1) Soweit Leistungen in Leistungsbildern erfaßt sind, gliedern sich die Leistungen in Grundleistungen und Besondere Leistungen.

(2) Grundleistungen umfassen die Leistungen, die zur ordnungsgemäßen Erfüllung eines Auftrages im allgemeinen erforderlich sind. Sachlich zusammengehörige Grundleistungen sind zu jeweils in sich abgeschlossenen Leistungsphasen zusammengefaßt.

(3) Besondere Leistungen können zu den Grundleistungen hinzu oder an deren Stelle treten, wenn besondere Anforderungen an die Ausführung des Auftrags gestellt werden, die über die allgemeinen Leistungen hinausgehen oder diese ändern. Sie sind in den Leistungsbildern nicht abschließend aufgeführt. Die Besonderen Leistungen eines Leistungsbildes können auch in anderen Leistungsbildern oder Leistungsphasen vereinbart werden, in denen sie nicht aufgeführt sind, soweit sie dort nicht Grundleistungen darstellen.

§ 3 Begriffsbestimmungen

Im Sinne dieser Verordnung gelten folgende Begriffsbestimmungen:

1. Objekte sind Gebäude, sonstige Bauwerke, Anlagen, Freianlagen und raumbildende Ausbauten.
2. Neubauten und Neuanlagen sind neu zu errichtende oder neu herzustellende Objekte.
3. Wiederaufbauten sind die Wiederherstellung zerstörter Objekte auf vorhandenen Bau- oder Anlageteilen. Sie gelten als Neubauten, sofern eine neue Planung erforderlich ist.
4. Erweiterungsbauten sind Ergänzungen eines vorhandenen Objekts, zum Beispiel durch Aufstockung oder Anbau.
5. Umbauten sind Umgestaltungen eines vorhandenen Objekts mit wesentlichen Eingriffen in Konstruktion oder Bestand.
6. Modernisierungen sind bauliche Maßnahmen zur nachhaltigen Erhöhung des Gebrauchswertes eines Objekts, soweit sie nicht unter die Nummern 4, 5 oder 10 fallen, jedoch einschließlich der durch diese Maßnahmen verursachten Instandsetzungen.
7. Raumbildende Ausbauten sind die innere Gestaltung oder Erstellung von Innenräumen ohne wesentliche Eingriffe in Bestand oder Konstruktion. Sie können im Zusammenhang mit Leistungen nach den Nummern 2 bis 6 anfallen.
8. Einrichtungsgegenstände sind nach Einzelplanung angefertigte, nicht serienmäßig bezogene Gegenstände, die keine wesentlichen Bestandteile des Objekts sind.

9. Integrierte Werbeanlagen sind der Werbung an Bauwerken dienende Anlagen, die fest mit dem Bauwerk verbunden sind und es gestalterisch beeinflussen.

10. Instandsetzungen sind Maßnahmen zur Wiederherstellung des zum bestimmungsmäßigen Gebrauch geeigneten Zustandes (Soll-Zustandes) eines Objekts, soweit sie nicht unter Nummer 3 fallen oder durch Maßnahmen nach Nummer 6 verursacht sind.

11. Instandhaltungen sind Maßnahmen zur Erhaltung des Soll-Zustandes eines Objekts.

12. Freianlagen sind planerisch gestaltete Freiflächen und Freiräume sowie entsprechend gestaltete Anlagen in Verbindung mit Bauwerken oder in Bauwerken.

§ 4 Vereinbarung des Honorars

(1) Das Honorar richtet sich nach der schriftlichen Vereinbarung, die die Vetragsparteien bei Auftragserteilung im Rahmen der durch diese Verordnung festgesetzten Mindest- und Höchstsätze treffen.

(2) Die in dieser Verordnung festgesetzten Mindestsätze können durch schriftliche Vereinbarung in Ausnahmefällen unterschritten werden.

(3) Die in dieser Verordnung festgesetzten Höchstsätze dürfen nur bei außergewöhnlichen oder ungewöhnlich lange dauernden Leistungen durch schriftliche Vereinbarung überschritten werden. Dabei haben Umstände, soweit sie bereits für die Einordnung in Honorarzonen oder Schwierigkeitsstufen, für die Vereinbarung von Besonderen Leistungen oder für die Einordnung in den Rahmen der Mindest- und Höchstsätze mitbestimmend gewesen sind, außer Betracht zu bleiben.

(4) Sofern nicht bei Auftragserteilung etwas anderes schriftlich vereinbart worden ist, gelten die jeweiligen Mindestsätze als vereinbart.

§ 4a Abweichende Honorarermittlung

Die Vertragsparteien können abweichend von den in der Verordnung vorgeschriebenen Honorarermittlungen schriftlich bei Auftragserteilung vereinbaren, daß das Honorar auf der Grundlage einer nachprüfbaren Ermittlung der voraussichtlichen Herstellungskosten nach Kostenberechnungen oder nach Kostenanschlag berechnet wird. Soweit auf Veranlassung des Auftraggebers Mehrleistungen des Auftragnehmers erforderlich werden, sind diese Mehrleistungen zusätzlich zu honorieren. Verlängert sich die Planungs- und Bauzeit wesentlich durch Umstände, die der Auftragnehmer nicht zu vertreten hat, kann für die dadurch verursachten Mehraufwendungen ein zusätzliches Honorar vereinbart werden.

§ 5 Berechnung des Honorars in besonderen Fällen

(1) Werden nicht alle Leistungsphasen eines Leistungsbildes übertragen, so dürfen nur die für die übertragenen Phasen vorgesehenen Teilhonorare berechnet werden.

(2) Werden nicht alle Grundleistungen einer Leistungsphase übertragen, so darf für die übertragenen Leistungen nur ein Honorar berechnet werden, das dem Anteil der über-

tragenen Leistungen an der gesamten Leistungsphase entspricht. Das gleiche gilt, wenn wesentliche Teile von Grundleistungen dem Auftragnehmer nicht übertragen werden. Ein zusätzlicher Koordinierungs- und Einarbeitungsaufwand ist zu berücksichtigen.

(3) Werden Grundleistungen im Einvernehmen mit dem Auftraggeber insgesamt oder teilweise von anderen an der Planung und Überwachung fachlich Beteiligten erbracht, so darf nur ein Honorar berechnet werden, das dem verminderten Leistungsumfang des Auftragnehmers entspricht. § 10 Abs. 4 bleibt unberührt.

(4) Für Besondere Leistungen, die zu den Grundleistungen hinzutreten, darf ein Honorar nur berechnet werden, wenn die Leistungen im Verhältnis zu den Grundleistungen einen nicht unwesentlichen Arbeits- und Zeitaufwand verursachen und das Honorar schriftlich vereinbart worden ist. Das Honorar ist in angemessenem Verhältnis zu dem Honorar für die Grundleistung zu berechnen, mit der die Besondere Leistung nach Art und Umfang vergleichbar ist. Ist die Besondere Leistung nicht mit einer Grundleistung vergleichbar, so ist das Honorar als Zeithonorar nach § 6 zu berechnen.

(4 a) Für Besondere Leistungen, die unter Ausschöpfung der technisch-wirtschaftlichen Lösungsmöglichkeiten zu einer wesentlichen Kostensenkung ohne Verminderung des Standards führen, kann ein Erfolgshonorar zuvor schriftlich vereinbart werden, das bis zu 20 v. H. der vom Auftragnehmer durch seine Leistungen eingesparten Kosten betragen kann.

(5) Soweit Besondere Leistungen ganz oder teilweise an die Stelle von Grundleistungen treten, ist für sie ein Honorar zu berechnen, das dem Honorar für die ersetzten Grundleistungen entspricht.

§ 5a Interpolation

Die zulässigen Mindest- und Höchstsätze für Zwischenstufen der in den Honorartafeln angegebenen anrechenbaren Kosten, Werte und Verrechnungseinheiten (VE) sind durch lineare Interpolation zu ermitteln.

§ 6 Zeithonorar

(1) Zeithonorare sind auf der Grundlage der Stundensätze nach Absatz 2 durch Vorausschätzung des Zeitbedarfs als Fest- oder Höchstbetrag zu berechnen. Ist eine Vorausschätzung des Zeitbedarfs nicht möglich, so ist das Honorar nach dem nachgewiesenen Zeitbedarf auf der Grundlage der Stundensätze nach Absatz 2 zu berechnen.

(2) Werden Leistungen des Auftragnehmers oder seiner Mitarbeiter nach Zeitaufwand berechnet, so kann für jede Stunde folgender Betrag berechnet werden:

1. für den Auftragnehmer 70 bis 160 Deutsche Mark,
2. für Mitarbeiter, die technische oder wirtschaftliche Aufgaben erfüllen, soweit sie nicht unter Nummer 3 fallen, 70 bis 115 Deutsche Mark,
3. für Technische Zeichner oder sonstige Mitarbeiter mit vergleichbarer Qualifikation, die technische oder wirtschaftliche Aufgaben erfüllen, 60 bis 85 Deutsche Mark.

§ 7 Nebenkosten

(1) Die bei der Ausführung des Auftrages entstehenden Auslagen (Nebenkosten) des Auftragnehmers können, soweit sie erforderlich sind, abzüglich der nach § 15 Abs. 1 des Umsatzsteuergesetzes abziehbaren Vorsteuern neben den Honoraren dieser Verordnung berechnet werden. Die Vertragsparteien können bei Auftragserteilung schriftlich vereinbaren, daß abweichend von Satz 1 eine Erstattung ganz oder teilweise ausgeschlossen ist.

(2) Zu den Nebenkosten gehören insbesondere:

1. Post- und Fernmeldegebühren,
2. Kosten für Vervielfältigungen von Zeichnungen und von schriftlichen Unterlagen sowie Anfertigung von Filmen und Fotos,
3. Kosten für ein Baustellenbüro einschließlich der Einrichtung, Beleuchtung und Beheizung,
4. Fahrkosten für Reisen, die über den Umkreis von mehr als 15 Kilometer vom Geschäftssitz des Auftragnehmers hinausgehen, in Höhe der steuerlich zulässigen Pauschalsätze, sofern nicht höhere Aufwendungen nachgewiesen werden,
5. Trennungsentschädigungen und Kosten für Familienheimfahrten nach den steuerlich zulässigen Pauschalsätzen, sofern nicht höhere Aufwendungen an Mitarbeiter des Auftragnehmers auf Grund von tariflichen Vereinbarungen bezahlt werden,
6. Entschädigungen für den sonstigen Aufwand bei längeren Reisen nach Nummer 4, sofern die Entschädigungen vor der Geschäftsreise schriftlich vereinbart worden sind,
7. Entgelte für nicht dem Auftragnehmer obliegende Leistungen, die von ihm im Einvernehmen mit dem Auftraggeber Dritten übertragen worden sind,
8. im Falle der Vereinbarung eines Zeithonorars nach § 6 die Kosten für Vermessungsfahrzeuge und andere Meßfahrzeuge, die mit umfangreichen Meßinstrumenten ausgestattet sind, sowie für hochwertige Geräte, die für Vermessungsleistungen und für andere meßtechnische Leistungen verwandt werden.

(3) Nebenkosten können pauschal oder nach Einzelnachweis abgerechnet werden. Sie sind nach Einzelnachweis abzurechnen, sofern nicht bei Auftragserteilung eine pauschale Abrechnung schriftlich vereinbart worden ist.

§ 8 Zahlungen

(1) Das Honorar wird fällig, wenn die Leistungen vertragsgemäß erbracht und eine prüffähige Honorarschlußrechnung überreicht worden ist.

(2) Abschlagszahlungen können in angemessenen zeitlichen Abständen für nachgewiesene Leistungen gefordert werden.

(3) Nebenkosten sind auf Nachweis fällig, sofern nicht bei Auftragserteilung etwas anderes schriftlich vereinbart worden ist.

(4) Andere Zahlungsweisen können schriftlich vereinbart werden.

§ 9 Umsatzsteuer

(1) Der Auftragnehmer hat Anspruch auf Ersatz der Umsatzsteuer, die auf sein nach dieser Verordnung berechnetes Honorar und auf die nach § 7 berechneten Nebenkosten entfällt, sofern sie nicht nach § 19 Abs. 1 des Umsatzsteuergesetzes unerhoben bleibt; dies gilt auch für die Abschlagszahlungen gemäß § 8 Abs. 2. Die weiterberechneten Nebenkosten sind Teil des umsatzsteuerlichen Entgelts für eine einheitliche Leistung des Auftragnehmers.

(2) Die auf die Kosten von Objekten entfallende Umsatzsteuer ist nicht Bestandteil der anrechenbaren Kosten.

§ 10 Grundlagen des Honorars

(1) Das Honorar für Grundleistungen bei Gebäuden, Freianlagen und raumbildenden Ausbauten richtet sich nach den anrechenbaren Kosten des Objekts, nach der Honorarzone, der das Objekt angehört, sowie bei Gebäuden und raumbildenden Ausbauten nach der Honorartafel in § 16 und bei Freianlagen nach der Honorartafel in § 17.

(2) Anrechenbare Kosten sind unter Zugrundelegung der Kostenermittlungsarten nach DIN 276 in der Fassung vom April 1981 (DIN 276) zu ermitteln.

1. für die Leistungsphasen 1 bis 4 nach der Kostenberechnung, solange diese nicht vorliegt, nach der Kostenschätzung;

2. für die Leistungsphasen 5 bis 7 nach dem Kostenanschlag, solange dieser nicht vorliegt, nach der Kostenberechnung;

3. für die Leistungsphasen 8 und 9 nach der Kostenfeststellung, solange diese nicht vorliegt, nach dem Kostenanschlag.

(3) Als anrechenbare Kosten nach Absatz 2 gelten die ortsüblichen Preise, wenn der Auftraggeber

1. selbst Lieferungen oder Leistungen übernimmt,

2. von bauausführenden Unternehmen oder von Lieferern sonst nicht übliche Vergünstigungen erhält,

3. Lieferungen oder Leistungen in Gegenrechnung ausführt oder

4. vorhandene oder vorbeschaffte Baustoffe oder Bauteile einbauen läßt.

(3a) Vorhandene Bausubstanz, die technisch oder gestalterisch mitverarbeitet wird, ist bei den anrechenbaren Kosten angemessen zu berücksichtigen; der Umfang der Anrechnung bedarf der schriftlichen Vereinbarung.

(4) Anrechenbar sind für Grundleistungen bei Gebäuden und raumbildenden Ausbauten die Kosten für Installationen, zentrale Betriebstechnik und betriebliche Einbauten (DIN 276, Kostengruppen 3.2 bis 3.4 und 3.5.2 bis 3.5.4), die der Auftragnehmer fachlich nicht plant und deren Ausführung er fachlich auch nicht überwacht,

1. vollständig bis zu 25 v. H. der sonstigen anrechenbaren Kosten,

2. zur Hälfte mit dem 25 v. H. der sonstigen anrechenbaren Kosten übersteigenden Betrag.

Plant der Auftragnehmer die in Satz 1 genannten Gegenstände fachlich und/oder überwacht er fachlich deren Ausführung, so kann für diese Leistungen ein Honorar neben dem Honorar nach Satz 1 vereinbart werden.

(4a) Zu den anrechenbaren Kosten für Grundleistungen bei Freianlagen rechnen insbesondere auch die Kosten für folgende Bauwerke und Anlagen, soweit sie der Auftragnehmer plant oder ihre Ausführung überwacht:

1. Einzelgewässer mit überwiegend ökologischen und landschaftsgestalterischen Elementen,
2. Teiche oder Dämme,
3. flächenhafter Erdbau zur Geländegestaltung,
4. einfache Durchlässe und Uferbefestigungen als Mittel zur Geländegestaltung, soweit keine Leistungen nach Teil VIII erforderlich sind,
5. Lärmschutzwälle als Mittel zur Geländegestaltung,
6. Stützbauwerke und Geländeabstützungen ohne Verkehrsbelastung las Mittel zur Geländegestaltung, soweit keine Leistungen nach § 63 Abs. 1 Nr. 3 bis 5 HOAI erforderlich sind,
7. Stege und Brücken, soweit keine Leistungen nach Teil VIII erforderlich sind,
8. Wege ohne Eignung für den regelmäßigen Fahrverkehr mit einfachen Entwässerungsverhältnissen sowie andere Wege und befestigte Flächen, die als Gestaltungselement der Freianlagen geplant werden und für die Leistungen nach Teil VII nicht erforderlich sind.

(5) Nicht anrechenbar sind für Grundleistungen bei Gebäuden und raumbildenden Ausbauten die Kosten für:

1. das Baugrundstück einschließlich der Kosten des Erwerbs und des Freimachens (DIN 276, Kostengruppen 1.1 bis 1.3),
2. das Herrichten des Grundstücks (DIN 276, Kostengruppe 1.4), soweit der Auftragnehmer es weder plant noch seine Ausführung überwacht,
3. die öffentliche Erschließung und andere einmalige Abgaben (DIN 276, Kostengruppen 2.1 und 2.3),
4. die nichtöffentliche Erschließung (DIN 276, Kostengruppe 2.2) sowie die Abwasser- und Versorgungsanlagen und die Verkehrsanlagen (DIN 276, Kostengruppen 5.3 und 5.7), soweit der Auftragnehmer sie weder plant noch ihre Ausführung überwacht,
5. die Außenanlagen (DIN 276, Kostengruppe 5), soweit nicht unter Nummer 4 erfaßt,
6. Anlagen und Einrichtungen aller Art, die in DIN 276, Kostengruppen 4 oder 5.4 aufgeführt sind, sowie die nicht in DIN 276 aufgeführten, soweit der Auftragnehmer sie weder plant noch bei ihrer Beschaffung mitwirkt, noch ihre Ausführung oder ihren Einbau überwacht,
7. Geräte und Wirtschaftsgegenstände, die nicht in DIN 276, Kostengruppen 4 und 5.4 aufgeführt sind, oder die der Auftraggeber ohne Mitwirkung des Auftragnehmers beschafft,
8. Kunstwerke, soweit sie nicht wesentliche Bestandteile des Objekts sind,
9. künstlerisch gestaltete Bauteile, soweit der Auftragnehmer sie weder plant noch ihre Ausführung überwacht,

10. die Kosten der Winterbauschutzvorkehrungen und sonstige zusätzliche Maßnahmen nach DIN 276, Kostengruppe 6; § 32 Abs. 4 bleibt unberührt,
11. Entschädigungen und Schadenersatzleistungen,
12. die Baunebenkosten (DIN 276, Kostengruppe 7),
13. fernmeldetechnische Einrichtungen und andere zentrale Einrichtungen der Fernmeldetechnik für Ortsvermittlungsstellen sowie Anlagen der Maschinentechnik, die nicht überwiegend der Ver- und Entsorgung des Gebäudes zu dienen bestimmt sind, soweit der Auftragnehmer diese fachlich nicht plant oder ihre Ausführung fachlich nicht überwacht; Absatz 4 bleibt unberührt.

(6) Nicht anrechenbar sind für Grundleistungen bei Freianlagen die Kosten für:
1. das Gebäude (DIN 276, Kostengruppe 3) sowie die in Absatz 5 Nr. 1 bis 4 und 6 bis 13 genannten Kosten,
2. den Unter- und Oberbau von Fußgängerbereichen nach § 14 Nr. 4, ausgenommen die Kosten für die Oberflächenbefestigung.

§ 11 Honorarzonen für Leistungen bei Gebäuden

(1) Die Honorarzone wird bei Gebäuden auf Grund folgender Bewertungsmerkmale ermittelt:
1. Honorarzone I:
   Gebäude mit sehr geringen Planungsanforderungen, das heißt mit
   – sehr geringen Anforderungen an die Einbindung in die Umgebung,
   – einem Funktionsbereich,
   – sehr geringen gestalterischen Anforderungen,
   – einfachsten Konstruktionen,
   – keiner oder einfacher technischer Ausrüstung,
   – keinem oder einfachem Ausbau.
2. Honorarzone II:
   Gebäude mit geringen Planungsanforderungen, das heißt mit
   – geringen Anforderungen an die Einbindung in die Umgebung,
   – wenigen Funktionsbereichen,
   – geringen gestalterischen Anforderungen,
   – einfachen Konstruktionen,
   – geringer technischer Ausrüstung,
   – geringem Ausbau.
3. Honorarzone III:
   Gebäude mit durchschnittlichen Planungsanforderungen, das heißt mit
   – durchschnittlichen Anforderungen an die Einbindung in die Umgebung,
   – mehreren einfachen Funktionsbereichen,
   – durchschnittlichen gestalterischen Anforderungen,
   – normalen oder gebräuchlichen Konstruktionen,
   – durchschnittlicher technischer Ausrüstung,
   – durchschnittlichem normalen Ausbau.

4. Honorarzone IV:
   Gebäude mit überdurchschnittlichen Planungsanforderungen, das heißt mit
   – überdurchschnittlichen Anforderungen an die Einbindung in die Umgebung,
   – mehreren Funktionsbereichen mit vielfältigen Beziehungen,
   – überdurchschnittlichen gestalterischen Anforderungen,
   – überdurchschnittlichen konstruktiven Anforderungen,
   – überdurchschnittlicher technischer Ausrüstung,
   – überdurchschnittlichem Ausbau.

5. Honorarzone V:
   Gebäude mit sehr hohen Planungsanforderungen, das heißt mit
   – sehr hohen Anforderungen an die Einbindung in die Umgebung,
   – einer Vielzahl von Funktionsbereichen mit umfassenden Beziehungen,
   – sehr hohen gestalterischen Anforderungen,
   – sehr hohen konstruktiven Ansprüchen,
   – einer vielfältigen technischen Ausrüstung mit hohen technischen Ansprüchen,
   – umfangreichem qualitativ hervorragendem Ausbau.

(2) Sind für ein Gebäude Bewertungsmerkmale aus mehreren Honorarzonen anwendbar und bestehen deswegen Zweifel, welcher Honorarzone das Gebäude zugerechnet
werden kann, so ist die Anzahl der Bewertungspunkte nach Absatz 3 zu ermitteln; das
Gebäude ist nach der Summe der Bewertungspunkte folgenden Honorarzonen zuzurechnen:

1. Honorarzone I:
   Gebäude mit bis zu 10 Punkten,
2. Honorarzone II:
   Gebäude mit 11 bis 18 Punkten,
3. Honorarzone III:
   Gebäude mit 19 bis 26 Punkten,
4. Honorarzone IV:
   Gebäude mit 27 bis 34 Punkten,
5. Honorarzone V:
   Gebäude mit 35 bis 42 Punkten.

(3) Bei der Zurechnung eines Gebäudes in die Honorarzonen sind entsprechend dem
Schwierigkeitsgrad der Planungsanforderungen die Bewertungsmerkmale Anforderun-
gen an die Einbindung in die Umgebung, konstruktive Anforderungen, technische Aus-
rüstung und Ausbau mit je bis zu sechs Punkten zu bewerten, die Bewertungsmerkmale
Anzahl der Funktionsbereiche und gestalterische Anforderungen mit je bis zu neun
Punkten.

Auszug aus der Landesbauordnung Rheinland-Pfalz

c) § 8 Abstandsflächen

(1) Vor Außenwänden oberirdischer Gebäude sind Flächen von Gebäuden freizuhalten (Abstandsflächen). Innerhalb der überbaubaren Grundstücksflächen sind Abstandsflächen nicht erforderlich vor Außenwänden, die an Grundstücksgrenzen errichtet werden, wenn nach planungsrechtlichen Vorschriften

1. das Gebäude ohne Grenzabstand gebaut werden muß oder

2. das Gebäude ohne Grenzabstand gebaut werden darf und öffentlich-rechtlich gesichert ist, daß auf dem Nachbargrundstück ebenfalls ohne Grenzabstand gebaut wird.

Das bedeutet: Muß zwar nach planungsrechtlichen Vorschriften mit Grenzabstand gebaut werden, ist aber auf dem Nachbargrundstück innerhalb der überbaubaren Grundstücksfläche ein Gebäude ohne Grenzabstand vorhanden, so kann zugelassen oder sogar verlangt werden, daß ebenfalls ohne Grenzabstand gebaut wird. Und umgekehrt: Muß zwar nach planungsrechtlichen Vorschriften ohne Grenzabstand gebaut werden, ist aber auf dem Nachbargrundstück innerhalb der überbaubaren Grundstücksfläche ein Gebäude mit Grenzabstand vorhanden, so kann zugelassen oder verlangt werden, daß eine Abstandsfläche eingehalten wird. Weiter heißt es:

(2) Die Abstandsflächen müssen auf dem Grundstück selbst liegen. Sie dürfen auch auf öffentlichen Verkehrs-, Grün- oder Wasserflächen liegen, jedoch nur bis zu deren Mitte.

(3) Die Abstandsflächen vor Wänden, die einander gegenüberstehen, dürfen sich nicht überdecken; dies gilt nicht für

1. Wände, die in einem Winkel von mehr als 75° zueinander stehen,

2. Gebäude und andere bauliche Anlagen, die in den Abstandsflächen zulässig sind oder zugelassen werden.

(4) Die Tiefe der Abstandsfläche bemißt sich nach der Höhe der Wand oder des Wandteils (Wandhöhe); sie wird senkrecht zur Wand gemessen. Als Wandhöhe gilt das Maß von der Geländeoberfläche bis zur Schnittlinie der Wand mit der Dachhaut oder bis zum oberen Abschluß der Wand. Bei Wänden unter Giebelflächen gilt als oberer Abschluß der Wand die Waagrechte in Höhe der Schnittlinien nach Satz 2; liegen die Schnittlinien nicht auf einer Höhe, ist die Waagrechte in der Mitte zwischen den Schnittlinien, bei Pultdächern an der unteren Schnittlinie anzunehmen. Maßgebend ist die im Mittel gemessene Höhe der Wand oder des Wandteils. Zur Wandhöhe werden hinzugerechnet

1. voll die Höhe von

a) Dächern und Dachteilen mit einer Dachneigung von mehr als 70°,

b) Giebelflächen, wenn die Summe der Dachneigungen mehr als 140° beträgt, sowie Giebelflächen von Pultdächern mit einer Dachneigung von mehr als 70°,

2. zu einem Drittel die Höhe von

a) Dächern und Dachteilen mit einer Dachneigung von mehr als 45°,

b) Dächern mit Dachgauben oder anderen Dachaufbauten, wenn diese zusammen mehr als halb so breit wie die Wand sind,

c) Giebelflächen, die nicht unter Nummer 1 Buchst. b fallen.

Nicht hinzugerechnet wird in den Fällen des Satzes 5 Nr. 1 Buchst. b und Nr. 2 Buchst. c die Höhe von Giebelflächen, die innerhalb eines Dreiecks mit einer in Höhe der Waagrechten nach Satz 3 anzunehmenden Grundlinie von 8 m Länge und mit 4 m Höhe liegen; dies gilt nicht, wenn Dachaufbauten weniger als 1,50 m von der Giebelfläche entfernt sind. Die Summe der Maße nach den Sätzen 2 bis 6 ergibt das Maß H.

(5) Für vor- oder zurücktretende Wandteile wird die Abstandsfläche gesondert ermittelt. Vor die Wand vortretende Gebäudeteile wie Pfeiler, Gesimse, Dachvorsprünge, Blumenfenster, Hauseingangstreppen und deren Überdachungen sowie untergeordnete Vorbauten wie Erker und Balkone bleiben bei der Bemessung der Tiefe der Abstandsfläche außer Betracht, wenn sie nicht mehr als 1,50 m vortreten; von der gegenüberliegenden Grundstücksgrenze müssen sie mindestens 2 m entfernt bleiben. Wandbekleidungen, die dem Wärmeschutz und der Energieeinsparung eines vor dem 1. Januar 1999 zulässigerweise errichteten Gebäudes dienen, sind in dem hierfür notwendigen Umfang in den Abstandsflächen zulässig.

(6) Die Tiefe der Abstandsfläche beträgt 0,4 H, in Gewerbe- und Industriegebieten 0,25 H. In Kerngebieten sowie in Sondergebieten, die nicht der Erholung dienen, kann eine geringere Tiefe als 0,4 H zugelassen werden, wenn die Nutzung der Gebiete dies rechtfertigt. In allen Fällen muss die Tiefe der Abstandsfläche jedoch mindestens 3 m betragen.

(7) Vor Wänden aus brennbaren Baustoffen, die nicht mindestens feuerhemmend sind, sowie vor feuerhemmenden Wänden, die eine Außenfläche oder überwiegend eine Bekleidung aus normalentflammbaren Baustoffen haben, darf die Tiefe der Abstandsfläche 5 m nicht unterschreiten. Dies gilt nicht für Gebäude mit nicht mehr als zwei Geschossen über der Geländeoberfläche sowie für Wände von untergeordneten Vorbauten, wenn sie nicht mehr als 1,50 m vor die Flucht der vorderen oder hinteren Außenwand des Nachbargebäudes vortreten und vom Nachbargebäude oder von der Grundstücksgrenze einen ihrer Ausladung entsprechenden Abstand, mindestens aber einen Abstand von 1 m einhalten.

(8) Für bauliche Anlagen, andere Anlagen und Einrichtungen, von denen Wirkungen wie von oberirdischen Gebäuden ausgehen, gelten die Absätze 1 bis 7 gegenüber Gebäuden und Grundstücksgrenzen entsprechend. Sie sind ohne eigene Abstandsflächen oder mit einer geringeren Tiefe der Abstandsflächen und in den Abstandsflächen von Gebäuden zulässig, wenn die Beleuchtung mit Tageslicht nicht erheblich beeinträchtigt wird und der Brandschutz gewährleistet ist. Ohne eigene Abstandsflächen und in den Abstandsflächen von Gebäuden sind Einfriedungen und Stützmauern bis zu 2 m Höhe, in Gewerbe- und Industriegebieten ohne Begrenzung der Höhe zulässig.

(9) Gegenüber Grundstücksgrenzen dürfen ohne Abstandsflächen oder mit einer geringeren Tiefe der Abstandsflächen
1. Garagen,
2. Gebäude und Anlagen zur örtlichen Versorgung mit Elektrizität, Gas und Wasser und
3. sonstige Gebäude ohne Aufenthaltsräume und Feuerstätten
errichtet werden, wenn sie an den Grundstücksgrenzen oder in einem Abstand von bis zu 3 m von den Grundstücksgrenzen

a) eine mittlere Wandhöhe von 3,20 m über der Geländeoberfläche nicht überschreiten,

b) eine Länge von 12 m an einer Grundstücksgrenze und von insgesamt 18 m an allen Grundstücksgrenzen nicht überschreiten und

c) Dächer haben, die zur Grundstücksgrenze nicht mehr als 45° geneigt sind; Giebel an der Grundstücksgrenze dürfen eine Höhe von 4 m über der Geländeoberfläche nicht überschreiten.

Die Höhen und Längen nach Satz 1 gelten nur für Wände und Wandteile, die in einem Winkel von nicht mehr als 75° zur Grundstücksgrenze stehen. Die Gebäude nach Satz 1 sind in den Abstandsflächen von anderen Gebäuden sowie ohne eigene Abstandsflächen oder mit einer geringeren Tiefe der Abstandsflächen gegenüber anderen Gebäuden zulässig, wenn der Brandschutz gewährleistet ist und die Beleuchtung von Aufenthaltsräumen mit Tageslicht nicht erheblich beeinträchtigt wird. Dächer von Gebäuden nach Satz 1 Nr. 1 dürfen mit dem Dach eines anderen Gebäudes, das für sich betrachtet die erforderliche Abstandsfläche einhält, baulich verbunden werden.

(10) Geringere Tiefen der Abstandsflächen können zugelassen werden

1. vor Wänden, die auf demselben Grundstück in einem Winkel von 75° oder weniger zueinander stehen, wenn es sich handelt um

a) Wände von Gebäuden, die nicht dem Wohnen dienen,

b) Wände von Wohngebäuden, in denen keine Fenster von Wohn- oder Schlafräumen angeordnet sind,

c) Wände derselben Wohnung zu einem eigenen Innenhof,

2. in überwiegend bebauten Gebieten, wenn die Gestaltung des Straßenbildes oder städtebauliche Verhältnisse dies erfordern, sofern die Beleuchtung mit Tageslicht und die Lüftung von Aufenthaltsräumen nicht erheblich beeinträchtigt werden und der Brandschutz gewährleistet ist. Bei Windkraftanlagen in nicht bebauten Gebieten kann eine Tiefe der Abstandsfläche bis zu 0,25 H zugelassen werden; Absatz 6 Satz 2 bleibt unberührt.

(11) Geringere Abstandsflächen sind zulässig, wenn durch Festsetzungen der Grundflächen der Gebäude und der Zahl der Vollgeschosse oder durch andere zwingende Festsetzungen eines Bebauungsplans die Beleuchtung mit Tageslicht, die Lüftung und der Brandschutz gewährleistet sind.

(12) Wird in zulässiger Weise errichteten Gebäuden, deren Außenwände die nach diesem Gesetz erforderlichen Abstandsflächen gegenüber Grundstücksgrenzen nicht einhalten, Wohnraum durch Ausbau oder Änderung der Nutzung geschaffen, gelten die Absätze 1 bis 4 und 6 nicht für diese Außenwände, wenn

1. die Gebäude in Gebieten liegen, die überwiegend dem Wohnen dienen,

2. die Gebäude eine erhaltenswerte Bausubstanz haben und

3. die äußere Gestalt des Gebäudes nicht oder nur unwesentlich verändert wird; Dachgauben und ähnliche Dachaufbauten, Fenster und sonstige Öffnungen in Dächern oder Wänden sind unbeschadet der §§ 30 und 32 so anzuordnen, daß von ihnen keine Belästigungen oder Störungen ausgehen können, die für die Nachbarinnen und Nachbarn unzumutbar sind.

Satz 1 gilt nicht für Gebäude im Sinne des Absatzes 9.

Amtsgericht Musterstadt

Grundbuch

von

Musterstadt

Band 5 Blatt 73

Amtsgericht Musterstadt   Grundbuch von Musterstadt Band 5 Blatt 73
(Erste Abteilung)

Laufende Nummer der Eintragungen	Eigentümer	Laufende Nummer der Grundstücke im Bestands-verzeichnis	Grundlage der Eintragung
1	2	3	4
1	Hugo Mustermann, Musterstadt	1	Aufgrund der Auflassung vom 15. Mai 1998 eingetragen am 25. Mai 1998

Amtsgericht Musterstadt: Grundbuch von Musterstadt Band 5 Blatt 73
(Zweite Abteilung)

Laufende Nummer der Eintragungen	Lfd. Nummer der betroffenen Grundstücke im Bestandsverzeichnis	Lasten und Beschränkungen
1	2	3
1	1	Vormerkung zur Sicherung des Anspruchs auf Übertragung des Eigentums für die Stadt Musterstadt, eingetragen am 25. Mai 1998
2	1	Beschränkt persönliche Dienstbarkeit dahingehend: Die Elektrizitätswerke Musterstadt sind berechtigt, auf dem Grundstück Fernwärmeleitungen zu legen und zu betreiben. Gemäß Bewilligung vom 15. Mai 1998, eingetragen am 25. Mai 1998

Veränderungen		Löschungen	
Laufende Nummer der Spalte 1		Laufende Nummer der Spalte 1	
4	5	6	7
		1	Gelöscht am 27. März 1999

Amtsgericht Musterstadt   Grundbuch von Musterstadt Band 5 Blatt 73
(Dritte Abteilung)

Laufende Nummer der Eintragungen	Laufende Nummer der belasteten Grundstücke im Bestandsverzeichnis	Betrag	Hypotheken, Grundschulden, Rentenschulden
1	2	3	4
1	1	DM 200.000,00	Zweihunderttausend Deutsche Mark Grundschuld für die Musterbank AG, Musterstadt, mit 15 % jährlichen Zinsen und einer einmaligen Nebenleistung von 10 %. Der jeweilige Eigentümer ist der sofortigen Zwangsvollstreckung unterworfen. Unter Bezugnahme auf die Bewilligung vom 15. Mai 1998 - unter Briefausschluß – eingetragen am 25. Mai 1998.
2	1	DM 150.000,00	Einhundertundfünfzigtausend Deutsche Mark Grundschuld für die Stadtsparkasse Musterstadt, mit 16 % jährlichen Zinsen und einer einmaligen Nebenleistung von 8 %. Der jeweilige Eigentümer ist der sofortigen Zwangsvollstreckung unterworfen. Unter Bezugnahme auf die Bewilligung vom 20. Mai 1998 - unter Briefausschluß – eingetragen am 25. Mai 1998.

Veränderungen			Löschungen	
Laufende Nummer der Spalte 1	Betrag		Laufende Nummer der Spalte 1	Betrag
1	DM 200.000,00	Löschungsvormerkung gemäß Bewilligung vom 20. Mai 1998 für die Stadtsparkasse Musterstadt eingetragen am 25. Mai 1998		

Abnahme-Checkliste

Raumgröße

1. Aufnahme der Maße eines jeden Raumes und Vergleich mit den Sollmaßen

Wände

1. Wölbungen
2. Paßungenauigkeiten
3. Beschädigungen
4. Verschmutzungen
5. Putzfehler
6. Feuchtstellen
7. Schimmelbildung
8. Rißbildung
9. Planabweichungen

Türen

1. Paßgenauigkeit
2. Abschließbarkeit
3. Schlüssel vorhanden
4. Beschädigungen
5. Qualitative Übereinstimmung mit Plan
6. Schalldämmung der Eingangstüre

Fenster

1. Paßungenauigkeiten
2. ggf. Abschließbarkeiten
3. ggf. Schlüssel vorhanden
4. Kratzer
5. Rolladen funktionsfähig und qualitativ mit Plan übereinstimmend

Bodenbelag

1. Kratzer
2. Flecken
3. Verfärbungen
4. Spaltbildung bei Parkett oder Bohlen
5. Fehlende und schlechte Versiegelung von Fliesen, Parkett oder Bohlen
6. Qualitative Übereinstimmung mit Plan
7. Teppichsockelleisten ordentlich und planentsprechend

Decken

Planentsprechende Beleuchtungsanschlüsse vorhanden

Elektroinstallation

1. Türöffner
2. Sprechanlage
3. Klingel
4. Lichtschalter
5. Steckdosen
6. Elektrogeräte
7. Sicherungskasten ordentlich beschriftet

Telefon- und TV-Anschlüsse

Übereinstimmung der Anzahl und örtlichen Anordnung mit Plan

Küche und Bad

1. Wasseranschlüsse der Anzahl und örtlichen Anordnung gemäß Plan
2. Elektroanschlüsse der Anzahl und örtlichen Anordnung gemäß Plan
3. Verfugungen ordnungsgemäß
4. Fliesenschnitte sauber
5. Einrichtungsgegenstände vollständig und funktionsfähig
6. Übereinstimmung der Armaturen mit dem Plan
7. Überprüfung der Abflüsse

Heizungsanlage

Überprüfung der Funktionsfähigkeit
Überprüfung, ob Verdunstungsanzeiger an den Heizkörpern voll sind
Außerdem: Ablesen des Stromzählers, Gaszählers und Wasserzählers

ABKÜRZUNGSVERZEICHNIS

AGB	Allgemeine Geschäftsbedingungen
AGBG	Gesetz zur Regelung des Rechts der Allgemeinen Geschäftsbedingungen
BauGB	Baugesetzbuch
BauR	Zeitschrift für das gesamte öffentliche und private Baurecht
BB	Der Betriebs-Berater
BGB	Bürgerliches Gesetzbuch
BGH	Bundesgerichtshof
BGHZ	Entscheidungen des Bundesgerichtshofs in Zivilsachen
BNotO	Bundesnotarordnung
BVerwG	Bundesverwaltungsgericht
BVerwGE	Bundesverwaltungsgerichtsentscheidungen
DB	Der Betrieb
DWE	Der Wohnungseigentümer
HOAI	Honorarordnung für Architekten und Ingenieure
MDR	Monatsschrift für Deutsches Recht
NJW	Neue Juristische Wochenschrift
NJW-RR	Neue Juristische Wochenschrift Rechtssprechungsreport
NVwZ	Neue Zeitschrift für Verwaltungsrecht
OLG	Oberlandesgericht
OVG	Oberverwaltungsgericht
VersR	Versicherungsrecht
VOB	Verdingungsordnung für Bauleistungen
WEG	Wohnungseigentumsgesetz
WM	Zeitschrift für Wirtschafts- und Bankrecht, Wertpapiermitteilungen
ZMR	Zeitschrift für Miet- und Raumrecht

STICHWORTVERZEICHNIS

Weitere WISO-Informationen zu Immobilien:

WISO-Immobilienfinanzierung – der Ratgeber zu allen Fragen rund um den Bau oder Kauf einer Immobilie: Kassensturz, Kapitalbedarf, Finanzierungsformen, Förderungen.
Preis: 15,90 Euro.

WISO Bookware Bau & Kauf – das Vollprogramm für Einsteiger und Profis mit Programmen, die unterschiedliche Finanzierungsvarianten anbieten und helfen, die maßgeschneiderte Immobilie zu finden. Außerdem werden Anschlußfinanzierungen und eine mögliche Vorfälligkeitsentschädigung durchgerechnet.
Preis: 44,95 Euro.

WISO-SteuerBrief – informiert aktuell und umfassend über legale Steuersparmöglichkeiten, nicht nur bei der Immobilie. Erscheint monatlich im IWW-Verlag Würzburg. Zwölf Ausgaben kosten 198 DM inklusive Versandkosten und Umsatzsteuer. Bezugsmöglichkeit:
IWW Abonnenten-Service, 74168 Neckarsulm.

WISO im Internet – darin werden regelmäßig die aktuellen Zinskonditionen der Kreditinstitute aktualisiert.
Die Adresse: www.wiso.de

Was WISO noch bietet:

WISO. Das Wirtschaftsmagazin – montags, 19:25 im ZDF.

WISO im ZDF-Videotext – Tafel 530.

WISO-Faxabruf – eine Übersicht der aktuellen Themen auf Fax-Nr.: 0190/25 00 25.

WISO-Begleitheft – erscheint monatlich mit vielen zusätzlichen Infos zu den Sendungen des Vormonats.
Preis: 4,70 Euro, im Abo 4 Euro. Zu bestellen per Postkarte an: ZDF/WISO, Heft, 55115 Mainz.

WISO Monats-CD-ROM – erscheint monatlich, ebenfalls mit vielen Zusatzinformationen zu den Sendungen des Vormonats, mit sich aufbauender Wissensbank, mit Grafik-Lexikon und vielen Software-Knüllern. Preis: 7,41 Euro, im Abo 5,88 Euro. Zu bestellen bei Buhl-Data unter der Telefonnummer 0180/535 45 51.

WISO Bookware Sparbuch – Begleitbuch und Software erscheinen jährlich aktualisiert und machen die Steuererklärung zum Kinderspiel. Preis: 40,85 Euro.